Carsten Rasmus
Bettina Klaehne

Erlebnisführer

NATURPARKS
IN BRANDENBURG

Wanderungen und Radtouren

KLaRas-Verlag

Auf in die Mark Brandenburg!

Die Reihe für Brandenburg

Herausgeber: Bettina Klaehne & Carsten Rasmus
Autoren: Carsten Rasmus und Bettina Klaehne
Mit einem *Vorwort* von Wolfgang Birthler
(Minster für Landwirtschaft, Umweltschutz und Raumordnung
des Landes Brandenburg)

Für die freundliche *Unterstützung* bedanken wir uns bei
dem NaturSchutzFonds und der Naturwacht Brandenburg,
der Landesanstalt für Großschutzgebiete
und den Schutzgebietsverwaltungen.

Titelphoto: Auf dem Elbdeich bei Rühstädt.
Hintere Umschlagseite: Bei Stücken im Naturpark Nuthe-Nieplitz.
(Photos: Bettina Klaehne & Carsten Rasmus)

Alle genannten Adressen und Telefonnummern wurden sorgfältig recherchiert. Es besteht jedoch immer die Gefahr, daß sie sich kurzfristig ändern. Ebenso wurden die Fußwanderungen, Spaziergänge und Radtouren sehr gewissenhaft ausgewählt und beschrieben. Auf Schwierigkeiten wird im Text hingewiesen. Es können jedoch Änderungen an den Wegen vorgenommen werden, die nicht vorhersehbar waren. Auch sind bei der Verarbeitung des Materials vereinzelte Fehler und Unstimmigkeiten nicht immer vermeidbar. Eine rechtliche Gewähr für die Richtigkeit des Inhalts kann daher nicht übernommen werden. Für Verbesserungsvorschläge, Anregungen und Kritik sind wir dankbar (Versandadresse: Bettina Klaehne, Schumpeterstraße 25, 12309 Berlin, Tel. 030 7466291).

Die Deutsche Bibliothek - CIP Einheitsaufnahme

Rasmus, Carsten:
Erlebnisführer Naturparks in Brandenburg : Wanderungen und Radtouren ; [Ausflüge zu Fuß und mit dem Rad durch die Naturparks, Biosphärenreservate und den Nationalpark Unteres Odertal] / Carsten Rasmus ; Bettina Klaehne. - Berlin : KlaRas-Verl., 2000
(Auf in die Mark Brandenburg!)

ISBN 3-933135-05-2

In Rühstädt.

INHALT

4

INHALT

VORWORT

Liebe Leserinnen und Leser!

Dichte und unzerschnittene Wälder, Felder und Wiesen bis zum Horizont, hunderte Seen, unzählige Flüsse und Bäche in einer von der Eiszeit gezeichneten sanft hügeligen Landschaft - so zeigt sich Brandenburg dem Besucher. Adler kreisen über dem Land, tausende Kraniche trompeten, und Biber bauen hier Burgen. Durch kilometerlange Alleen geht die Fahrt. Unterwegs Dörfer mit märkischem Flair und viele Schlösser - die einen romantisch verfallen, die anderen für Kunst- und Kulturaktionen, zu Tagungsstätten oder Hotels herausgeputzt. Diese vielfältige Natur und das wertvolle Kulturerbe wollen wir für uns und für kommende Generationen erhalten und behutsam entwickeln.

Eine wichtige Rolle spielen dabei unsere sogenannten Großschutzgebiete: Der Nationalpark Unteres Odertal, die drei Biosphärenreservate und inzwischen zehn Naturparks. Als Uckermärker nutze ich oft die in Brandenburg einmalige Gelegenheit, alle drei „Großschutzgebietstypen" vor der Haustür zu haben: den Nationalpark, in dem einmal die Hälfte des Gebietes den Launen der Natur, also der natürlichen Entwicklung überlassen bleibt - zu bestaunen und zu erforschen von den gut ausgebauten Rad- und Wanderwegen auf dem Deich. Das Biosphärenreservat Schorfheide-Chorin, in dem per Auftrag durch die Vereinten Nationen Modellprojekte für naturverträgliches Wirtschaften entwickelt und durch Forschung und Umweltbildung begleitet werden. Als drittes den Naturpark Uckermärkische Seen, in dem wie in allen anderen Naturparks der sanfte Tourismus im Mittelpunkt steht.

Das allen Großschutzgebieten zugrunde liegende Motto lautet: Naturschutz durch dauerhaft verträgliche Nutzung. Deshalb sind die Menschen und ihre sozialen Belange, ihre Erfahrungen und ihre Kultur ein wichtiger Teil der Konzeption. Der naturverträgliche Tourismus spielt in allen Gebieten eine wichtige Rolle. Dies bestätigte auch eine repräsentative Umfrage der Freien Universität Berlin im Jahr 1999. Von den rund 930.000 Berlinerinnen und Berlinern, die diese Gebiete in einem Jahr besuchten, kamen drei Viertel wegen der schönen Landschaft, zwei Drittel wegen der intakten Natur, und knapp ein Drittel der Befragten hatte die Bezeichnungen Naturpark, Biosphärenreservat oder Nationalpark gelockt.

Ich freue mich, daß dieses Buch von Bettina Klaehne und Carsten Rasmus, die seit Jahren in den Großschutzgebieten unterwegs sind, mit Hilfe des NaturSchutzFonds Brandenburg produziert werden konnte. Dadurch wird es Ihnen möglich, diese reizvollen Gebiete Brandenburgs kennenzulernen und auf besonders schönen Wegen zu erkunden. Ich heiße Sie herzlich willkommen.

Wolfgang Birthler
Minister für Landwirtschaft, Umweltschutz und Raumordnung
des Landes Brandenburg

Landesanstalt für Großschutzgebiete
Am Stadtsee 1-4
16225 Eberswalde
☎ 03334-58220 (Fax -582244)

Märkisches Tafelsilber

Brandenburg hat - wie die anderen ostdeutschen Bundesländer - eine ganz eigene, deutschlandweit herausragende Naturausstattung, die sich in dem geflügelten Wort vom „Tafelsilber der Deutschen Einheit" manifestiert hat. In Brandenburg sind damit beispielsweise die seit langem als Erholungsgebiete bekannten Landschaften wie der Spreewald, die Märkische Schweiz oder das Schlaubetal gemeint. Landstriche wie das Westhavelland, der Niederlausitzer Landrücken oder das Uckermärkische Seengebiet zählen dagegen (fast noch) zu den Geheimtips unter den naturliebenden Ausflüglern. Alleen, Hecken und Streuobstwiesen beleben hier das Land, Dörfer fügen sich harmonisch in die Umgebung ein und große Industrieanlagen oder überdimensionierte Gewerbegebiete fehlen. Dafür ist Platz für Lebensräume bedrohter Arten wie Weiß- und Schwarzstorch, Kranich und Seeadler - um nur die imposantesten Vogelarten zu nennen. Diese Landschaften mit ihrem großen Artenreichtum zu schützen, heißt jedoch nicht, den Menschen außen vor zu lassen. Die Natur in Mitteleuropa ist immer eine vom Menschen genutzte und von ihm geprägte Natur. Mit dem Begriff „Kulturlandschaft" ist dieses Verhältnis von Mensch und Natur ausgedrückt, sofern man mit Kultur den älteren Wortsinn „Anbauen und Pflegen" verbindet.

Die kleinräumige Wiesennutzung prägt viele Großschutzgebiete.

GROßSCHUTZGEBIETE

Wie nun das Verhältnis von Mensch und Natur und damit auch unsere Kulturlandschaften beschaffen sind, hängt davon ab, wie wir mit der Natur umgehen.

Heute sind unsere Ökosysteme durch intensivere Landnutzung, zunehmende Industrialisierung, Zersiedlung und Bebauung belastet. Obwohl die Anzahl der Naturschutzgebiete stetig zunimmt, werden die Roten Listen der bedrohten Tiere und Pflanzen immer länger und verlieren immer mehr Landschaften ihr Gesicht. Ganz neuartige Wege müssen beschritten werden, um die vorhandenen Natur- und Kulturlandschaften zu erhalten und eine ökologische Landnutzung durchzusetzen. Aus diesem Grund entwickelten Wissenschaftler und Naturschützer 1990 das Nationalparkprogramm der Regierung de Maizière, mit dem 14 große Schutzgebiete in der ehemaligen DDR per Gesetz geschaffen wurden. Im heutigen Land Brandenburg betraf dies die Biosphärenreservate Schorfheide-Chorin und Spreewald sowie die Naturparks Märkische Schweiz und Elbtalaue. Der Nationalpark Unteres Odertal und die Naturparks Uckermärkische Seen und Niederlausitzer Heidelandschaft wurden einstweilig gesichert.

Im Jahr 2000 feiert dieses Nationalparkprogramm seinen zehnten Geburtstag. In Brandenburg sind - dem Geist dieses Programms folgend - inzwischen 14 der sogenannten Großschutzgebiete festgesetzt, ein weiterer Naturpark ist geplant. Sie alle sollen sich zu Modellregionen für ein die Naturressourcen schonendes Wirtschaften und Land-Nutzen entwickeln. Drei Begriffe stehen dabei im Zentrum: Wildnis, landwirtschaftliche Nutzung als Überbegriff für Land-, Forst- und Wasserwirtschaft und Tourismus. Die Gewichtung dieser drei Begriffe ist in den drei Typen von Großschutzgebieten, die es in Brandenburg gibt, unterschiedlich: Im *Nationalpark* Unteres Odertal soll einmal die Hälfte des Gebietes dem Willen der Natur überlassen bleiben. Darauf angewiesene Lebewesen bekommen so den nötigen Platz. Der Tourismus soll die Wildnis erlebbar machen, und Wissenschaft und Forschung können hier Schlüsse ziehen, die ansonsten in Mitteleuropa nicht mehr möglich sind. *Biosphärenreservate* werden von den Vereinten Nationen ausgerufen und sind Kulturlandschaften von internationaler Bedeutung, die weltweit nur ein einziges Mal unter Schutz gestellt werden. Mindestens ein Fünftel der Fläche muß unter Naturschutz stehen, der Anteil der sich selbst überlassenen „Totalreservate" ist bedeutend geringer. Die Pflege der Landschaft wird in Absprache und Zusammenarbeit mit den Landwirten durchgeführt, und entstehende Ertragseinbußen durch die Extensivierung werden finanziell entschädigt. Zudem wird der Versuch unternommen, die landwirtschaftlichen Produkte einheitlich zu vermarkten, wobei ein „Gütesiegel" als Kennzeichen für den besonderen ökologischen Wert dient. Dieses Ziel wird auch von den *Naturparks* verfolgt, und auch hier spielt der sanfte Tourismus eine wichtige Rolle. Touristen werden über die bekannten Namen gelockt, und Einheimische finden hier Arbeit. Der Schutzgebietsanteil unterscheidet sich zwar, trotzdem müssen - im Gegensatz zu Naturparks in Westdeutschland - Natur- und Landschaftsschutzgebiete mehr als die Hälfte der Fläche einnehmen.

Die 15 Gebiete, die ein Drittel der Landesfläche Brandenburgs bedecken, sind in der *Landesanstalt für Großschutzgebiete* in Eberswalde, einer Einrichtung des Ministeriums für Landwirtschaft, Umweltschutz und Raumordnung, zusammengefaßt. Hier werden u.a. die Pflege- und Entwicklungspläne aufgestellt, Fördermittel eingeworben und Vetragsnaturschutz mit Landwirten praktiziert.

NaturSchutzFonds Brandenburg
Geschäftsstelle
Lennéstr. 74, 14471 Potsdam
☎ 0331-971646 (Fax -9716477)

Naturwacht Brandenburg
Joachimsthaler Str. 16a, 16348 Groß Schönebeck
☎ 033393-6380 (Fax -63811)

**Naturwacht
NaturSchutzFonds**
B r a n d e n b u r g

Mittler zwischen Mensch und Natur

Die Erfahrung, daß Aufklären um ein Vielfaches effektiver ist, als bloßes Verbieten, wurde bereits vor mehr als 125 Jahren gemacht, als die ersten Naturwächter im Yosemite Nationalpark in den USA ihre Arbeit aufnahmen. Und daran hat sich bis heute nichts geändert. In den einzelnen Großschutzgebieten Brandenburgs sind die einheitlich gekleideten Naturwächter und Naturwächterinnen Tag für Tag unterwegs, um für die Idee des Schutzgebietsgedankens zu werben, ihn schlüssig und nachvollziehbar zu erklären und Mißverständnisse auszuräumen. Sie treten dabei mit Einheimischen in Kontakt, seien es Landwirte oder Anwohner, die in der Landschaft unterwegs sind. Die Naturwächter machen sich aber auch für einen naturverträglichen Tourismus stark, indem sie Führungen zu Fuß oder mit dem Fahrrad anbieten, bei Festen mit Informationsständen vertreten sind, in den Infopunkten der Gebiete Rede und Antwort stehen oder Vorträge halten; schnell und aktuell sind diese Veranstaltungen über die Internetseite der Naturwacht (www.naturwacht.de) zu erfahren. Darüber hinaus legen die Naturwächter tatkräftig Hand an bei Arbeiten im Gelände, so bei der Pflege von Naturschutzgebieten, der Kontrolle von Schutzmaßnahmen oder bei der Ausschilderung von Wegen. Die insgesamt 132 Ranger verstehen sich also als Mittler zwischen der Natur und dem Menschen. In den 15 Großschutzgebieten arbeiten zwischen sechs und 23 Naturwächter, wobei oft mehrere Stützpunkte in den Gebieten unterhalten werden.

Angestellt sind die Ranger bei der Stiftung NaturSchutzFonds Brandenburg. Die Stiftung finanziert sich aus verschiedenen Quellen: Zum einmal eingebrachten Stiftungsgrundkapital kommen eine regelmäßige Förderung durch das Land Brandenburg und Ausgleichszahlungen, die nach baulich bedingten Eingriffen in die Natur erbracht werden müssen. Überdies ist die Stiftung auf Spenden angewiesen, die auch projektbezogen abgegeben werden können. Neben der Trägerschaft der Naturwacht betreibt der NaturSchutzFonds viele praktische Maßnahmen des Naturschutzes, sei es die Anlage von Hecken oder Streuobstwiesen, die Renaturierung von Bächen oder der Bau von Fischtreppen und Krötentunneln. Sofern es Voraussetzung für die Sicherung und Entwicklung der Natur ist, kauft die Stiftung auch Flächen auf oder vermittelt sie an potentielle Käufer. Zudem wird alle zwei Jahre ein Umweltpreis für herausragenden Einsatz im Naturschutz verliehen. Im Stiftungsrat sitzen sowohl führende Personen aus der Politik als auch aus dem Naturschutz, darunter der Vater des Nationalparkprogramms aus den letzten Tagen der DDR, Prof. Dr. Michael Succow.

UNTERES ODERTAL

Nationalparkverwaltung
Bootsweg 1
16303 Schwedt
☎ 03332-25470 (Fax -254733)

Naturwacht
Bootsweg 1   Stettiner Str. 15
16303 Schwedt   16307 Gartz/Oder
☎ 03332-516406   ☎ 033332-687

ADONISRÖSCHEN - SCHWEDT - POLEN - GARTZ - TABAK

Zurück zur Natur

Größere urwüchsige, über lange Zeiträume vom Menschen unbeeinflußte Naturräume gibt es in Deutschland und Mitteleuropa nur noch sehr selten. Am ehesten beschränken sich diese Gebiete auf schwer zugängliche Berglandschaften - von der Kraft eines Flusses regierte Landstriche sind hingegen fast überall verschwunden, da die meisten Ströme in einem begradigten und verbauten Bett fließen. Anders im Unteren Odertal: Hier ließen die bislang erfolgten, meist behutsamen Eingriffe vielerorts noch Platz für die ursprüngliche Wildnis. Hinzu kommt die Grenzlage zu Polen, die eine Intensivierung der Landnutzung in den letzten Jahrzehnten ökonomisch nicht sinnvoll erscheinen ließ. Und schließlich ist der Nationalpark Unteres Odertal nur Teil des viel größeren, gleichnamigen Internationalparks, der auch Gebiete Polens mit einschließt. Die dortige frühere Polderlandschaft wird infolge der Zerstörung ihrer Bauwerke im Zweiten Weltkrieg nicht mehr genutzt und sich selbst überlassen. So ist auf polnischer Seite bereits heute zu sehen, was auf deutscher noch auf der Hälfte der Fläche entstehen soll: Eine vom Hochwasser geprägte, ungenutzte Landschaft. Die natürlich auftretenden Hochwasser liefern riesige Mengen an Schlick und Schwebstoffen, die sich als wertvoller und kostenloser Dünger auf den überfluteten Flächen absetzen. Nach dem Rückzug des Wassers werden sie von den Pflanzen aufgenommen. Fische und Amphibien laichen auf den überfluteten Flächen, und zahllose Insektenarten profitieren vom Hochwasser. Wer einmal im Sommer bei tiefstehender Sonne über die Niederung geblickt hat oder mit dem Fahrrad auf dem Oderdeich unterwegs war, weiß ein Lied davon zu singen. Noch wird auf der deutschen Seite großflächig die Polderwirtschaft betrieben, d.h. hinter den Deichen befindliche Teile der Flußaue werden über ein System von Schöpfwerken vom Wasser befreit. Allerdings sind die Schöpfwerke nur zeitweise in Betrieb. Auf diese Weise wird dem Hochwasser gewissermaßen kontrolliert Platz gelassen: Alljährlich im November werden die Wehre zu den Poldern geöffnet und im April wieder geschlossen, so daß die Niederung im Mai trocken und nutzbar ist. Auf ca. 50% der Nationalparkfläche soll die Nutzung ganz eingestellt und der Wildnis wieder Platz gemacht werden.

An der Oder nördlich von Schwedt.

Für einige Vogelarten ist der Nationalpark infolge der naturnahen, wenig intensiven Landnutzung schon jetzt das bedeutendste Reproduktionszentrum Mitteleuropas: Der Seggenrohrsänger brütet in den ausgedehnten Seggenbeständen entlang der verlandenden Oderaltarme, die Trauerseeschwalbe nutzt die großen Schwimmblätter der Teich- und Seerosenbestände, und der Wachtelkönig lebt in den hohen Grasbeständen der Aue. Insgesamt gibt es 141 Brutvogelarten im Gebiet; dazu gesellen sich zur Zugzeit Zehntausende nordischer Gänse, Enten, Schwäne und auch Kraniche.

Zum Nationalpark gehören auch die angrenzenden, mitunter steilen Talhänge, die bei sonnenexponierter Lage durch ein trocken-warmes Klima gekennzeichnet sind. So finden sich in den Hangwäldern Baumarten wie die Bergulme, der Feldahorn und sehr selten die Flaumeiche, die hier ihr einziges Vorkommen in der Mark hat. Wo die Bäume gerodet wurden, reckt das Frühlings-Adonisröschen seine großen gelben Blüten in die Höhe. Sie ist wie der ebenfalls auf den Trockenrasen gedeihende Kreuz-Enzian oder die Sibirische Glockenblume eine sogenannte Steppenpflanze, die ihr Hauptverbreitungsgebiet in den Steppen Asiens hat. Die Steilhänge waren einst auch strategisch bedeutend: In Stolpe befindet sich der „Grützpott" genannte mächtige Rest einer früheren Burg, die hoch über dem Tal thronte. Von der Burg Gartz, die ehemals die Grenze von Pommern nach Brandenburg sicherte, ist nichts mehr erhalten; dafür haben Teile der mittelalterlichen Stadtmauer bis heute überdauert. Die Stadt Schwedt, das kulturelle und wirtschaftliche Zentrum der

UNTERES ODERTAL

Region, entstand einst in der Nähe einer Burg, die später zu einem prächtigen Renaissance-Schloß umgebaut wurde. Die Stadt wurde im Zweiten Weltkrieg stark beschädigt, das schwer in Mitleidenschaft gezogene Schloß wurde in DDR-Zeiten abgerissen. Wer vornehmen Charme spüren möchte, kann Criewen aufsuchen, das mit einem restaurierten Schloß und angrenzendem Landschaftspark aufwartet. Er trägt ebenso die Handschrift von Peter Joseph Lenné wie der Park am Schloß Stolpe oder der des Herrenhauses von Zützen.

Informationen

Fremdenverkehrsverein „Am Unteren Odertal"
Touristinformation
Lindenallee 36, 16303 Schwedt / Oder
☎ 03332-25590 (Fax -255959)

Förderverein für die Region Gartz
Gästeinformation
Stettiner Str. 37c, 16307 Gartz / Oder
☎ 033332-80309 oder -80490 (Fax -80309)

Fremdenverkehrsverein Angermünde
Rosenstr. 15, 16278 Angermünde
☎ 03331-32268 (Fax -24446)

Fremdenverkehrsbüro Criewen
Dorfstr. 19, 16306 Criewen
☎ 03332-516545

Nationalparkstiftung
Schloß Zützen, 16303 Zützen
☎ 03332-21980 (Fax -219826)

Verein der Freunde des Deutsch-Polnischen Europa-Nationalparks Untere Oder
Schloß Zützen, 16303 Zützen
☎ 03332-21980 (Fax -219826)

Umweltwerkstatt Unteres Odertal
Dorfstr. 19, 16303 Criewen
☎ 03332-511110 (Fax -516545)

Wildnisschule und Nationalparklabor
Teerofenbrücke, 16306 Hohenfelde
☎ 03332-517166

NABU-Regionalverband Schwedt
Lindenallee 32, 16303 Schwedt
☎ 03332-523391

Polnische Schutzgebietsverwaltung
Parku Krajobrazowego, PL-74-100 Gryfino
☎ (0048-) 914-150139 (auch Fax)

Wanderung

Weites Wiesenland an der Grenze zu Polen

Verkehrsmöglichkeiten Mit dem Auto auf der A11 Berlin – Pomellen zur Abfahrt Prenzlau, dann über Gramzow auf der B166 nach Schwedt. Von dort auf der B2 Richtung Gartz. Nördlich von Vierraden zweigt die Stichstraße zur Wildnisschule Teerofenbrücke ab.

Parkmöglichkeiten An der Wildnisschule Teerofenbrücke.

Streckenlänge 9,5 Kilometer.

Höhenunterschiede Gering.

Karte Landesvermessungsamt Brandenburg. Topographische Karte 1:100.000. Landkreis Uckermark. Potsdam.

Rastmöglichkeiten An der Oder am Brönkewehr.

Einkehrmöglichkeiten Keine.

Wissenswertes Die Tour berührt den zwischen dem deutschen Friedrichsthal und dem polnischen Fiddichow gelegenen Fiddichower Polder. Dieser naturbelassene, gehölzreiche Teil gehört zur Kernzone des Nationalparks und beherbergt Tierarten wie Seeadler, Schwarzstorch, Biber und Fischotter.

Anmerkung Die Wanderung führt zum Teil über Sommerwege, die nur in der Zeit von Mitte Mai bis Mitte Oktober begehbar sind. Wer auch in dieser Zeit noch überschwemmte Wege vorfindet, kann sich jedoch die Schuhe ausziehen, die Hosenbeine hochkrempeln und eine sicherlich unvergeßliche Barfußtour machen. In Hochwassersituationen der Oder können die Poldergebiete auch im Sommer geflutet werden und sind dann gesperrt. - Eine Kopfbedeckung sollte bei Sommerwetter unbedingt zur Ausrüstung gehören, ein Mückenschutz ebenso.

Tourenbeschreibung Die Stichstraße von der B2 zur Wildnisschule Teerofenbrücke endet an einer Schranke. Zu Fuß kommen wir an dem Hindernis gut vorbei und können die Hohensaaten-Friedrichsthaler Wasserstraße überqueren. Dahinter öffnet sich der Blick auf die weite Polderlandschaft und die dahinterliegenden bewaldeten Hügel des östlichen, zu Polen gehörenden Odertalrandes. Wir stoßen auf den Deichkronen-Fahrweg, der die kanalartige Wasserstraße begleitet, und wenden uns nach rechts. Nun steht uns eine längere Partie auf dem Deich bevor. Die Polderlandschaft wird durch Gehölzgruppen, einzelne Bäume und abwechslungsreiche Gras-, Schilf- und Seggenbestände gegliedert und bietet immer wieder neue Ansichten. Später entdecken wir sogar Kiefern, die im nassen Odertal eigentlich nicht gedeihen können, auf dem sandigen Deichboden aber gute Wuchsbedingungen finden. Ein besonderes Augenmerk sollten wir auf die Vogelwelt richten. Im Überflug sind immer wieder Kormorane zu sehen, die ähnlich wie die Gänse in Formationen fliegen. Graureiher sind meist allein unterwegs, und auf nassen Flächen sind Höckerschwäne zu entdecken. Über den trockeneren Wiesen tragen Feldlerchen ihren endlosen Gesang im Flug vor, Schafstelzen huschen oft von Schilfhalm zu Schilfhalm und setzen sich im Gegensatz zu den Rohrammern mitunter auch auf die Wege. Aus dem hinter der Schiffahrtsstraße liegenden Wald können wir sogar Vögel wie den Fitislaubsänger, den Zilpzalp oder den Schwarzspecht hören. Nach Gatow hin weicht der Wald zurück, und so bekommen wir nicht nur das Dorf, sondern auch die Schornsteine von Schwedt zu Gesicht. Eine Brücke führt schließlich nach Gatow hinüber, wir lassen die Brücke jedoch rechts liegen und schwenken nach links (Hinweis Brönkewehr). Deichab kommen wir in einen kleinen Rest des einst überall herrschenden Niederungswaldes. Er besteht überwiegend aus Schwarzerlen, dazwischen mischen sich verschiedene Weidenarten, wie Bruch-, Mandel-, Silber- und Korbweide. Auf den Wiesen sind Graureiher zu sehen, Dorn- und Mönchsgrasmücken singen aus den Sträuchern heraus, und Stare pfeifen uns hinterher. Im Frühjahr scheinen die nassen Grasflächen zu quaken: Unzählige Frösche sind zu hören, am besten dann, wenn man für einen Moment stehen bleibt. In Kurven gehen wir an einem noch funktionstüchtigen Arm der Oder entlang; an den Stämmen der Bäume zeigen Schlickspuren den Hochwasserstand der vergangenen Zeit an. Der Sommerweg schlängelt sich durch das Wiesenland und führt über eine Brücke. Langsam nähern wir uns der Oder, und der polnische Talrand wird immer besser erkennbar. Eine letzte Brücke muß überquert werden, dann entdecken wir das Brönkewehr, das wie ein Ventil den Zufluß an Oderwasser auf die Wiesen reguliert, die wir bisher durchwanderten. Hinter dem Deich kommt endlich die Oder zum Vorschein. Wir wenden uns nach links und folgen ein Stück dem Wasserstrom. An einer Rastgelegenheit verlassen wir die Oder aber schon wieder. Mit dem Hinweis „Teerofenbrücke" geht es nach links durch die Wiesen. Der Weg überquert einen Graben, dem wir dann für ein Stück folgen. Wir sollten den Blick in der weiten Landschaft auch hin und wieder nach oben richten: Mit etwas Glück können wir einen Seeadler im Gleitflug sehen. Die Tiere sind gut an ihrer ungewöhnlichen Größe und dem weißen Schwanz zu erkennen. Mit Blick auf das polnische Widuchowa (Fiddichow) knickt der Weg auf den deutschen Odertalrand ab, und weite Schilfflächen umgeben uns. Mitunter ist der monotone Gesang von Feld- und Rohrschwirl zu vernehmen, und das Fluggeräusch der „Himmelsziege" genannten Bekassine ist zu hören. Mal auf Schotter, mal auf Betonplatten streifen wir durch das Wiesenland, das stellenweise locker von Weidengebüsch und einzelnen, breitkronigen Flatterulmen durchsetzt ist. An schwierigen Stellen helfen uns Hinweisschilder durch die von teils seenartigen Altarmen der Oder durchsetzte Polderlandschaft. Schließlich erreichen wir den Deich, der die Hohensaaten-Friedrichsthaler Wasserstraße flankiert. Wir schwenken nach links, sehen bald das kanalartige Gewässer und können rechter Hand über die Brücke wieder die Wildnisschule Teerofenbrücke anvisieren.

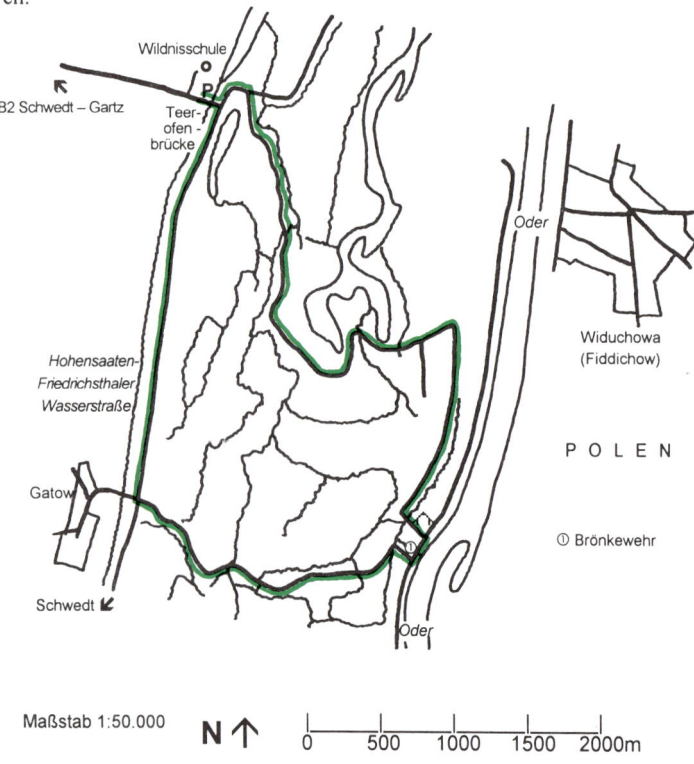

Ausflüge

Boten der Steppe: Adonisröschen

Die mitunter sehr steilen, nach Süden gerichteten Hänge des Odertals beherbergen einige Pflanzen, deren Hauptverbreitungsgebiet in Osteuropa liegt. Eben dieses trocken-heiße Klima herrscht am Talrand, das zu den wärmsten und trockensten Gebieten der Mark gehört. Blumen wie das Adonisröschen sind zu sehen. Sie bringen bis zu acht Zentimeter große gelbe Blüten hervor, blühen von April bis Mai und sind streng geschützt.

Pommernstadt Gartz

Die Stadt Gartz, einst Grenzfeste von Pommern nach Brandenburg, ist in einigen Teilen noch in ihrem historischen Bestand erhalten, obwohl sie im Zweiten Weltkrieg fast völlig zerstört wurde. Eine rund sieben Meter hohe, feldsteinerne Stadtmauer mit mehreren Türmen und Wiekhäusern umschließt den schrittweise restaurierten Stadtkern. Hier locken die Kirche St. Stephan und die Heiliggeistkapelle.

Landschaftsgarten Criewen

Der südlich von Schwedt gelegene Schloßpark von Criewen trägt die Handschrift des Landschaftsarchitekten Lenné. In die Anlage des Parks, der in der Mitte des 19. Jahrhunderts entstand, wurde auch die Dorfkirche miteinbezogen und dabei gotisierend umgestaltet. Das Dorf wurde bei dieser Gelegenheit sogar verlegt. Gemeinsam mit dem Schloß strahlt die Anlage herrschaftlichen Glanz aus.

Mit dem Naturführer unterwegs

Durch die Landschaft des Nationalparks kann man sich von eigens dafür ausgebildeten Natur- und Landschaftsführern oder den Naturwächtern begleiten lassen. Neben feststehenden monatlichen Radtouren werden auch Individualtouren angeboten, die sich in Dauer und Zielen nach den Wünschen der Besucher richten. Infos erteilt die Nationalparkverwaltung.

Durch den Internationalpark

Wer Radtouren von mehr als 60 Kilometern Länge nicht scheut und einen Reisepaß besitzt, kann von Schwedt aus auf dem Oderdeich zunächst entweder nach Norden bis Mescherin fahren oder nach Süden bis Hohensaaten. In beiden Fällen geht es dann über die polnische Grenze und auf der polnischen Uferseite - teils dicht an der Oder, teils einige Kilometer im Hinterland - wieder zum Grenzübergang Schwedt zurück.

Tabak im Gepäck der Hugenotten

Der Anbau von Tabak hat in der Odertalregion eine mehr als 300-jährige Tradition und wurde einst von Hugenotten in das Gebiet gebracht. Nach der Ernte werden die großen Blätter in Tabakscheunen getrocknet, wie sie etwa in Gatow, Vierraden und Friedrichsthal zu sehen sind. Sie verraten sich durch kleine Türen, die in die einzelnen Trockenkammern hineinführen. In Vierraden kann man im Tabakmuseum vieles aus der Tabak-Historie erfahren.

Radtour

Grützpott hoch über dem Odertal

Verkehrsmöglichkeiten Mit der Bahn (Dessau – Berlin – Schwedt oder Potsdam – Berlin – Prenzlau) nach Angermünde. Mit dem Auto auf der A11 Berlin – Pomellen bis zur Abfahrt Joachimsthal, dann weiter auf der B198 nach Angermünde.
Parkmöglichkeiten Am Bahnhof von Angermünde (kostenpflichtig).
Streckenlänge 45 Kilometer.
Höhenunterschiede Insgesamt 90 Höhenmeter bergauf und bergab.
Straßenbeschaffenheit 15 Kilometer Betonplatten, 1 Kilometer Kopfsteinpflaster, ansonsten Asphalt.
Karte Landesvermessungsamt Brandenburg. Topographische Karte 1:100.000. Landkreis Uckermark. Potsdam.

UNTERES ODERTAL

Bademöglichkeiten Im Parsteiner See am Campingplatz Parstein.
Rastmöglichkeiten In Angermünde, Stolpe und Stolzenhagen.
Einkehrmöglichkeiten In Angermünde, Crussow, Stolpe, Lunow, Stolzenhagen und Lüdersdorf.

Wissenswertes *Angermünde* hat glücklicherweise nicht das Los des anderen Zentrums der Uckermark, des nördlich gelegenen Prenzlau, getroffen, das im Zweiten Weltkrieg weitestgehend zerstört wurde. So prägen auch heute noch zahlreiche zweistöckige Fachwerkbauten das Bild des historischen Ortskerns, der von der Kirche überragt wird. - Der „Grützpott" genannte Bergfried von *Stolpe* ist letzter Rest einer Burg, die im 13. Jahrhundert am Odertalrand errichtet wurde. Die fünf Meter dicken Mauern gehören zu den mächtigsten aller Burgtürme Deutschlands. Das Schloß Stolpe stammt im Kern aus dem 16. Jahrhundert, wurde nach einem Brand 1917 aber stark verändert. Der anschließende Park wurde von Lenné konzipiert und entstand um 1830.

Tourenbeschreibung Auf dem Bahnhofsplatz von Angermünde machen wir unsere ersten Tritte und kommen rechter Hand vor zur Berliner Straße. Sie bringt uns links herum in das historische Zentrum von Angermünde. Davon bekommen wir jedoch nur wenig zu sehen, denn unmittelbar vor der Heiliggeistkapelle schwenken wir nach rechts und kommen hinter der Kapelle in die Klosterstraße. Sie führt uns an der Franziskaner-Klosterkirche vorbei (nach links zweigen mehrere Rad- und Fußwege in die Ortsmitte ab) und später an die B2 heran. Ihr müssen wir für etwa einen Kilometer bis Dobberzin folgen, wo wir rechts, dem Hinweis Stolpe nach, abbiegen. Wir umkurven die von Sträuchern und Bäumen verdeckte Feldsteinkirche und gelangen am Ortsende in eine herrliche Allee. Sie schlängelt sich durch das fruchtbare, wellige Akkerland, bringt uns durch Crussow und schließlich in rasender Abfahrt nach Stolpe hinein. Im Ort fahren wir geradeaus, dürfen dabei aber zum einen nicht den Hinweis zum „Grützpott" hinter der Kreuzung mit der Straße nach Gellmersdorf übersehen. Der Weg dorthin ist steil, und so sollten wir das Fahrrad unten stehenlassen. Der Ausblick vom Plateau des Bergfrieds ist überwältigend. Fast im Odertal, bietet sich zum anderen ein Besuch im Schloß an (links). Wir überqueren geradewegs die Hohensaaten-Friedrichsthaler Wasserstraße und folgen dann dem Deichweg neben der Wasserstraße nach links. Wir sehen weites Wiesenland, von Weiden umgebene, verlandende Altarme der Oder mit ausgedehnten Schilfbeständen und die teils bewaldeten, teils baumfreien angrenzenden Hügel mit dem Ort Alt Galow. Schließlich trennt sich unser Deich in einem Rechtsbogen von der Wasserstraße, am folgenden Abzweig radeln wir geradeaus weiter (Hinweis Oderdamm). Wir sollten hin und wieder anhalten, um - vom Fahrtwind befreit - den vielen Vögeln und anderen Geräuschen des Odertals lauschen zu können. Der Blick öffnet sich, und wir entdecken die Oder. Auf ihrem Deich geht es nun rechts herum und lange Zeit an dem breiten Strom entlang. Am polnischen Ufer sehen wir das Dorf Bielinek (Bellinchen) mit der Kirche und der weithin leuchtenden, kürzlich wieder aufgesetzten Kirchturmspitze. Die Wiesen links des Deiches werden seit einigen Jahren nicht mehr bewirtschaftet, und so ziehen Seggen, Schilf und Weiden in das ökologisch sehr wertvolle Deichvorland ein. Die Betonplatten weichen angenehmem Asphalt. Am nächsten abzweigenden Weg

Adonisröschen (Adonis vernalis) wachsen am Oder-Talrand.

fahren wir rechts herum und steuern auf Kopfsteinpflaster Lunow an. Diese Steine kommen im Odertal nicht vor. Sie wurden mühsam aus den Hügeln am Talrand hierher geschafft. Vor der Brücke wenden wir uns nach rechts und rollen entlang der Hohensaaten-Friedrichsthaler Wasserstraße bis Stolzenhagen. Dort queren wir die Brücke und halten uns an der folgenden Gabelung rechts (Ernst-Thälmann-Straße). Nun geht es längere Zeit bergauf. Auf Höhe der Kirche biegen wir nach links in den Elsengrund ab. Vorbei am Geologischen Garten und der Sandgrube, in deren Steilwand Uferschwalben nisten, erreichen wir dann die Lüdersdorfer Straße. Rechts herum geht es weiter bergauf und unter Beachtung der Vorfahrt geradeaus nach Lüdersdorf hinein. Und der Anstiege nicht genug: Am folgenden Abzweig geben wir ein Handzeichen rechts und peilen Parstein an. Dort können wir die Beine endlich etwas entspannen, kreuzen an der Dorfkirche schräg nach rechts die Hauptstraße und nehmen Bölkendorf ins Visier. Duftende Hecken, abgelöst von einzelnen Obstbäumen, eskortieren uns durch das abwechslungsreiche Jungmoränenland. In Bölkendorf lassen wir die Kirche links liegen und uns vom Hinweis nach Herzsprung leiten. Auf dem Weg dorthin sehen wir die Keimzellen vieler Hecken: Lesesteinhaufen. Im Schutz der Steine können die Gehölze keimen und gedeihen. In Herzsprung verlassen wir geradewegs die Vorfahrtstraße und werden am Ende etwas nach rechts versetzt. Durch eine herrliche Allee kommen wir schließlich auf Angermünde zu und lenken an der Landstraße Angermünde – Neukünkendorf nach links. Unter der B2 hindurch, sind wir bald an der Ampelkreuzung der Berliner Straße angelangt, in die wir nach links einbiegen. Nach wenigen Metern treffen wir dann rechter Hand wieder am Bahnhof ein.

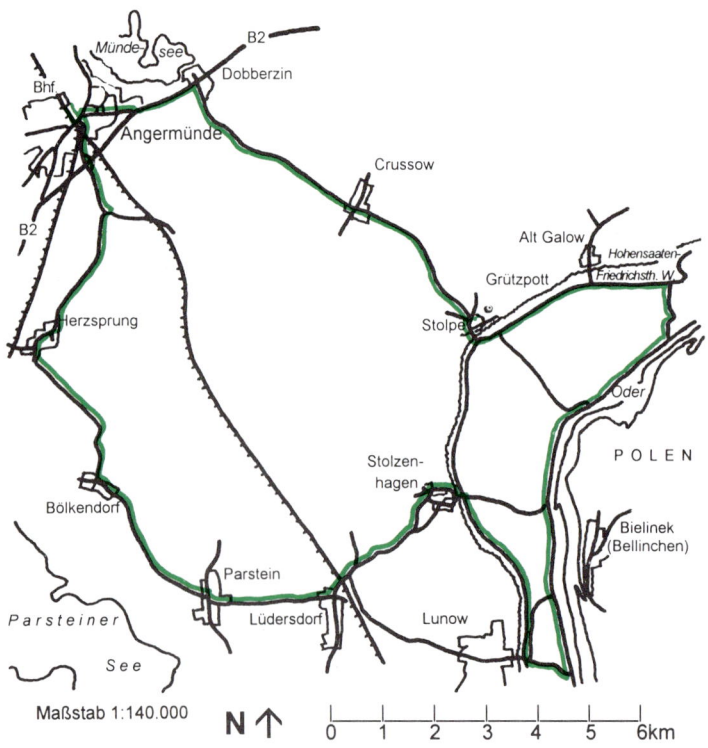

Maßstab 1:140.000   N ↑   0 1 2 3 4 5 6km

Freizeit

Museen und Ausstellungen

Stadtmuseum Schwedt / Oder
Jüdenstr. 17, 16303 Schwedt / Oder
☎ 03332-23460

Galerie im Ermelerspeicher
Lindenallee 36, 16303 Schwedt / Oder
☎ 03332-23245

Tabakmuseum Vierraden
Breite Str. 14, 16306 Vierraden
☎ 03332-22021

Ackerbürgermuseum Gartz im Stettiner Tor
Stettiner Straße, 16307 Gartz (Oder)
☎ 033332-80309

Dorfmuseum Lunow
Fischerstr. 22, 16248 Lunow
☎ 03332-22021

Fahrradverleih

In vielen Orten des Nationalparks können
Fahrräder ausgeliehen werden. Infos erteilen die Fremdenverkehrseinrichtungen.

Baden

Waldbad Schwedt / Oder
Am Waldbad 28, 16303 Schwedt / Oder
☎ 03332-251038

Erlebnisbad Aquarium
Am Aquarium 6, 16303 Schwedt / Oder
☎ 03332-449363

Feste feiern

Mai: Baumblütenfest in Criewen
Juni: Deutsch-polnische Musiktage in Gartz
    und Wartin
Juni / Juli: Schloßparkfestspiele in Schwedt
August: Tabakblütenfest in Vierraden
September: Parkfest in Criewen
September: Erntefest in Pinnow

Wildnisschule

Teerofenbrücke 2, 16306 Hohenfelde
☎ 03332-517166 (auch Fax)

Bootsverleih / Kanus

Uckermärk. Kanu- und Fahrradverleihring
Bodo Butzke
Bahnhofstr. 6, 16306 Passow
☎ 033336-55773 (auch Fax)

Sportbootvermietung Andreas Müller
☎ 03332-413113

Sportzentrum Rotation
Regattastr. 3, 16303 Schwedt / Oder
☎ 03332-251330

Seesportclub Schwedt / Oder
Am Holzhafen 11, 16303 Schwedt / Oder
☎ 03332-514689

Umweltwerkstatt Criewen
Dorfstr. 19, 16306 Criewen
☎ 03332-511110 (Fax -516545)

Gaststätte Zum Goldenen Anker
Am Bollwerk 15, 16303 Schwedt / Oder
☎ 03332-23425

Schiffahrt

Fahrgastbetrieb Berlin-Brandenburg
MS Uckermark
Am Bollwerk 2b, 16303 Schwedt / Oder
☎ 03332-523387 oder 0172-3212932

Insel- und Halligreederei
Gartenstr. 11, 16307 Gartz / Oder
☎ 033332-86869 (Fax -86848)

Natur(park)-Produkte

Korbmacher

Ottmar Bleske
Neu-Galower Weg 22, 16278 Schöneberg
☎ 033338-375

Keramik, Malerei, Aquarelle

Zützener Kunstwinkel
Dorfstr. 8, 16306 Zützen
☎ 03332-523756

SCHORFHEIDE-CHORIN

Biosphärenreservatsverwaltung
Stadtsee 1-4
16225 Eberswalde
☎ 03334-582288 (Fax -582244)

Naturwacht-Stützpunkte

Joachimsthaler Straße 16a	Stadtsee 1-4
16348 Groß Schönebeck	16225 Eberswalde
☎ 033393-63819	☎ 03334-219093

Mittelweg 2	Blumberger Mühle 4
17268 Milmersdorf	16278 Görlsdorf
☎ 039886-5765	☎ 03331-297720

KLOSTER CHORIN - WERBELLINSEE - PARSTEINER SEE - HUBERTUSSTOCK - SCHIFFSHEBEWERK NIEDERFINOW

Zwischen Mönchen und Kaisern, Wäldern und Seen

Eigentlich müßte das Biosphärenreservat Schorfheide-Chorin zusätzlich den Begriff Uckermärkisches Hügelland im Namen tragen, denn das Schutzgebiet umfaßt auch große Teile der südöstlichen Uckermark. Doch wäre dann nicht nur der Name sehr lang geworden - der angrenzende Naturpark Uckermärkische Seen (⇨ S. 127) hätte Probleme bei der Benennung bekommen. Eingerahmt wird das fast 1300 km² große Gebiet vom Oder-Havel-Kanal im Süden, dem reizvollen, an der Alten Oder gelegenen Städtchen Oderberg im Osten, den beiden kulturellen Zentren der Uckermark Angermünde und Prenzlau im Nordosten und dem bereits im Haveltal liegenden Städtchen Zehdenick am Westrand.

Den Südwesten des Biosphärenreservates prägt ein riesiges Waldgebiet: Die Schorfheide ist nicht nur ein großer, sondern auch ein alter Wald. Das macht sie für die Natur besonders wertvoll, denn viele Lebewesen, die in den modernen Wirtschaftswäldern verschwunden sind, leben in der Schorfheide. Dazu gehören Totholz zersetzende Insekten, wie etwa der Große Eichenbock oder der Hirschkäfer. Daß der Wald hier erhalten blieb, hat eine ganz einfache Erklärung. Er war im Besitz der Landesherren, die hier gerne auf Jagd gingen. Daneben wurden die Wälder zur Tiermast genutzt, und die älteren, Früchte tragenden Bäume genossen einen besonderen Schutz. Im Übergangsbereich zur Choriner Gegend befinden sich mehrere Seen, darunter der lang gezogene Werbellinsee, der an der tiefsten Stelle 50 Meter mißt. Kaum anderthalb Kilometer entfernt, aber 22 Meter höher gelegen, schließt sich der annähernd kreisrunde Grimnitzsee an. Das weithin berühmte Kloster Chorin liegt in einer vergleichsweise schroffen, überwiegend von Wäldern eingenommenen Landschaft - dem Choriner Endmoränenbogen. Lange kann man hier durch weite Buchenwälder wandern, und nordöstlich des Klosters liegt eines der ältesten Naturschutzgebiete der Mark, das Plagefenn. Es ist ein ausgedehnter Moorkomplex mit zwei eingelagerten Seen, der vom Menschen nur wenig beein-

Uralte, langsam absterbende Kiefern in der Schorfheide.

SCHORFHEIDE-CHORIN

flußt wurde, und in dem selten gewordene Tiere und Pflanzen leben. Der Schwarzstorch hat im Biosphärenreservat ebenso einen stabilen Bestand wie der Kranich, und alljährlich erblicken zahlreiche Jungtiere das Licht der Welt. Nördlich des Choriner Endmoränenbogens liegt im hier beginnenden, überwiegend landwirtschaftlich genutzten Hügelland der Uckermark der buchtenreiche Parsteiner See, der sowohl landschaftlich, als auch kulturhistorisch sehr interessant ist. In der Umgebung des Ökodorfes Brodowin wird in naturverträglicher Weise Landwirtschaft betrieben, und so soll die traditionelle Nutzung des Landes als Leitbild für das ganze Gebiet stehen. Auf dem Pehlitzwerder, einer Halbinsel im Parsteiner See, locken steinerne Reste des Zisterzienserklosters Mariensee und Reste einer Slawenburg. Über Angermünde hinaus dehnt sich das Biosphärenreservat nun nach Norden bis an die Landesgrenze zu Mecklenburg-Vorpommern aus. In der welligen Landschaft erstrecken sich Hecken und Alleen zwischen den Dörfern, deren Kirchen oft aus Feldsteinen errichtet wurden, und die fast immer Heimat eines Weißstorchpaares sind. Weißstörche finden ihre Nahrung u.a. an den zahllosen Söllen, kleinen, abflußlosen Gewässern inmitten der Äcker und Wiesen. So ist Adebar nicht nur für reichen Kindersegen verantwortlich, sondern auch Zeichen für eine intakte Natur.

Informationen

Fremdenverkehrsverein Angermünde
Brüderstr. 12, 16278 Angermünde
☎ 03331-297660 (Fax -297661)

Tourismusverein Region Gerswalde
Kaakstedter Str. 25, 17268 Gerswalde
☎ 039887-289 (auch Fax)

Eberswalder Fremdenverkehrsinformation
Steinstr. 3, 16225 Eberswalde
☎ 03334-64520 (Fax -64521)

Templin-Information
Obere Mühlenstr. 11, 17268 Templin
☎ 03987-2631 (Fax -53833)

NABU-Infozentrum Blumberger Mühle
Blumberger Mühle 2, 16278 Angermünde
☎ 03331-26040 (Fax -260450)

NABU-Regionalverband Angermünde
Waldstr. 1, 16278 Steinhöfel

Wanderung

Wie einst der Kaiser um Hubertusstock

Verkehrsmöglichkeiten Mit dem Auto auf der A11 Berlin – Pomellen bis Finowfurt, dann auf der B198 (B167) über Eichhorst zum Abzweig Jagdschloß Hubertusstock (gegenüber der Zufahrt zum Campingplatz Am Spring).
Parkmöglichkeiten Am Jagdschloß.
Streckenlänge 9 Kilometer.
Höhenunterschiede Insgesamt 50 Höhenmeter bergauf und bergab.
Karte Ampel Verlag Berlin: Fahrradkarte 1:60.000. Berliner Umland, Blatt Nordost.
Bademöglichkeiten Campingplatz „Am Spring" am Werbellinsee.
Einkehrmöglichkeiten Im Jagdschloß Hubertusstock.
Rastmöglichkeiten Nach etwa 3,5 und nach 5 Kilometern.
Wissenswertes Die *Schorfheide*, das größte Waldgebiet Brandenburgs, war seit Jahrhunderten ein beliebtes Jagdgebiet der Könige, Kurfürsten und zuletzt

der DDR-Parteigrößen. Die Wildbestände wurden künstlich hochgehalten, um den Jägern immer einen Jagderfolg zu garantieren; die größten Erfolge wurden auf zahlreichen Gedenksteinen verewigt. Der Wald hat unter der hohen Wilddichte stellenweise stark gelitten, wurde andererseits aber forstlich wenig genutzt, so daß noch viele alte, breitkronige Eichen und Kiefern als Reste des ursprünglichen Waldes vorhanden sind. - Einst fraßen sich hier in den Wald getriebene Haustiere satt, und das Wissen um den hohen Nährwert der Eicheln bescherte diesen *Hudeeichen* als Mastbaum einen besonderen Schutz, so daß sie nicht gefällt wurden. Hudebäume sind leicht an der auffällig großen, sich in niedriger Höhe verzweigenden Krone zu erkennen. - Das *Jagdschloß Hubertusstock* wurde Mitte des 19. Jahrhunderts auf Wunsch Friedrich Wilhelms IV. im Stil eines bayerischen Landhauses erbaut, in den 70er Jahren des 20. Jahrhunderts aber grundlegend verändert. - In *Eichhorst* (vier Kilometer südlich des Jagdschlosses Hubertusstock) steht direkt an der B198 die für den Ort namengebende Eiche. Der Stamm des mehr als 500 Jahre alten Baumes (7 Meter Umfang) wurde beim Bau des Werbellinkanals Mitte des 18. Jahrhunderts vier Meter hoch zugeschüttet.

Tourenbeschreibung Unsere Wanderung beginnt am westlichen Eingang zum Schloß Hubertusstock, wo wir zunächst links am Zaun entlang durch einen Mischwald aus Kiefern und Traubeneichen laufen. Wenn der Zaun endet, sehen wir bald rechter Hand die ersten Hudeeichen. Der Weg steigt in einem Linksbogen an und mündet in eine herrliche Allee aus Roßkastanien und Douglasien. An ihrem Ende gelangen wir in einen Buchen-Eichenwald und zweigen nach rechts ab. Wir nähern uns einer Senke, die von einem Damm überbrückt wird, und biegen direkt davor nach rechts ab. Nun folgt ein längerer Abschnitt durch Wald- und Wiesenland. Stellenweise schlängelt sich der Pfad durch höheres Gras, und wir sehen einzeln stehende, alte und knorrige Eichen. Unser Weg mündet in ein kleines Tal. Verschiedene Laub- und Nadelbaumarten prägen die umgebenden Wälder, darunter außergewöhnlich viele Weißdorn-Sträucher. Der Talsohlen-Weg endet an einer Mehrwegkreuzung, wo sich eine überdachte Rastmöglichkeit bietet. Wir biegen mit dem Hinweis „Gedenkstein-Wanderweg" schräg nach links ab und erreichen dann auf kurviger Strecke eine weite Lichtung, die von zahlreichen, meist einzeln stehenden alten Kiefern und Eichen bestanden ist. Hier kreuzt ein breiterer Waldweg, und wir schwenken nach links. Hinter einem kleineren Waldacker mit Hochsitz tauchen wir in einen Kiefernforst ein. Schon an der nächsten Kreuzung halten wir uns rechts, um an weitere, uralte Kiefern zu gelangen. Wir sehen mehrstämmige Krüppelkiefern, manche besitzen auch nur einen Stamm und sehen mit der breiten Krone eher wie Laubbäume aus. Am Gedenkstein „Die Polnische", der neben einer zweistämmigen Kiefer liegt, werden wir vor eine Richtungswahl gestellt und entscheiden uns für links. Unser Weg vereinigt sich in einer langen Rechtskurve mit einem weiteren. Am ersten Abzweig, direkt an einer Schutzhütte, schwenken wir dann nach rechts. Ein langer Forstweg tut sich auf, der schnurgerade durch das wellige Waldgebiet führt. An seinem Ende tauchen wir in das dunklere Licht von Laubbäumen ein, die beiderseits des breiten Kalkbrennerwegs stehen. Wir folgen dem Spalier der Bäume nach rechts. Wenn der Fahrweg schließlich nach links abknickt, gehen wir geradeaus weiter und erblicken bald einen Hinweis zum „Wanderweg um den Hubertusstock". Wir begehen ihn nun in der umgekehrten Richtung, biegen also nach rechts ab. Weiterhin den großen, hölzernen Hinweisschildern folgend kommen wir in hügeliges Gelände, biegen hier zweimal nach links ab und erreichen so die dickste Eiche der Tour. Sie hat einen Umfang von 5,60 Metern und eine fein verzweigte Krone, deren Äste bis hoch oben mit Moosen bedeckt sind. Nun ist es nicht mehr weit bis zum Jagdschloß, und links herum geht es auf der bekannten Strecke zurück.

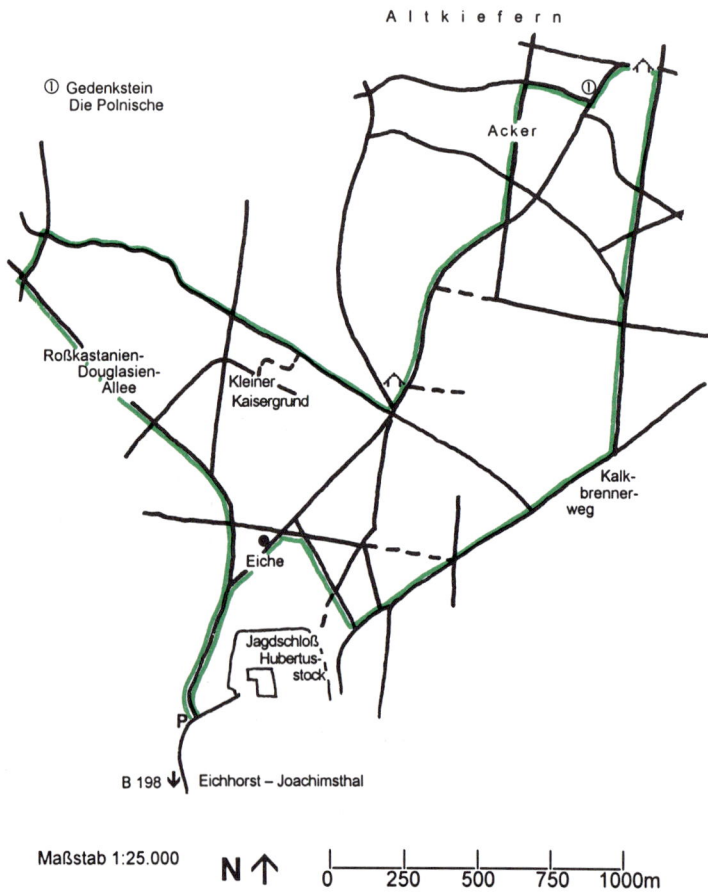

SCHORFHEIDE-CHORIN

Ausflüge

Erleb' Dein „Grünes Wunder"

Der Naturschutzbund (NABU) hat in dem sehr interessant gestalteten Informationszentrum „Blumberger Mühle" im Ausstellungshaus und in den weitläufigen Außenanlagen vieles zum Biosphärenreservat Schorfheide-Chorin und zur Natur und Landschaft überhaupt aufbereitet. Das Infozentrum liegt vier Kilometer nordwestlich von Angermünde.

Fast ausgestorbene Tiere

Im und etwas außerhalb des Biosphärenreservates gibt es zwei große Wildparks: Im „Wildpark Schorfheide" bei Groß Schönebeck sind u.a. bei uns ausgestorbene Tierarten wie Elche, Wölfe und Wisente zu sehen; im „Wildpferdgehege Liebenthal" leben u.a. Przewalskipferde, die Urahnen der heutigen Pferde. Zudem sind hier auch alte Haustierrassen, wie das Rotbunte Husumer Schwein oder das Rauhwollige Pommersche Landschaf zu beobachten.

Einst reich: Oderberg

In Oderberg blieb neben den Resten der Festung Bärenkasten viel mittelalterliche Substanz mit Fachwerkhäusern und Kopfsteinpflastergassen bis heute erhalten. Im 14. Jahrhundert bescherte die Grenzlage an der Oder den Städtchen die höchsten Zollerträge aller märkischen Städte. Der Bau des Oder-Havel-Kanals ließ den Reichtum ebenso versiegen, wie die Trockenlegung des Oderbruchs, die den zuvor bestehenden Fischreichtum stark zurückgehen ließ.

Glambeck

Glambeck lag einst im DDR-Staatsjagdgebiet nahe der A11 und führte ein Schattendasein. Das Dorf wartet mit dem Taubenhaus als letztem Rest des früheren Gutshauses und der Mitte des 19. Jahrhunderts erbauten Fachwerkkirche auf, die kürzlich erneuert und wiedereröffnet wurde.

Gigant aus Stahl

Um eine schnellere Wasserverbindung zwischen Berlin und der Oder zu ermöglichen, wurde von 1927-34 das Schiffshebewerk Niederfinow als Ersatz für die nebenan liegende, vierstufige Schleusentreppe errichtet. Einem riesigen Fahrstuhl gleich, überwindet das Hebewerk die 36 Meter Höhenunterschied in fünf Minuten.

Storchennest auf schwarzer Küche

In Biesenbrow sollte vor einigen Jahren ein marodes, altes Bauernhaus abgerissen werden. Dank des Einsatzes einiger Dorfbewohner blieb die gemauerte schwarze Küche mit dem Schornstein stehen. Schon im nächsten Jahr ließ sich Adebar auf dem skulpturenhaften Rest nieder.

Malerische Burgruine

Nordöstlich der Stadt Greiffenberg befinden sich die Reste der früheren Burg. Sie wurde im 13. Jahrhundert angelegt. Seit dem 17. Jahrhundert verfällt der auf einem kleinen Hügel thronende Bau, der einen schönen Ausblick auf das darunterliegende Sernitz- und Welsetal bietet.

Radtour

Mittelalterliche Klöster in hügeliger Landschaft

Verkehrsmöglichkeiten Mit der Bahn (Belzig – Berlin – Angermünde – Schwedt) bis Chorin. Mit dem Auto auf der A11 Berlin — Pomellen bis zur Abfahrt Joachimsthal, weiter auf der B198 Richtung Angermünde und dann auf der B2 mit Hinweis Eberswalde bis Chorin.
Parkmöglichkeiten An der B2 am Kloster Chorin.
Streckenlänge 68 Kilometer (29/39 Kilometer).
Höhenunterschiede Insgesamt 570 Höhenmeter bergauf und bergab.
Straßenbeschaffenheit 4 Kilometer Kopfsteinpflaster (z.T. auch innerorts), 11,5 Kilometer fester Sand oder Waldboden, sonst Asphalt oder Beton.

SCHORFHEIDE-CHORIN

Karte Landesvermessungsamt Brandenburg: Topographische Karte 1:100.000. Landkreis Uckermark.

Rastmöglichkeiten Viele Gelegenheiten, u.a. am Kloster Chorin.

Einkehrmöglichkeiten Am Kloster Chorin, in Brodowin, in Parstein, in Angermünde, an der Blumberger Mühle, in Görlsdorf und in Wolletz.

Bademöglichkeiten Im Parsteiner See an den Campingplätzen Pehlitzwerder und Parstein, am Ostufer des Wolletzsees und im Grimnitzsee bei Althüttendorf.

Wissenswertes Das *Zisterzienser-Mönchskloster Chorin* ist eines der bekanntesten Klöster der Mark und seit einigen Jahren an Sommerabenden Anziehungspunkt für Musik-Liebhaber. Nachdem die erste Anlage, das *Kloster Mariensee* am Parsteiner See, aufgegeben worden war, begann man 1270-73 mit dem Bau in Chorin. Bemerkenswert ist die Verwendung von Ziegelsteinen bei so aufwendig gestalteten Gebäudeteilen wie dem Schaugiebel an der Westfront und den mit Ziergiebeln und Blendwerk versehenen Strebepfeilern. Obwohl einige Gebäude fehlen, ist noch immer ein eindrucksvolles Ensemble erhalten. - Der *Parsteiner See* ist etwa 1100 Hektar groß, bis zu 30 Meter tief und gilt als einer der saubersten Seen der Mark. Er ist Nahrungs-, Brut- und Überwinterungsgebiet vieler Wasser-, Wat- und Greifvogelarten, darunter Fisch- und Seeadler sowie Trauer- und Flußseeschwalbe. Einige sehr markante Hügel, sogenannte Drumlins, durchsetzen das Gebiet. Dazu gehört der *Kleine Rummelsberg*, der mit einer interessanten Aussicht aufwartet. - Schon die Slawen siedelten auf *Pehlitzwerder* und schufen den flachen Hügel mit Ringgraben dicht neben den Resten des Klosters. Im ausgehenden Mittelalter grasten Schafe und andere Tiere auf der Insel, die wegen der Lage nicht einmal beaufsichtigt werden mußten. Heute machen die aus dieser Zeit übrig gebliebenen Birnbäume, Linden, Buchen und anderen Baumarten die Insel zu einem der schönsten Orte der Mark. - *Angermünde* ⇨ S. 16 - *Wolletz* war in DDR-Zeiten das Domizil von Erich Miehlke. Er wohnte in einem frühen 19. Jahrhundert errichteten Jagdschloß, das heute als Rehaklinik genutzt wird. - Der *Grimnitzsee* liegt in einer Mulde und ist vergleichsweise flach. Die Qualität des Wassers geht daher in warmen Sommern zurück. Am Nordufer nimmt die Welse ihren Lauf, durchfließt neben einigen anderen Seen auch den Wolletzsee und speist die Blumberger Fischteiche.

Anmerkung Die Tour kann bei Benutzung der Bahnlinie Chorin – Angermünde verkürzt werden. Von Chorin nach Angermünde sind es auf weniger hügeliger Strecke 29 Kilometer, von Angermünde aus führt die Tour über 39 Kilometer durch stärker welliges Land.

Tourenbeschreibung Der kleine Bahnsteig des Bahnhofs Chorin endet an der Bahnhofstraße, die uns rechter Hand in den Ort hineinbringt. Abermals rechts erblicken wir die schöne Feldstein-Dorfkirche und umkurven das Gotteshaus im Uhrzeigersinn. Die Vorfahrtstraße knickt dann nach links ab und führt auf die Feldmark hinaus. Nach etwa einem Kilometer biegen wir nach rechts in die asphaltierte Alte Klosterallee ab, bleiben diesem Weg stur treu und kommen an den Amtsee heran. Wir bleiben dicht an seinem Ufer und überqueren den Nettelgraben. Dann gabelt sich der Weg, wir lenken schräg nach rechts und fahren unmittelbar am Kloster Chorin vorbei. Am Ende des Klosterbezirks treffen wir auf die B2, der wir nun etwa zweieinhalb Kilometer nach links folgen. Mitten im Wald, unmittelbar hinter dem Nettelgraben und an einer Notrufsäule, zweigen wir nach rechts auf einen Waldweg ab (Hinweis Langes Gestell). Über Sand und Schotter geht es durch den Wald, über eine kreuzende Kopfsteinpflasterstraße hinüber und schließlich links an einer gro-ßen Halle vorbei nach Weißensee, einem Ortsteil von Brodowin. Der Weg-weiser zur Dorfmitte bringt uns schräg nach rechts auf die Straße. Auf Wei-ßensee folgt Brodowin, wo wir hinter der Kirche, direkt unter dem Storchen-nest, nach links abbiegen (Hinweis Pehlitz). Nun haben wir einen reizvollen Abschnitt durch hügeliges Seenland vor uns. Hecken rahmen den Weg ein, auf 148 Stufen könnten wir auf den aussichtsreichen Kleinen Rummelsberg steigen und hinter Pehlitz den Stichweg zur idyllischen Halbinsel Pehlitzwer-der einschlagen. Vor Parstein müssen wir die Vorfahrt achten und biegen nach links in den Ort ab. Gleich hinter der Kirche verschwinden wir nach links und radeln nun über Bölkendorf nach Herzsprung. Mit Schwung rollen wir in den Ort hinein, fahren geradewegs von der Vorfahrtstraße und werden am Ende etwas nach rechts versetzt. Auf einer kleinen Betonplattenstraße verlassen wir Herzsprung und müssen uns kurz vor Angermünde wieder unter den stärkeren Verkehr der Landstraße Neukünkendorf – Angermünde mischen (links). Sie bringt uns kreuzungsfrei bis an die Berliner Straße im Zentrum der Stadt. Rechts herum sollten wir einen Abstecher in die historische Altstadt machen, ansonsten geht es hier links herum unter den Bahngleisen hindurch und dahinter rechts mit dem Hinweis Altkünkendorf. Der Vorfahrtregelung folgend, passieren wir Wohn- und Gewerbegebiete, bevor uns eine hohe Allee durch sehr welliges Ackerland führt. Am Waldrand zweigen wir nach rechts zum Strandbad am Wolletzsee ab (Hinweis Blumberger Mühle). Auf schmaler Straße passieren wir die Badestelle und orientieren uns auf dem nun sandigen Waldweg fortan an der gelben Markierung. Über ein Wegkreuz hinüber, que-ren wir einen Erlenbruch, dann weitet sich der Blick auf die Blumberger Tei-che, und wir biegen spitzwinklig nach rechts ab. Am Rand der Teiche entlang, erreichen wir das einem überdimensionalen Baumstumpf nachempfundene, interessante NABU-Informationszentrum. Weiter geht es auf Kopfsteinpfla-ster an die Landstraße nach Görlsdorf. Dieser folgen wir nach links durch ein Spalier kleiner Obstbäume. Auf Höhe der Bushaltestelle lenken wir mit dem Hinweis Wasserwerk Görlsdorf geradeaus und kommen an einer Reihe Birken entlang in den früheren Schloßpark. Über die Welse hinüber, biegen wir hin-ter der kleinen Kirche nach links in die Dorfstraße ab. Am Ende fahren wir unter Beachtung der Vorfahrt geradeaus über die Bahngleise und tauchen in einen Buchenmischwald ein. Er umgibt die kurvenreiche Straße, deren Alter wir an den knorrigen Eichen und Linden am Wegrand erahnen können. Mitten im Wald kommt der Abzweig nach Wolletz (links). Im Ackerland übernehmen abermals Obstbäume die Führung, in Wolletz schwenken wir nach rechts in die Dorfstraße. Erste dicke Roßkastanien geben einen Vorgeschmack auf die eindrucksvolle Allee, die uns hinter dem Ort dicht an den Wolletzsee heranlei-tet. Abwechselnd auf Betonplatten und auf festem Sand umkurven wir die von einem Erlenbruch bestandene Westuferspitze des Sees (Wanderweghinweis Altkünkendorf). Zwei alte Eichen mit walzenförmigem Stamm bilden eine tor-ähnliche Zufahrt nach Altkünkendorf hinein. An der Kirche müssen wir die

SCHORFHEIDE-CHORIN

Obstbaumallee bei Wolletz.

Vorfahrt gewähren und setzen uns dann geradewegs mit Hinweis Althüttendorf wieder in Bewegung. Vergleiche mit dem Mittelgebirge kommen uns in
den Sinn, und der lange Anstieg aus dem Ort hinaus verlangt auch große
Kraft. In der folgenden Abfahrt erwartet uns noch vor dem Örtchen Grumsin
eine scharfe Linkskurve, dann steht uns ein einmaliger Feldweg bevor. Dieser
ist teils hohlwegartig eingeschnitten, verläuft in engen Kurven und wird von
dicken Eichen und Linden sowie knorrigen Weiden eingerahmt. Mit Neu-
grimnitz kündigt sich bereits der Grimnitzsee an, und noch vor der Autobahn
bekommen wir den riesigen See zu Gesicht. In Althüttendorf passieren wir
zunächst die erhöht stehende Windmühle, dann die Zufahrt zur Badestelle und
die Kirche. Im „Neubauviertel" von Althüttendorf steuern wir schräg nach
links in die Glasstraße, die auf die B198 trifft. Wir mischen uns links herum
unter den Verkehr, überqueren die Autobahn und lassen dann am Hinweis
nach Senftenhütte die laute Straße hinter uns (rechts). Eine kleine Straße führt
uns durch den Wald auf Senftenhütte zu, wo wir bis zur Kirche der Vorfahrtregelung treu bleiben. Am Gotteshaus steuern wir nach links (Hinweis Chorin) und verlassen den beschaulichen, an Obstbäumen reichen Ort. Direkt am
Ortsende gabelt sich die Straße, und wir lenken nach rechts (Wanderweghinweis Britz und Chorin). Ein in Abschnitten kopfsteingepflasterter Weg führt
uns durch weite Buchenwälder, in die mitunter Kiefern aber auch Trauben-
und Stieleichen eingesprengt sind. An einer breiten Kreuzung im Wald radeln
wir geradeaus, später erreichen wir eine Lichtung, an deren Ende wir geradewegs dem Hinweis nach Chorin folgen. Hinter den Bahngleisen rückt der Ort
ins Blickfeld. Beachtung sollten wir unbedingt noch dem alten Streuobstbe-

stand neben der Straße schenken. In den knorrigen Bäumen wachsen zahllose Mistelbüsche, dennoch reifen alljährlich Äpfel heran. Unsere Straße knickt nach links ab, dann lenkt uns der von Häusern bestandene Dorfanger nach links in die Mittelstraße ab. An der Kirche entdecken wir abermals Misteln, denn auf dem Kirchhof stehen ungewöhnlicherweise Obstbäume, und in einigen haben sich die Halbschmarotzer ansiedeln können. Hinter dem Gotteshaus geht es links abbiegend wieder zum Bahnhof zurück.

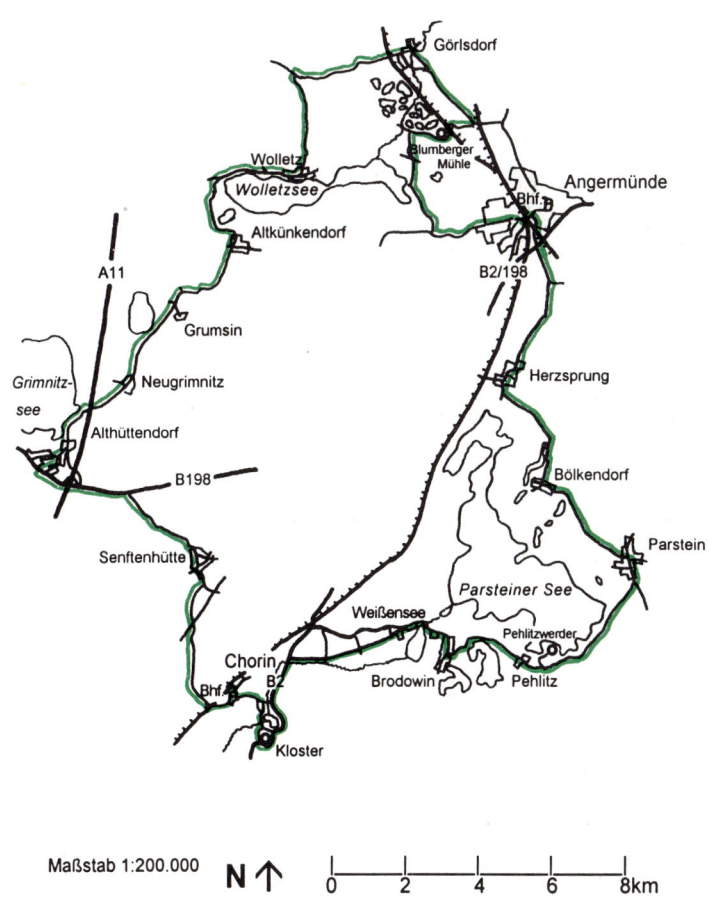

SCHORFHEIDE-CHORIN

Freizeit

Museen und Ausstellungen

NABU-Infozentrum Blumberger Mühle
Blumberger Mühle 2, 16278 Angermünde
☎ 03331-26040 (Fax -260450)

Schorfheide-Museum
Schloßstr. 6, 16348 Groß Schönebeck
☎ 033393-65272

Haus Pehlitzwerder
16230 Brodowin
☎ 033362-70686

Ehm-Welk-Museum
Puschkinallee 10, 16278 Angermünde
☎ 03331-33381

Infoladen und Dorfmuseum Ringenwalde
Dorfstr. 24; 17268 Ringenwalde
☎ 039881-4001

Heimatstube Gerswalde
Wasserburg, 17268 Gerswalde
☎ 039887-224

Binnenschiffahrtsmuseum Oderberg
Hermann-Seidel-Str. 44, 16248 Oderberg
☎ 033369-470

Schiffshebewerk Niederfinow
Grabowstr. 1, 16225 Eberswalde
☎ 03334-22063 (auch Fax)

„Haus der Naturpflege"
Dr.-M-Kienitz-Weg 2, 16259 Bad Freienwalde
☎ 03344-3582

Kloster Chorin
Amt Chorin 11a, 16230 Chorin
☎ 033366-70377

Wildpark / Zoo

Wildpark Schorfheide
Prenzlauer Str. 16, 16348 Groß Schönebeck
☎ 033393-65855 (Fax -65857)

Haustierpark u. Wildpferdgehege Liebenthal
Dorfstr. 38, 16559 Liebenthal
☎ 033054-62411 (auch Fax)

Abenteuercamp

Natur- und Freizeitgarten
Dorfstr. 31, 16248 Niederfinow
☎ 0172-3806858

Schulbauernhof

Gut Gollin 1, 17268 Vietmannsdorf
☎ 039882-225 (Fax -4001)

Reiten / Kremser

Reiterhöfe gibt es in Angermünde, Brodowin und Groß Schönebeck, Kremserfahrten können nen von Joachimsthal aus unternommen werden. Nähere Informationen erteilen die Touristinfos.

Schiffahrt

Reederei Wiedenhöft, Werbellinsee
Seerandstr. 23, 16247 Joachimsthal
☎ 033361-474 (Fax -71133)

Feste feiern

Juni - September: Choriner Musiksommer
(Karten☎ 03334-657310, Fax -236316)
August/September: Drachenbootspektakel in Liebenwalde

Natur(park)-Produkte

Hofläden mit Ökoprodukten

Ökodorf Brodowin
Dorfstr. 89, 16230 Brodowin
☎ 033362-302 o. -246

Gut Kerkow
Prenzlauer Straße, 16278 Kerkow
☎ 03331-26290

Gut Temmen
Dorfstraße, 17268 Temmen

Gut Wilmersdorf
☎ 033334-7514

Gut Gollin
Gut Gollin 1, 17268 Vietmannsdorf
☎ 039882-225

Fischereien

Werbellinsee-Fischerei
16247 Joachimsthal
☎ 033361-70065

Honig

Imker gibt es in Biesenbrow, Eberswalde, Klosterfelde, Finowfurt, Angermünde, Groß Schönebeck, Schiffmühle und Temmen.

Schäferei

Lehrschäferei Kath
☎ 039861-539

Ölmühle

Ölmühle Klann
17268 Ringenwalde
☎ 039881-49091

Bier

UBG GmbH „Choriner Biere"
Dorfstr.4, 16230 Golzow
☎ 03334-420557

Kräuter

Uckermärkische Kräuterkränze
17268 Groß Kölpin

FLUSSLANDSCHAFT ELBE - BRANDENBURG

Biosphärenreservatsverwaltung
Neuhausstr. 9
19322 Rühstädt
☎ 038791-9800 (Fax -98011)

Naturwacht
Neuhausstr. 9   Ökoburg, Burgstraße 3
19322 Rühstädt   19309 Lenzen
☎ 038791-98022   038792-1701

STORCHENDORF RÜHSTÄDT - BAD WILSNACK - PLATTENBURG - WITTENBERGE

Eldorado der Störche im einstigen Grenzland

400 Stromkilometer der Elbe stehen unter dem Namen „Biosphärenreservat Flußlandschaft Elbe" unter Schutz. Fünf Bundesländer haben sich dafür zusammengetan, und so erstreckt sich das länderübergreifende Biosphärenreservat, das insgesamt 375.000 Hektar groß ist, von der Mittleren Elbe bei Lutherstadt Wittenberg bis über die Landesgrenze von Schleswig-Holstein hinaus. Auf diese Weise ist gesichert, daß die Bemühungen um den Schutz der einmaligen Landschaft nicht an der Grenze eines Bundeslandes aufhören. Der brandenburgische Teil des Biosphärenreservats Flußlandschaft Elbe beginnt bei Quitzöbel und endet kurz vor Dömitz. In diesem Abschnitt trennte die Elbe auf 40 Kilometern Länge Niedersachsen vom damaligen DDR-Bezirk Schwerin. Der Stromlauf ist hier seit Jahrhunderten vergleichsweise naturbelassen und entwickelte sich zudem wegen der Grenzlage in den letzten 40 Jahren relativ unbeeinflußt. Er konnte innerhalb der Deiche nach eigenen Kräften walten, und so spielte die Hochwasserdynamik wenigstens in diesem kleinen Raum noch die entscheidende Rolle. Teils isolierte und dadurch verlandende Altarme prägen das Bild ebenso, wie knorrige Kopfweiden und bizarr geformte, alte Stieleichen. Welliges Wiesenland zeugt von den Kräften des Wassers, das immer wieder Material anschwemmte und ablagerte und andernorts wieder fortspülte. Sehr schöne Ausblicke bietet vor allem der hohe Elbdeich, und wer hier mit dem Fahrrad oder zu Fuß unterwegs ist, kann zahllose Naturbeobachtungen machen - eine Begegnung mit einem majestätisch vorbeifliegenden Seeadler ist oft dabei.

Zu den Zielen der Reservatsverwaltung zählt die Renaturierung der Flußaue im Gebiet um Lenzen. Dazu gehört einerseits eine Rückverlegung des Deiches, andererseits wird der neuerlichen Entwicklung des einst hier herrschenden Auenwaldes, der bis auf kleinste Reste verschwunden ist, Starthilfe gegeben: Insgesamt 72325 junge Bäume wurden im Rückdeichungsgebiet gepflanzt. Dabei wurden nur Sprößlinge von Stieleichen, Silberweiden, Feld- und Flatterulmen sowie Gemeinen Eschen verwendet, die aus der Umgebung stammen; denn diese sind am besten an die lokalen Bedingungen angepaßt. Schon jetzt tragen die Bemühungen um den Schutz des unmittelbaren Uferstreifens Früchte. Ein bis zu acht Meter breiter Streifen wird zur Brutsaison nicht bewirtschaftet; sehr zum Nutzen von Sumpf- und Schilfrohrsänger, Rohrammer und Beutelmeise, die hier viele Nachkommen hervorbringen.

Drei Städte liegen im Biosphärenreservat: Das schon im letzten Jahrhundert zu einer Industriestadt herangewachsene Wittenberge, das bereits 929 von den vordringenden Sachsen und den heimischen Slawen schwer umkämpfte Lenzen und das gleichfalls mit hübsch restaurierten Fachwerkhäusern aufwartende Bad Wilsnack, das durch ein Hostienwunder im 14. Jahrhundert zum Wallfahrtsort wurde. Baumaterial der Wunderblutkirche sind rote Ziegelsteine. Und eben diese Farbe dominiert in vielen Dörfern, wie Quitzöbel, Legde oder Groß- und Klein Lüben. In Rühstädt kontrastiert dieses Rot sehr schön mit den in der Sommerzeit auf den Schornsteinen oder Dächern sitzenden Weißstörchen. Und davon gibt es in Rühstädt so viele, daß der Ort als das storchenreichste Dorf Deutschlands gilt. So wurden im erfolgreichen Jahr 1999 in 36 besetzten Horsten 86 Jungtiere flügge.

Wasserturm am Schloß Rühstädt.

Informationen

Fremdenverkehrs- und Kulturverein Prignitz
Wittenberger Str. 90, 19348 Perleberg
☎ 03876-616973 (Fax -616974)

Stadtinformation Wittenberge
Bahnstr. 56, 19322 Wittenberge
☎ 03877-402721

Stadtinformation Perleberg
Mönchstr. 7, 19348 Perleberg
☎ 03876-612259

Stadtinformation Lenzen
Im Stumpfen Turm, 19309 Lenzen
☎ 038792-7302

Stadtinformation Bad Wilsnack
Altes Rathaus, 19336 Bad Wilsnack
☎ 038791-2620

NABU-Besucherzentrum
Neuhausstr. 9, 19322 Rühstädt
☎ 038971-6719

Storchenclub Rühstädt
Am Schloß 6, 19322 Rühstädt
☎ 038971-6703

NABU-Kreisverband Prignitz
Friedensstr. 17, 19322 Wittenberge

Landschaftspflegeverb. Lenzener Elbtalaue
Am Bahndamm 11
☎ 038792-92418 (Fax -92444)

Radtour

Deutschlands Storchendorf Nummer 1: Rühstädt

Verkehrsmöglichkeiten Mit der Bahn (Bad Liebenwerda – Jüterbog – Berlin – Neustadt/Dosse – Wittenberge) nach Bad Wilsnack. Mit dem Auto auf der B107 Pritzwalk – Havelberg oder auf der B5 Kyritz – Perleberg bis Kletzke und von dort nach Bad Wilsnack.
Parkmöglichkeiten Am Bahnhof von Bad Wilsnack.
Streckenlänge 42,5 Kilometer.
Höhenunterschiede Gering.
Straßenbeschaffenheit 19 Kilometer fester Sand und Schotter, 2,5 Kilometer Betonplatten, innerorts teils Kopfsteinpflaster, sonst Asphalt oder Beton.
Karte Landesvermessungsamt Brandenburg: Topographische Karte 1:100.000. Landkreis Prignitz. 1995.
Bademöglichkeiten Nahe Quitzöbel in einem abgetrennten Havel-Altarm.
Rastmöglichkeiten Zwischen Klein Lüben und Bälow an der Elbe, in Rühstädt und am Gnevsdorfer Wehr.
Einkehrmöglichkeiten In Groß Lüben, Klein Lüben, hinter Klein Lüben an der Elbe, in Bälow, Rühstädt, Abbendorf, Quitzöbel, Legde und Bad Wilsnack.
Wissenswertes *Bad Wilsnack*, seit 1929 wegen der in der Nähe gewonnenen, heilsamen Moorerde als Kurstadt anerkannt, war im Mittelalter ein Wallfahrtsort. Die Menschen pilgerten in die Wunderblutkirche, in der sich 1383 ein Hostienwunder zugetragen haben soll. Unter Verwendung von Teilen des vorherigen, kleineren Kirchenbaus wurde die dreischiffige Hallenkirche schon ein Jahr später begonnen. Der Bau geriet jedoch bald ins Stocken, da der Havelberger Bischof die inzwischen reichlich fließenden Wallfahrtserlöse zum Ausbau des Havelberger Doms und der Plattenburg nutzte. So mutet es heute etwas eigentümlich an, daß eine Kirche dieser Größe keinen Turm besitzt. Der sogenannte „Prälatengang", der auf der Nordseite an die Kirche heranführt, war die Verbindung zum einst nebenstehenden Schloß. - Das storchenreichste Dorf Deutschlands ist derzeit *Rühstädt*. Mittelpunkt des Ortes

sind die Kirche und das gegenüber stehende Schloß mit dem angrenzenden, reizvollen Park. Der Wasserturm neben dem Schloß wurde mit NABU-Mitteln restauriert, um das dort thronende Storchennest zu sichern. - Der zehn Kilometer lange *Gnevsdorfer Vorfluter* ist eine künstliche Verlängerung des Havellaufes. Auf diese Weise wird die Hochwassergefahr im Haveltal verringert. - *Quitzöbel* war früher Stammburg der Quitzows, einem märkischen Raubrittergeschlecht. Sehenswert ist die Backsteinkirche mit einem Staffelgiebel, der dem der Heiliggeistkapelle des Klosters Heiligengrabe bei Wittstock nachempfunden wurde. Südöstlich des Ortes liegt die natürliche Mündung der Havel in die Elbe, dazwischen erstreckt sich ein weites, von Kiefern bestandenes Dünenfeld. - *Legde* diente neben dem benachbarten Roddan als Kulisse für die Verfilmung des Romans „Der Laden" von Erwin Strittmatter.

Tourenbeschreibung Vom Bad Wilsnacker Bahnhof führt uns die Bahnstraße zur Kreuzung mit der Töpferstraße, der wir links herum folgen. An der Kreuzung mit der Dr.-Wilhelm-Harnisch-Straße verschwinden wir schräg nach rechts in den Schloßpark. Radfahrer und Fußgänger teilen sich hier die Wege. An einem kleinen Platz schwenken wir schräg nach links in eine enge Lindenallee, an deren Ende uns die Wunderblutkirche erwartet. Links daran vorbei, treffen wir auf die Große Straße. Prächtige zweistöckige Fachwerkbauten säumen die Straße, die wir rechts unter unsere Räder nehmen. Zum Stadtende hin werden die Häuser niedriger, und wir überqueren die Karthane. Gleich dahinter biegen wir nach rechts ab und radeln im Schatten einer Lindenallee neben dem Bach. An einer Gabelung halten wir uns links und kommen dann in die lockere Gebäudegruppe einer früheren Wassermühle. Hier müssen wir scharf links steuern und radeln dann geradeaus weiter (Rammweg). Über die Feldmark hinüber, erreichen wir Groß Lüben. Wir lassen die Ortsmitte links liegen und biegen an der Dorfstraße nach rechts ab. Am Ende gabelt sich der Weg auf kurzer Distanz zweimal, beide Male halten wir uns links. Ein Radweghinweis nach Klein Lüben unterstützt uns dabei. So geraten wir auf einen anfangs geschotterten, später sandigen Weg, der schließlich in den Wald eintaucht. Nun steht uns eine längere, abwechslungsreiche Waldpartie bevor. Ein Bahnwärterhaus der Linie Berlin – Hamburg versetzt unsere Route etwas nach links, an der Landstraße Wittenberge – Klein Lüben setzen wir dann linker Hand schließlich auf Asphalt über. In Klein Lüben sollten wir dem rundlichen Dorfanger mit der Kirche im Zentrum einen längeren Aufenthalt widmen. Kurz vor dem Ortsende geben wir dann ein Handzeichen rechts. Rühstädt ist angeschrieben. Über die Karthane hinüber, rollen wir bald durch einen Kiefernforst. Dahinter öffnet sich der Blick auf die Wiesen der Elbtalniederung. Auf einem hohen Deich radeln wir nach Bälow, dessen zwei Meter hohes Storchennest zu den höchsten Deutschlands zählt. Im Ort fahren wir im Linksknick der Vorfahrtstraße geradeaus weiter (An der Ziegelei). Leicht ansteigend kommen wir an einem Altarm der Elbe heraus und bleiben dem in sanften Kurven schwingenden Deich längere Zeit treu. Im stehenden Wasser der Altarme siedeln See- und Teichrosen, die in der eigentlichen, stark strömenden Elbe nicht Fuß fassen könnten. Parkartig verteilt stehen knorrige Weiden, mitunter ist ein Grünspecht zu sehen. Nach einer Serie von Lenkmanövern berührt der Deich einen Rest des Hartholzauenwaldes, der von Stieleichen und Feldulmen gebildet wird. Unter der Krone einer sehr dicken Eiche hindurch, sind wir an der Elbe angelangt. An der ersten Möglichkeit lassen wir uns vom Deich herunterrollen und erreichen auf Betonplatten die Landstraße Gnevsdorf – Rühstädt. Links herum machen wir nun einen Ausflug in das Storchendorf. Schon von weitem sehen wir auf der rechten Seite die neu gebaute Naturschutzstation, in der das Weißstorch-Informationszentrum des NABU, die Biosphärenreservatsverwaltung und die Naturwacht untergebracht sind. Wir sollten die Räder an der Kirche abstellen, um in Ruhe einen Rundgang durch den Ort und den Schloßpark zu machen. Wieder im Sattel, steuern wir Gnevsdorf an. Hier wechseln wir gleich zu Beginn geradewegs auf den Deich des Gnevsdorfer Vorfluters über - einen Abstecher ist das Dorf mit der unscheinbaren Fachwerk-Kirche jedoch wert. Das Gnevsdorfer Wehr rückt ins Blickfeld, und wir nutzen es, um auf die andere Uferseite zu kommen. So entdecken wir auch die daneben fließende Elbe wieder und geben uns dem Anblick der beiden Wasserläufe nun längere Zeit hin. Auf der brandenburger Seite blicken wir auf Abbendorf, später taucht das anhaltinische Werben mit dem auffällig hohen Kirchdach auf. Die letzten Kilometer nach Quitzöbel legen wir auf Betonplatten zurück und sind dabei unmerklich nach Sachsen-Anhalt hineingefahren. Um wieder ins Märkische zurückzukommen, halten wir uns an der Wehrgruppe Quitzöbel links. Nachdem wir das zweite Wehr überquert haben, steuern wir auf einen Dünen-Kiefernwald zu. Direkt davor lenken wir nach links und radeln anfangs ein Stück an den teils knorrigen Nadelbäumen entlang. Dann können wir wieder auf den Deich überwechseln (rechts herum ginge es zur Badestelle). Ein letztes Mal blicken wir in das Elbtal, an der ersten Gelegenheit rollen wir in einer scharfen Rechtskurve wieder vom Deich herunter. Quitzöbel taucht auf, und an den ersten Häusern des Ortes beginnt ebener Straßenbelag. An einer Gabelung halten wir uns schräg links. Nicht nur die Häuser und die Kirche des Ortes, auf die wir unter Beachtung der Vorfahrt geradewegs zufahren, sind aus Ziegelsteinen. Auch einige Zäune sind aus dem robusten, roten Material gefertigt und schaffen eine besondere Atmosphäre. Die Kirche zwingt uns nach rechts, und mit der Vorfahrtregelung verlassen wir das Dorf. Lennewitz grüßt schon von weitem mit dem wuchtigen Mühlengebäude, hinter dem Ort übernimmt eine eindrucksvolle Eichenallee die Führung nach Legde. Auch hier bestimmen Backsteine das Bild. Direkt vor der Kirche steuern wir nach links und werden vom Kopfsteinpflaster zwar etwas durchgeschüttelt, dafür aber vom Anblick der hübschen Backsteinhäuser entschädigt. Kleine Kopflinden komplettieren den dörflichen Charakter. Auf Asphalt verlassen wir den Ort, im Wiesen- und Ackerland biegen wir dann nach rechts ab. Nach einem Rechtsknick der Straße rückt die Wunderblutkirche mit ihrem markanten hohen Dach ins Blickfeld. Magisch angezogen fahren wir dem Sackgassenschild zum Trotz ohne Richtungswechsel bis an das Gotteshaus heran. Abermals am Chor vorbei (rechts), durchqueren wir dahinter den Schloßpark, fahren am Ende der Lindenallee schräg nach rechts und am Parkausgang halb links in die Töpferstraße. Von ihr zweigt die Bahnstraße ab, die direkt zum Bahnhof von Bad Wilsnack führt.

FLUSSLANDSCHAFT ELBE - BRANDENBURG

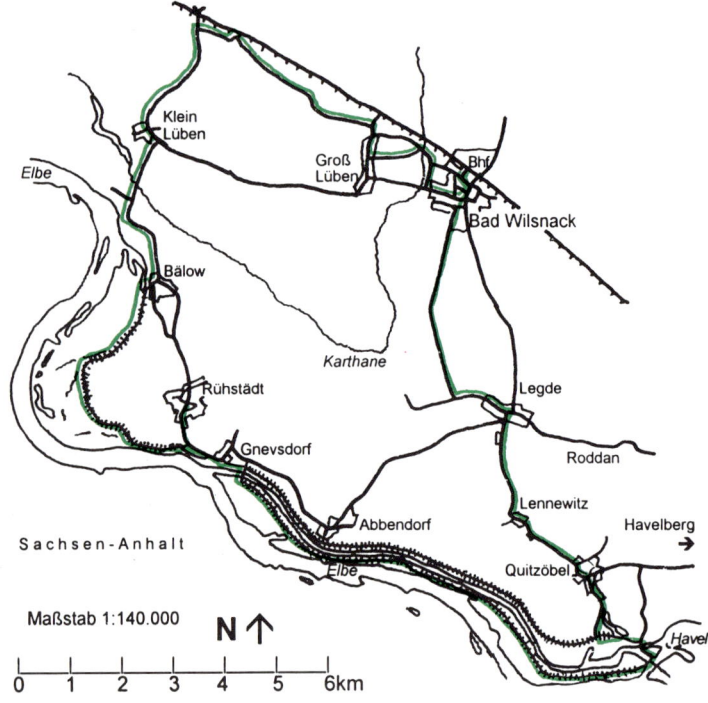

Maßstab 1:140.000 N ↑

0   1   2   3   4   5   6km

Ausflüge

Weißer Dünensand am Elbtalrand

Über mehrere Kilometer Länge erstreckt sich unweit Klein Schmölen und nach Mecklenburg-Vorpommern hinein ein rund 500 Meter breites Dünenfeld. Kiefern und Gräser erobern die bis zu 28 Meter hohe, hügelige Landschaft, stellenweise ist aber der bloße Sand zu sehen und wird von der Luft umhergewirbelt.

Plattenburg

Mit der Plattenburg östlich von Bad Wilsnack ist eine reizvolle, geschlossene Burganlage erhalten geblieben. Im 13. Jahrhundert angelegt, residierten hier bald die Havelberger Bischöfe. Sie veranlaßten Um- und Anbauten, die gemeinsam mit den Resten des Wassergrabens und einem alten Baumbestand die Plattenburg zum lohnenswerten Ausflugsziel machen. Eine Gaststätte verköstigt hungrige Touristen.

Lindenwald als Dorfanger

Groß Breese wartet mit einem kuriosen, in Brandenburg einmaligen Dorfanger auf. Er ist fast über die gesamte Länge des Dorfes von Linden bestanden. In sechs Reihen stehen die Bäume dicht nebeneinander und sind zu jeder Jahreszeit eine Attraktion. Der hübsche Ort liegt östlich von Perleberg.

Havelberger Dom

Das Städtchen Havelberg, 15 Kilometer südöstlich von Bad Wilsnack und an der Havel gelegen, lockt nicht nur mit einer sehenswerten, gut erhaltenen historischen Altstadtinsel, sondern auch mit einem alles überragenden Dom. Im Kern ist der vom Prämonstratenser-Orden gegründete Bau romanisch, er wurde später aber gotisiert. Der mächtige Westturm, Lebensraum von Felsbewohnern wie Dohle oder Turmfalke, diente sogar Verteidigungszwecken.

FLUSSLANDSCHAFT ELBE - BRANDENBURG

Perleberg

Von zwei Armen der Stepenitz umflossen, ist in Perleberg, dem Hauptort der Westprignitz, der historische Stadtkern sehenswert erhalten. Zahlreiche Fachwerkbauten geben ein besonderes Bild ab. Das Zentrum dominieren die Kirche St. Jakobi, ein im 13. Jahrhundert begonnener stattlicher Bau, das 1839 im neugotischen Stil errichtete Rathaus und am Ende des Marktplatzes der steinerne Roland. Er war im Mittelalter das Sinnbild der freien Gerichtsbarkeit und des Marktrechts.

Europas größte Turmuhr

Die Stadt Wittenberge blickt auf eine lange Industriegeschichte zurück. So wurde bereits 1823 der Bau der später modernsten Ölmühle Europas begonnen. Höhepunkt der industriellen Entwicklung war 1928 die Fertigstellung der Nähmaschinenfabrik der seit 1908 hier produzierenden Firma Singer. Zwei riesige Türme überragen die Anlage, an einem befindet sich die mit seinem 7,57 Meter langen Minutenzeiger größte Turmuhr Europas.

Altarm der Elbe bei Bälow.

Radtour

Niedersachsen grüßt: Durch die Lenzer Wische

Verkehrsmöglichkeiten Mit dem Auto auf der B195 Wittenberge – Dömitz nach Lenzen und dort zur Burg.

Parkmöglichkeiten An der Burg Lenzen (ab Stadtmitte ausgeschildert).

Streckenlänge 21 Kilometer.

Höhenunterschiede Mit Ausnahme der Deichauf- und Deichabfahrt gering.

Straßenbeschaffenheit 6,8 Kilometer Schotter, sonst Asphalt.

Karte Landesvermessungsamt Brandenburg: Topographische Karte 1:100.000. Landkreis Prignitz.

Rastmöglichkeiten Bänke am Elbdeich und am Quitzowturm in Eldenburg.

FLUSSLANDSCHAFT ELBE - BRANDENBURG

Einkehrmöglichkeiten In Mödlich, Seedorf, Eldenburg und in Lenzen.
Wissenswertes Das seit 1230 Stadtrechte besitzende *Lenzen* erwartet den
Besucher mit vielen Sehenswürdigkeiten. Die heutige Burg hatte einen slawischen Vorgängerbau, der 929 in einer schweren Schlacht zwischen den vordringenden Kriegern Heinrich I. und den ansässigen Slawen umkämpft wurde.
Vom backsteinernen Bergfried hat man einen schönen Blick in die Elbtalniederung. Unmittelbar an den Turm grenzt ein zweigeschossiges, barockes
Wohngebäude, in dem das Museum mit DDR-Konsum untergebracht ist. Von
der einstigen Stadtmauer sind noch der im Osten stehende Stumpfe Turm und
das Scharfrichterhaus mit einem Stadtmauerteil erhalten. Eindrucksvoll sind
die vielen von überwiegend zweistöckigen Fachwerkbauten gesäumten Straßen und Gassen, die dem Ort einen besonderen Charakter verleihen. - Äußerst
reizvoll ist die spätgotische Kirche von *Mödlich*, die direkt hinter dem Deich
erbaut wurde. Im Ort sind mehrere, schilfgedeckte Niedersachsen-Häuser zu
sehen. - Die *Eldenburg* geht auf das 14. Jahrhundert zurück. Im 15. Jahrhundert bewohnten die Quitzows die mittelalterliche Anlage, von der heute nur
noch der unscheinbare Quitzowturm zeugt.
Tourenbeschreibung Vor der Burg Lenzen setzen wir uns in den Sattel
und brauchen anfangs nicht zu treten, denn wir fahren bergab zur Amtsbrük-
ke. Dahinter teilen wir uns den Weg mit den Fußgängern und sind im Hinterland der Elbe. Eine asphaltierte Straße zwingt uns zu einer Entscheidung, und
diese fällt auf rechts (Radweghinweis Flußroute). So können wir noch einmal
auf Lenzen mit seinen markanten Wahrzeichen, dem Rathaus, der Kirche und
dem Burgturm blicken. Während die Asphaltstraße dann nach rechts abknickt,
schwenken wir nach links in eine herrliche Lindenreihe, die uns direkt auf den
Elbdeich zuführt. Zur Rechten dehnt sich eine Streuobstwiese aus, auf der oft
Schafe grasen. Wir müssen einen leichten Gang einlegen, um den auf die
Deichkrone hinaufführenden Weg zu bewältigen. Oben angekommen öffnet
sich der Blick auf den Hafen von Lenzen und die meist gemächlich dahin-
strömende Elbe. Wir fahren nach rechts, das heißt mit der Fließrichtung der
Elbe. Schon bald haben wir ein letztes Zeugnis der DDR-Vergangenheit vor
uns, einen früheren Grenzturm. Gleich dahinter entdecken wir die Fähre Lenzen. Nun steht uns ein etwa sechs Kilometer langer Abschnitt auf dem Elbdeich bevor. Knorrige Eichen und Weiden stehen teils in dichteren Beständen,
teils parkartig verteilt als letzte Zeugen des ursprünglichen Auenwaldes. Wir
streifen Mödlich mit seinen schönen Backsteinhäusern. Sehr überraschend
taucht dann die Dorfkirche auf, die unmittelbar hinter dem Deich steht. An der
Gaststätte „Zur Deichkrone" vorbei, biegen wir am nächsten abzweigenden
Betonplattenweg nach rechts ab. So kommen wir mit Schwung an die B195
heran, die in engen Kurven dem Deichverlauf folgt. Wir fahren schräg hinüber
auf einen Landwirtschaftsweg. Er führt uns auf die weitläufige Lenzer Wi-
sche, die überwiegend durch Grünland bestimmt ist, in der aber ebenfalls
noch Auenwaldreste stehen. In der Ferne sehen wir den bewaldeten Hügel-
rand der Prignitz, auf den wir nun zufahren. Wir kreuzen einen Deich, viele
Tritte weiter stoßen wir auf eine Straße. Ein Stück auf dieser nach links, biegen wir an der nächsten Gelegenheit nach rechts ab und kommen so auf
Breetz zu. Unter Beachtung der Vorfahrt radeln wir dann auf der schmalen

FLUSSLANDSCHAFT ELBE - BRANDENBURG

Straße durch den reizvollen Fachwerk-Ort mit hohen Linden hindurch (rechts). Dahinter weitet sich die Straßenflucht, bald rückt die Löcknitz ins Blickfeld. Wir schlängeln uns mit ihr auf Seedorf zu. Hier bringt uns die Vorfahrtstraße über den Bach, und wir schwenken gleich nach rechts in eine eigene Radweg-Allee (Radweghinweis Flußroute). Sie verläuft in etwa parallel zur Landstraße, die ebenso eindrucksvoll von dicht stehenden Eichen gesäumt wird. Wir durchqueren den kleinen Schloßpark und kommen dann auf das Gelände der einstigen Burg. Links steht der Quitzowturm, ansonsten locken große Scheunen und Speicher mit ausgestellten landwirtschaftlichen Geräten. In einer langen Linkskurve radeln wir über das Gelände und stoßen dann auf die Lindenstraße. Rechts herum geht es nun - teils auf eigenem Radweg - durch einen Dünen-Kiefernwald wieder nach Lenzen zurück. Mit der Hamburger Torstraße nähern wir uns dem historischen Zentrum, und um dieses zu erreichen, müssen wir noch einmal schräg nach rechts in die Hamburger Straße abbiegen. Am Kirchplatz öffnet sich die Häuserschlucht, wir steuern rechts am Gotteshaus entlang, dahinter abermals rechts und rollen gemütlich zur Burg Lenzen hinaus.

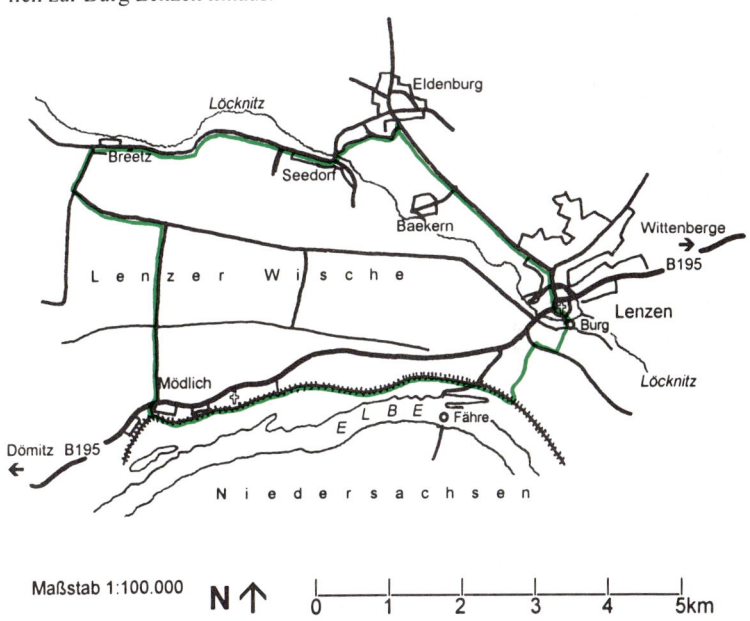

Maßstab 1:100.000   N ↑   0 1 2 3 4 5km

FLUSSLANDSCHAFT ELBE - BRANDENBURG

Freizeit

Museen und Ausstellungen

Stadt- und Heimatmuseum Alte Burg
Putlitzer Str. 2, 19322 Wittenberge
☎ 03877-405266

Heimatmuseum Perleberg
Mönchstr. 7, 19348 Perleberg
☎ 03876-612259

Heimat- und Burgmuseum
Auf der Burg, 19309 Lenzen
☎ 038792-7291

Filzschauwerkstatt
Stumpfer Turm, Berliner Str. 7, 19309 Lenzen
☎ 038792-80592

Prignitz-Museum und Dom
Probsteiplatz 1, 39593 Havelberg
☎ 039387-21422

Heimat- und Naturmuseum Havelberg
Sandauer Str. 1, 39593 Havelberg
☎ 039387-88266

Tierpark

Tierpark Perleberg
Wilsnacker Chaussee, 19348 Perleberg
☎ 03876-789892

Schaugehege für Haustierrassen Lenzen
Schafhof Rademacher, 19309 Lenzen
☎ 038792-9240

Naturlehrgarten

Naturlehrgarten Lenzen
an der B195, 19309 Lenzen
☎ 038792-9240

Baden

Erlebnisbad Havelberg
Lindenweg, 39593 Havelberg
☎ 039387-88033

Naturbadestellen gibt es im Friedensteich in
Wittenberge und im Rudower See in Lenzen.

Sportbootanleger

Wer mit dem eigenen Boot auf der Elbe
unterwegs ist, kann Anlegestellen in Abbendorf, Bälow, Hinzdorf, Wittenberge,
Cumlosen und Lenzen ansteuern.

Schiffahrt

Dampfer Elbkaiser
39593 Havelberg
☎ 039387-3654 o. 0171-4218162

Fahrgastschiffahrt Dieter Ketzler
Auguststr. 14, 19322 Wittenberge

Fahrgastschiff „Giesel van Lier"
Buchung über Reisebüro Wittenberge
☎ 03877-402440

Feste feiern

Mai: Rhododendronfest im Park Gadow
Mai: Parkfest in Eldenburg
Juni: Burgspektakel auf der Plattenburg
Juni: Filzfest in Lenzen
Juni: Rolandfest in Perleberg
Juli: Storchenfest in Rühstädt
Juli/August: Hafenfest in Wittenberge
September: Erntefest in Lanz
September: Erntefest in Eldenburg
Oktober: Streuobsttage auf der Burg Lenzen

Natur(park)-Produkte

Ökohöfe

Landschaftspflege GmbH
Am Bahndamm 11, 19309 Lenzen
☎ 038792-9240

Kartoffeln, Gemüse

Pflanzgarten Wustrow, 19309 Wustrow
☎ 038792-92417 o. 0172-9470597

Schafe

Schafhof Rademacher, 19309 Lenzen
☎ 038792-92418

Bauernmarkt (Mo - Fr)

Elbländische Bauernmarkt GmbH
Am Bahndamm 11, 19309 Lenzen
☎ 038792-9240

Filz

Filzschauwerkstatt
Stumpfer Turm, Berliner Str. 7, 19309 Lenzen
☎ 038792-80592

Naturkosmetik

Dr. Otto, Zur Karthane 8, 19322 Wittenberge
☎ 03877-92580 (Fax -925818)

SPREEWALD

Biosphärenreservatsverwaltung
Schulstraße 9, 03222 Lübbenau
☎ 03542-89210 (Fax -892140)

Naturwacht-Stützpunkte

Schulstraße 9
03222 Lübbenau
☎ 03542-892131

Byhleguhrer Str. 17
03096 Burg
☎ 035603-6890

Dorfstr. 52
15910 Schlepzig
☎ 035472-5230

Drebkauer Str. 2a
03226 Vetschau
☎ 035433-70590

FLIESSE - LÜBBENAU - KAHNPARTIE - GURKEN

Wo dem Teufel die Ochsen durchgingen

Ein Flußdelta im Binnenland, mitten in Brandenburg? Auf einer Länge von fast vierzig Kilometern und einer Fläche von rund 500 Quadratkilometern spaltet sich die Spree zu Hunderten von Fließen auf, die sich durch das flache Land schlängeln. In einer Sage zur Entstehung der Spreewaldniederung heißt es, der Teufel habe einst als Bauer im Spreewald gelebt und beim Bestellen des Bodens einen „teuflischen" Wutausbruch gehabt. Seine Ochsen verweigerten ihm den Dienst, und so schlug er mit der Peitsche auf sie ein. Aufgeregt gingen die Tiere durch und zogen den Pflug, vor den sie gespannt waren, wie wild hinter sich her. Übrig blieb eine Landschaft mit zahllosen Furchen, in denen sich das Wasser sammelte.

Tatsächlich entstand die Niederung aber am Ende der letzten Eiszeit, als riesige Sandmassen der Urspree den Weg versperrten. Vormals nahm die Spree ihren Lauf nämlich durch das Dahmetal nach Berlin, doch nachdem der Wind ein übermächtiges Dünenfeld bei Märkisch Buchholz aufwehte, mußte der Fluß den großen Umweg über den Schwielochsee, Beeskow und Fürstenwalde nehmen. Die längere Strecke ließ die Fließgeschwindigkeit stark zurückgehen, und der Wasserlauf teilte sich zum Wassernetz des Spreewaldes auf. Bei Lübben zeigte die Niederung eine natürliche Verengung, und so unterscheidet man heute den Oberspreewald im Südosten und den Unterspreewald im Nordwesten voneinander. Mit der Klimaerwärmung nach der Eiszeit eroberten Bäume den feuchten Boden, und selbst die Reste der noch verbliebenen Erlenwälder des Spreewaldes gehören zu den größten Mitteleuropas und beheimaten Schwarzstorch, Kranich und Seeadler.

Siedlungen gab es schon früh am hochwassersicheren Rand des Spreewaldes, und auch die wenigen erhöht liegenden Flächen in der Niederung zeigen Spuren früher menschlicher Besiedlung. Zahlreiche Burgen und Burgwälle wie etwa in Lübben, Lübbenau und Vetschau deuten auf die lange Anwesenheit des Menschen hin. Die Burgen sind später wieder verschwunden, zum Teil auch deshalb, weil sie zu repräsentativen Schlössern umgebaut wurden, wie etwa in Lübbenau. Die Kultivierung des Spreewaldes war sehr schwierig,

41

und die Menschen mußten behutsam und in kleinen Schritten vorgehen, um dem Wald Wiesen und Äcker abzutrotzen. Der von Natur aus große Reichtum an Fischen konnte so um Getreide, Obst und Gemüse ergänzt werden. Manche Kulturpflanzen gedeihen hier so gut, daß sie weithin bekannt geworden sind, wie die Spreewälder Gurken. Die schwierigen Bodenverhältnisse ließen weithin jedoch nur eine kleinräumige Nutzung zu, und so wechseln sich Streuobstwiesen reizvoll mit baumbestandenen Gräben, kleinen Wiesen und schmalen Äckern ab. Von der künstlich offengehaltenen Landschaft profitierten nicht nur zahlreiche gefährdete Pflanzenarten, wie der Große Klappertopf, die Sumpf-Dotterblume oder die Kuckuckslichtnelke, sondern auch Tiere, wie Bekassine, Kiebitz oder Weißstorch. Letzterer ist in jedem Dorf heimisch, und vielerorts gibt es sogar mehrere Brutpaare. Man kann sie im Sommer auf Schornsteinen und mitunter sogar auf Bäumen nisten sehen oder bei der Nahrungssuche beobachten.

Während früher Heu, Schilf und selbst Tiere mit dem typischen, flachen Kahn transportiert wurden, gleiten heute überwiegend Touristen über die Fließe. Rund drei Millionen Besucher lassen sich Jahr für Jahr von der Ruhe und der abwechslungsreichen Natur dieser einzigartigen Kulturlandschaft bezaubern. Mit der Erklärung zum Biosphärenreservat im Jahr 1990 und der Aufnahme in die Liste der UNESCO wurde ein bedeutender Schritt zum Erhalt der Landschaft, zur Rekultivierung übernutzter Bereiche und zum sanften Tourismus getan.

Informationen

Spreewald-Tourismuszentrale
Lindenstraße 1, 03226 Raddusch
☎ 035433-72299 (Fax -72228)

Tourismus, Kultur u. Stadtmarketing Lübben
E.-v.-Houwald-Damm 15, 15907 Lübben
☎ 03546-3090 oder -2433 (Fax -2543)

Tourismusbüro „Amt Unterspreewald"
Hauptstraße 49, 15910 Schönwalde
☎ 035474-20623 (Fax -525)

Fremdenverkehrsverein Lübbenau & Umgeb.
Ehm-Welk-Straße 15, 03222 Lübbenau
☎ 03542-3668 (Fax -46770)

Haus des Gastes
Touristinformation Burg
Am Hafen 6, 03096 Burg
☎ 035603-417 (Fax -498)

NABU-Regionalverband Calau
Drebkauer Straße 2a, 03226 Vetschau
☎ 035433-4100

NABU-Kreisverband Spreewald
Eschenallee 35, 15907 Lübben

Naturwissenschaftl. Verein der Niederlausitz
Postfach 101005, 03010 Cottbus
☎ 0355-7515233

Wanderung

Wald-Vielfalt im Buchenhain

Verkehrsmöglichkeiten Mit dem Auto auf der A13 Berlin – Dresden bis zur Abfahrt Freiwalde, weiter über Schönwalde und Krausnick Richtung Schlepzig.
Parkmöglichkeiten Auf dem Wandererparkplatz an der Landstraße Krausnick – Schlepzig, etwa 500 Meter westlich von Schlepzig.
Streckenlänge 4,5 Kilometer.
Höhenunterschiede Gering.
Karte Tourist Verlag Kümmerly + Frey: Wanderkarte Spreewald. 1:50.000.
Rastmöglichkeiten An „Moldenhauers Hütte".

Einkehrmöglichkeiten In Schlepzig mehrere Gelegenheiten.

Wissenswertes Zwischen Lübben und dem Neuendorfer See erstreckt sich das 2235 Hektar große NSG Innerer Unterspreewald. Neben Feuchtwiesen, Altwässern und weiten Röhrichten schließt das NSG seltene Wälder ein, darunter den *Buchenhain* westlich von Schlepzig. Vom feuchten Erlenbruch bis zum trockenen Dünen-Kiefernwald sind hier alle Waldgesellschaften des Spreewaldes auf engstem Raum vertreten. Dementsprechend eng beieinander leben auch Vögel wie Bekassine, Waldlaubsänger und Buntspecht.

Tourenbeschreibung Vom Wandererparkplatz müssen wir einige Schritte auf der Straße in Richtung Schlepzig gehen, dann zweigt am Ufer des Zerniasfließes ein Fußweg ab. Diesem folgen wir, passieren das nahegelegene Wehr und gelangen dahinter an eine weite Schilffläche, die aber von einigen Schwarzerlen etwas verdeckt wird. Noch davor taucht der Wanderweg rechter Hand in einen Pfad ein (grüner Schrägbalken). Schwarzerlen, Feld- und Flatterulmen, Hainbuchen und mitunter dicke Stieleichen säumen den dammartig erhöhten Weg, der zu beiden Seiten sehr sumpfig ist. Er war schon vor Jahrhunderten die Verbindung von Schlepzig nach Krausnick und wird Archedamm genannt. Nachdem wir den Abfluß der weiten Schilffläche überquert haben, knickt der Wanderweg nach rechts ab und führt uns durch einen Erlenbruch. Auffällig sind die wie auf Polstern stehenden Schwarzerlen, die mit ihren Wurzeln vielen Moosen ein geeignetes Plätzchen zum Wachsen bieten. Eingestreut liegen kleinere Bestände mit Rotbuchen, Stieleichen und Hainbuchen - diese Baumarten siedeln auf etwas höher gelegenen Flächen, die kaum noch im Einflußbereich des Grundwassers liegen. Bald geht es über den Schiwastrom. Ein Stück weiter gabelt sich der Weg, und wir wählen die linke Gabel. So gelangen wir an den Puhlstrom heran und treffen auf die Landstraße Schlepzig – Krausnick. Dort hinüber, öffnet sich ein herrlicher Buchen-Stieleichenwald. Hin und wieder sind andere Gehölze eingestreut, so Bergahorn, Kiefer und die durch den Forstmann eingeführte Lärche. An einer Hütte im Wald, der Moldenhauers Hütte, kommen wir noch einmal an den tief in den Boden eingeschnittenen Puhlstrom. Gut zu erkennen sind die formenden Kräfte des fließenden Wassers, die einen steilen Prallhang und einen flacheren Gleithang geschaffen haben. Wir folgen der Wanderwegmarkierung (grüner Schrägbalken) und laufen durch verschiedenartige Wälder. Oftmals sind Hängebirken zu sehen, im Unterwuchs Maiglöckchen. Dann geht es auf eine alte Rotbuche zu. Hier bietet sich linker Hand ein Abstecher zu einer früheren Holzablage am Puhlstrom an, ansonsten wenden wir uns nach rechts. Bald befinden wir uns in einem Ahorn-Eschenwald, der pflanzensoziologisch dem Erlenbruch nahe steht, jedoch weniger feucht und etwas nährstoffreicher ist. An der nächsten Kreuzung schwenken wir abermals nach rechts und passieren weitere Erlen- und Eschen-Bestände. An einer Gabelung lädt eine Bank zu kurzer Rast, wir halten uns links. Nadelbäume dominieren nun das Bild, darunter Fichten und Lärchen. Nahe dem Forsthaus Buchenhain mündet der Wanderweg dann in einen asphaltierten Weg, dem wir rechter Hand folgen. Nun berühren wir ein kleines Dünenfeld, das sich durch die vielen Kiefern verrät. Schließlich erreichen wir wieder die Landstraße Schlepzig – Krausnick, an der wir links bis zum Parkplatz zurückgehen.

SPREEWALD

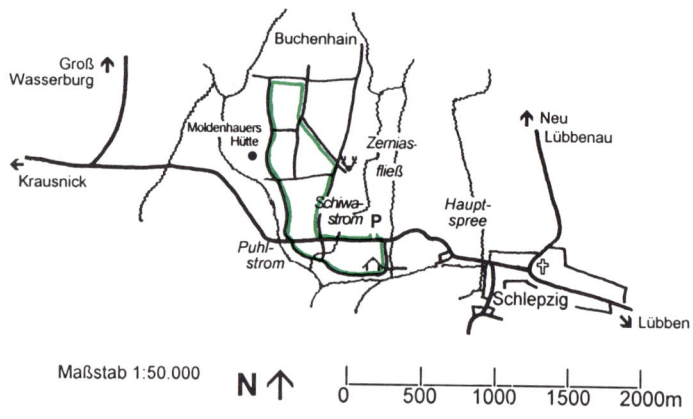

Typisch Spreewald: Heudocke.

Sorbische Traditionen

In vielen Dorf- und Stadtfesten sind noch sorbische Traditionen lebendig: Bei der Vogelhochzeit im Januar verkleiden sich die Kinder als Vögel, beim Faschingsumzug Zapust werden Tanztrachten getragen, zu Ostern werden Bräuche wie das Waleien genannte Eierrollen gepflegt, und zum Erntedank finden das Pferderennen „Stollenreiten" und das Hahnrupfen statt.

Rieseneichen im Byttnahain

Im Byttnahain südöstlich von Straupitz stehen einige Eichen, die zu den ältesten der Mark gehören, so die 550 Jahre alte Christoph-Heinrich-Eiche und die im Umfang siebeneinhalb Meter messende Kaiser-Wilhelm-Eiche. Tot, doch noch immer imposant, ist die etwa 900 Jahre alte Florentinen Eiche.

Slawischer Burgwall am Tagebau

Von den einst vielen slawischen Burgwällen der Region sind nur wenige erhalten geblieben. Der „Schanze" genannte Radduscher Burgwall wurde in mühevoller Kleinarbeit vor kurzem wiederhergestellt und vermittelt einen Eindruck slawischer Baukunst und Lebensgewohnheiten. Er liegt an der A15 und entkam nur knapp dem Kohlebagger des Tagebaus Seese Ost.

Auf Kufen durch den Spreewald

In kalten Wintern locken zugefrorene Fließe zur Schlittschuhpartie. Günstige Ausgangsorte sind die Kahnfährhäfen in Lübbenau und Schlepzig. Auch die umliegenden Orte bieten Möglichkeiten, auf Kufen in das Zentrum des Gebietes zu gleiten, nur müssen dann der oft eisfreie Nord- und Südumfluter und die Hauptspree auf Brücken überquert werden.

Die Doppelkirche von Vetschau

Vetschau wartet mit einem Wasserschloß und einer kuriosen Kirche auf: Neben einem Kirchturm stehen zwei Kirchenschiffe. Eines gehörte dem Ort, das andere den umliegenden Dörfern. Streitigkeiten zwischen Dorf- und Stadtbewohnern ließen dieses deutschlandweit einmalige Gotteshaus entstehen. Einen Besuch wert ist auch das Weißstorch-Infozentrum.

Storchennachwuchs auf alter Linde

Mancherorts sind im storchenreichen Spreewald noch Baumhorste von Adebar zu sehen, etwa in Schlepzig nahe des Agrarhistorischen Museums oder in Krausnick auf dem Dorfanger. Diese natürliche Bauweise scheint besonders fruchtbar zu sein, denn 1999 wurden hier gleich fünf Jungvögel flügge.

Über 49 Brücken durch das Herz des Spreewaldes

Verkehrsmöglichkeiten Mit der Bahn (Brandenburg – Berlin – Cottbus) oder mit dem Auto auf der A13 Berlin – Dresden nach Lübbenau.
Parkmöglichkeiten Mehrere große Parkplätze (kostenpflichtig) in der Dammstraße nahe dem Kahnfährhafen.
Streckenlänge 39 Kilometer.
Höhenunterschiede Abgesehen von den Brücken gering.
Straßenbeschaffenheit 12 Kilometer fester Schotter und Sand, rund 250 Meter Holzbohlensteg, sonst Asphalt.
Karte AD Team: Freizeitkarte Oberspreewald. 1:25.000. Spremberg.
Einkehrmöglichkeiten In Lübbenau, Leipe, Burg-Kauper, Wußwerk und Alt Zauche.
Wissenswertes *Lübbenau* ist für viele das Tor zum Spreewald, und vom Fährhafen fahren an schönen Sommertagen die Kähne im Minutentakt ab. Gegenüber liegt das Schloß, das von einem herrlichen Park umgeben ist, der fließend in den angrenzenden Spreewald übergeht. Einen Besuch sind auch

das Spreewaldmuseum in der alten Gerichtskanzlei und das Haus für Mensch und Natur des Biosphärenreservates wert. Vor der Kirche des historischen Ortes steht die Sächsische Postmeilensäule mit zahlreichen Entfernungsangaben. - Der *Leiper Damm* von Leipe nach Lübbenau besteht seit 1936. Zuvor fand der Verkehr zwischen beiden Orten nur auf dem Wasser statt. - Im 18. Jahrhundert forcierten Friedrich Wilhelm I. und danach Friedrich der Große die Besiedlung des Kernbereichs des Spreewaldes. Auf kleinen Sandinseln, sogenannten Kaupen, entstanden in mehreren Phasen die Streusiedlungen *Burg-Kauper* und Burg-Kolonie. Hier erbauten die mit steuerlichen Vergünstigungen angeworbenen Neuankömmlinge aus Österreich, Böhmen, Sachsen und Schlesien kleine Gehöfte mit schon bei den Slawen typischen, hölzernen Blockhäusern. - Der *Barzlin* ist eine sandige Insel, die etwa einen Meter aus der Spreeniederung emporragt. Mehrere tausend Jahre alte Siedlungsreste traten zutage; letzte Spuren stammen von den Slawen. Zur Begründung des Lübbenauer Schloßparks wurde dem Barzlin kähneweise Sand entnommen.

Tourenbeschreibung Vor dem Bahnhofsgebäude von Lübbenau zweigt die Poststraße von der Bahnhofstraße ab, die uns in die sehenswerte Altstadt von Lübbenau bringt. Hier bietet sich links an der Touristinformation entlang ein Abstecher zum „Haus für Mensch und Natur" an, ansonsten biegen wir an der Ehm-Welk-Straße nach rechts zum Kirchplatz ab. An der Kirche mit der Sächsischen Postmeilensäule vorbei, nähern wir uns nach einer Rechtskurve (Dammstraße) dem Kahnfährhafen. Wir lassen den Trubel am Wanderwegehinweis nach Leipe hinter uns (links). Nun sind zwar immer noch viele Menschen um uns herum, wir können aber meist problemlos radeln. Der Weg führt an von Erlen bestandenen Fließen entlang, und wir werden bald beiderseits von einem Wasserlauf eskortiert. Mehrere Brücken sind zu überfahren, und der dammartig erhöhte Weg wird von Birken und Schwarzerlen befestigt und beschattet. Nachdem wir dicht an die Hauptspree herangekommen sind, öffnet sich der Blick auf Leipe. Im hinteren Teil des Ortes bekommen wir neben den Gehöften auch landwirtschaftlich genutzte Flächen zu sehen, die bis an den Straßenrand reichen und auf denen etwa Kürbisse und Gurken heranreifen. Kurz vor dem Ortsende zweigt in einer Rechtskurve nach links ein mit einem blauen Querbalken markierter Fuß- und Radweg ab (Hinweis Waldschlößchen). Er bringt uns auf abwechslungsreiches Wiesenland, das von Gräben und Baumreihen untergliedert wird. In Burg-Kauper nimmt uns rechter Hand eine asphaltierte Straße auf, die uns durch die ausgedehnte Streusiedlung hindurchführt. Typisch sind die locker verteilt stehenden Gehöfte, die aus Lehm, Holz und Ziegelsteinen bestehen. Dazwischen wechseln sich kleine Äcker und Wiesen, Gemüsebeete und Streuobstwiesen ab. An der Ringchaussee lenken wir nach links (Hinweis Neu Zauche) und fahren durch eine aus knorrigen Obstbäumen bestehende Allee bis an das Große Fließ. Hier verlassen wir die Ringchaussee nach links und überqueren mit der 23. Brücke gleichzeitig ein Wehr mit Schleuse (Hinweis Straupitz). An der Buschmühle vorbei, kreuzen wir den breiten Nordumfluter und erreichen am Ende eines herrlichen Heckenweges die Schutzzone IV des Biosphärenreservates, die Entwicklungszone. Infolge der Intensivierung der Grünlandnutzung in den 60er Jahren entstanden hier riesige Wiesen, die kaum noch spreewaldtypi-

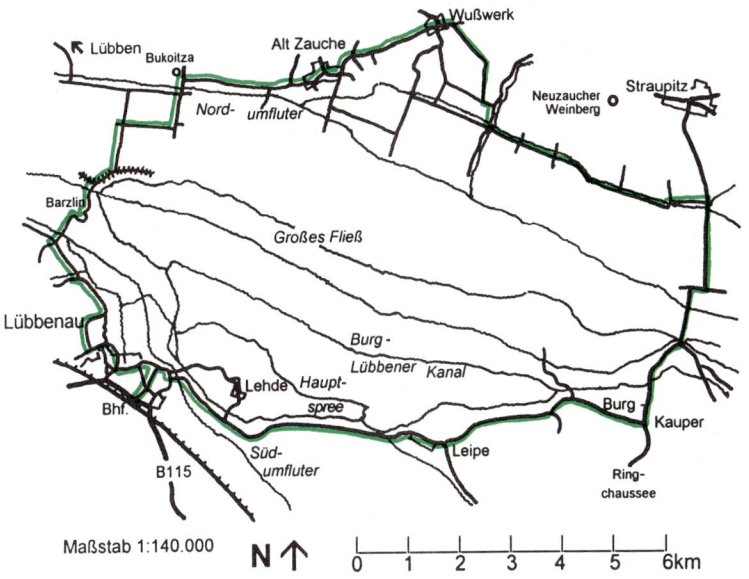

Maßstab 1:140.000   N ↑   0 1 2 3 4 5 6km

schen Charakter haben. Sie sollen schrittweise mit Gehölzen angereichert und somit ökologisch aufgewertet werden. Wir bleiben dem asphaltierten Weg treu und passieren eine landwirtschaftliche Anlage. Zur Rechten sehen wir Reste des Straupitzer Spreewaldes, vor uns die markante, doppeltürmige Kirche. Ohne Hinweis biegen wir im Wiesenland nach links ab (Asphalt) und haben nun den A-Graben zur Seite. An diesem überraschend schnell fließenden Gewässer halten wir es nun längere Zeit aus und wechseln einmal die Uferseite. In einiger Entfernung erhebt sich der Neu Zaucher Weinberg, an dem noch alte Terrassen aus der Wein- und Obstbauzeit vorhanden sind und von dessen „Gipfel" man einen schönen Ausblick in die Spreeniederung hat. Den Hinweis zum Kahnfährhafen Kannomühle lassen wir aus, am folgenden Weg- und Grabenkreuz schwenken wir mit dem Hinweis Neu Zauche nach rechts. Das Fernziel erreichen wir allerdings nicht, denn schon am nächsten Abzweig geht es nach links. Und der Richtungswechsel nicht genug, lenken wir darauffolgend erneut nach rechts und steuern so Wußwerk an. An der Dorfstraße biegen wir nach links zur Ortsmitte ab, radeln unter Beachtung der Vorfahrt geradeaus durch den Ort und kommen dann in trockenen Kiefernforst. Er markiert den Rand der Spreewaldniederung und zeigt stellenweise nur eine dünne Pflanzendecke aus Flechten und Silbergras. Nach Alt Zauche hin ändert sich das Bild wieder, und in der Dorfmitte schwenken wir links in die Dorfstraße. Durch eine Ziegelsteinschlucht erreichen wir abermals das Wiesenland und entdecken am Ende der grasreichen Flächen einen Laubmischwald. Es ist der unter Naturschutz stehende Birken-Stieleichenwald Bukoitza, die namengebende Siedlung erblicken wir dahinter. Linker Hand schwenken wir auf Asphalt, und eine Pappelallee übernimmt die Führung. Mit Blick auf eine landwirtschaftliche Anlage steuern wir nach rechts und kommen so an ein weiteres geschütztes Waldstück, das NSG Birkenwald. Dort vorbei, lenken wir erneut nach links, und nachdem der Asphaltbelag in Schotter übergegangen ist, müssen wir einen Deich erklimmen. Rechts herum geht es auf dem Sandwall entlang, bis der Wanderweg nach links abzweigt (Hinweis Lübbenau). Ein Bohlensteg ermöglicht es, durch das sumpfige Land auf den Barzlin hinauf und auch wieder hinunter zu radeln. Dann nimmt uns ein zunächst geschotterter, später asphaltierter Weg auf, der uns mit mehreren Richtungswechseln zur Hauptspree führt. Dort hinüber, steuern wir nach links und fahren ein Stück am Barbaragraben entlang. Nach einer weiteren Brücke geht es erneut nach links, und Lübbenau taucht in der Ferne auf. Wir bleiben der asphaltierten Straße treu, die an kleingärtnerisch genutztem Land vorbeiführt. Schließlich zwingt uns eine kreuzende Straße zur Richtungswahl, und diese fällt auf links. So kommen wir an den ersten Häusern von Lübbenau vorbei und machen am Ende den Rechtsknick der Straße mit (Markierung grüner Punkt). Nun radeln wir an der Gartenseite der Häuser entlang, bis wir uns an der Konservenfabrik schmal machen müssen. Mit Blick auf einen Teich öffnen sich die Mauerfronten. Noch wenige Tritte, dann zwingt uns die Karl-Marx-Straße zum Anhalten. Links herum nähern wir uns der Stadtmitte. Durch das Torbogenhaus erreichen wir den Marktplatz, an dessen Ende uns die Poststraße rechts herum zum Bahnhof zurückführt.

In Lehde im Oberspreewald.

Freizeit

Museen und Ausstellungen

Weißstorch-Informationszentrum
Drebkauer Straße 2a, 03226 Vetschau
☎ 035433-4100

Agrarhistorisches Museum
Dorfstraße 26, 15910 Schlepzig
☎ 035472-225

Schloß Lübben
Ernst-v.-Houwald-Damm 14, 15907 Lübben
☎ 03546-182661

Spreewaldmuseum Lübbenau
Topfmarkt 12 (Torhaus), 03222 Lübbenau
☎ 03542-2472

Freilandmuseum Lehde
03222 Lehde
☎ 03542-2472

Bauernhaus- und Gurkenmuseum
An der Dolzke 6, 03222 Lehde
☎ 03542-89990

Heimatstube Burg
Am Hafen 1, 03096 Burg
☎ 035603-417

Bismarckturm Burg
Byhleguhrer Str. 22, 03096 Burg
☎ 035603-417

Historische Holländermühle
Laasower Straße, 15913 Straupitz
☎ 035475-16997

Heimatstube Dissen
Hauptstr. 32, 03096 Dissen
☎ 035606-256 (Fax -257)

Hüttenmuseum Peitz
Am Hüttenwerk 1, 03185 Peitz
☎ 035601-8150 oder -22596

Museum der Natur und Umwelt
Am Amtsteich 17-18, 03046 Cottbus
☎ 0355-797935

Ausstellungen des Biosphärenreservats

Haus für Mensch und Natur
„Von der Natur- zur Kulturlandschaft"
Schulstraße 9, 03222 Lübbenau
☎ 03542-89210 (Fax -892140)

Kulturlandschaft Burg
„Ansichten und Aussichten"
und Arznei- und Gewürzkräutergarten
Byhleguhrer Straße 17, 03096 Burg
☎ 035603-6890 (Fax -69122)

Lebensraum Wasser und Wald
„Unter Wasser unterwegs"
Dorfstraße 53, 15910 Schlepzig
☎ 035472-64898

Kahnfahrten

Kahnpartien können in vielen Orten begonnen werden. Sehr lebhaft ist es in Lübbenau,
ruhiger geht es etwa in Lübben, Raddusch
oder Schlepzig zu. Auch inzwischen in
Randlagen des Spreewaldes liegende Orte
wie Neu Zauche oder Straupitz besitzen einen Kahnhafen.

Baden

Kristall Kur- und Freizeitbad Lübbenau
Alte Hutung 13, 03222 Lübbenau
☎ 03542-894160 (Fax -894166)

Bootsverleih

In allen Orten im Zentrum des Ober- und
Unterspreewaldes werden Paddel- oder Ru-
derboote ausgeliehen. Infos erteilen die
Fremdenverkehrseinrichtungen.

Feste feiern

Juli: Spreewaldfest in Lübbenau
August: Fischerfest in Peitz
August: Heimat- und Trachtenfest in Burg
September: Spreewaldfest in Lübben
September: Dorffest in Lehde

Natur(park)-Produkte

Spezialitäten

Hecht in Spreewaldsoße (bzw. Barsch, Zan-
    der oder Schleie)
Rinderbrust in Meerrettichsoße
Spreewälder Schneidewurst
Honig
Säfte (Apfel, Sauerkirsch, Birne, Tomate)
Kräuterlikör Bukowina, Kräuter- u. Kalmuswein

Hofläden

Ökohof Ogrosen
Karl-Marx-Str. 12, 03222 Lübbenau
☎ 03542-403010

Gurken und Meerrettich

Spreewälder Gurken werden in vielen verschiedenen Ausführungen von Sauren
Gurken über Gewürz- bis hin zu Senfgurken
kredenzt.

Spreewälder Meerrettich wird ebenfalls in
unterschiedlichen Geschmacksvarianten
angeboten.

Nähere Auskunft erteilt das
Regionalbüro Spreewald
☎ 03546-8426 oder -8643

HOHER FLÄMING

Naturparkverwaltung Hoher Fläming
Brennereiweg 45
14823 Raben
☎ 033848-60001 oder -60002 (Fax -60002)

Naturwacht
Brennereiweg 45   Im Winkel 13
14823 Raben   14806 Baitz
☎ 033848-60191   ☎ 033841-43734

BELZIG - BURG RABENSTEIN - RUMMELN - SCHLOSS WIESENBURG - PLANE

Rummeln im kleinsten Gebirge der Mark

Einige der märkischen Landschaften warten mit atemberaubenden Erscheinungen auf, andere wiederum halten sie ein wenig verborgen. So muß man etwas genauer hinsehen, will man sie entdecken - doch gerade im Verborgenen liegt oft ein besonderer Reiz. Der Hohe Fläming ist eine solche Landschaft: Wenig spektakulär, aber voller Ausstrahlung präsentiert sich das weithin sanft-hügelige Gebiet des Naturparks, etwa 50 Kilometer südwestlich von Berlin gelegen. Ausgedehnte Waldflächen befinden sich hier, in denen der Wanderer stundenlang keine Menschenseele trifft - eher vernimmt er das Hämmern eines Mittelspechts, dem Wappentier des Naturparks. Zwischen den Wäldern liegen Dörfer, umgeben von Äckern und Wiesen. Sie entstanden teilweise schon in der Mitte des zwölften Jahrhunderts, als Bauern aus dem Westen Hollands in das Gebiet kamen. Sie folgten dem Ruf siegreicher deutscher Fürsten, die die bislang einheimischen Slawen unterdrückten. Unter den Siedlern waren auch viele Flamen, die ihre neuen Besitztümer „Vlämlinge" nannten - der Begriff Fläming war geboren.

Der Hohe Fläming wird mit den Burgen von Belzig, Raben, Wiesenburg und Ziesar auch als „Vier-Burgen-Land" bezeichnet, von denen die ersten drei im Naturpark liegen. Sie wurden allesamt aus Findlingen erbaut, die in den Wäldern, auf den Äckern oder am Rand der Wege gelegen haben. Die Gesteine stammen aus Skandinavien und wurden vor etwa 180.000 Jahren von den riesigen Gletschern der vorletzten Eiszeit hierher transportiert. Mit ihnen kamen unvorstellbare Mengen von Sand und Lehm, die sozusagen die Bausubstanz des Flämings sind. Doch hat sich das Gebiet nach den Eiszeiten noch verändert, gelegentlich sogar überaus markant: An einigen Stellen schneiden sich kleine, steilwandige Täler durch das Gelände. Sie werden im Volksmund als Rummeln bezeichnet und tragen so reizvolle Namen wie „Steile Kieten" oder „Brautrummel". Die Rummeln sind Trockentäler, und in ihrer Sohle fließt nur nach starken Regenfällen Wasser. Dauerhaft Wasser führen die vielen, klaren Bäche, die am Rand der Hochfläche entspringen. Zu den bekannten Fließgewässern gehören der Verlorenwasserbach nördlich von Werbig und die Plane, die unweit Raben entspringt. Die Bäche vereinigen sich im Mittellauf, und einige von ihnen strömen durch die nördlich an die Hochfläche anschließende Niederung der Belziger Landschaftswiesen. Diese sind weithin durch die Großtrappen bekannt, die hier noch in einer großen freilebenden Population vorkommen. Einer der Superlative des Naturparks ist der Hagelberg, der um zehn Zentimeter die 200-Meter-Marke übertrifft. Er liegt westlich von Belzig, in einem Gebiet, das ausgesprochen hügelig ist und an die Mittelgebirge erinnert.

Bockwindmühle von Borne.

HOHER FLÄMING

Informationen

Naturparkzentrum
Naturparkverein Hoher Fläming
Brennereiweg 45, 14823 Raben
☎ 033848-60004 (Fax 60360)

Fläming-Tourismus
Dorfstr. 25, 14806 Kuhlowitz
☎ 033841-30410 (Fax -30349)

Tourist-Info Belzig
Straße der Einheit 5, 14806 Belzig
☎ 033841-34815 oder -34816 (Fax -34817)

Kultur- und Infozentrum Burg Eisenhardt
Wittenberger Str. 14, 14806 Belzig
☎ 033841-42461 (auch Fax)

Fremdenverkehrsverein Hoher Fläming
Görzker Str. 38, 14824 Wiesenburg
☎ 033849-79833

Fremdenverkehrsverein Niemegker Land
Burg Rabenstein, 14823 Raben
☎ 033848-60029

Förderverein Görzke
Wiesenburger Str. 2, 14828 Görzke
☎ 033847-40265

Staatliche Vogelschutzwarte Baitz
Im Winkel 13, 14806 Baitz
☎ 033848-30220

NABU-Kreisverband
Hoher Fläming - Planetal
Brennereiweg 45, 14823 Raben
☎ 033848-60004

Wanderung

Der berühmteste Fläming-Bach: Die Plane

Verkehrsmöglichkeiten Mit dem Auto auf der A9 Berlin – Leipzig bis zur Abfahrt Raben und weiter in den Ort.

Parkmöglichkeiten Am Ortseingang von Raben.

Streckenlänge 10 Kilometer.

Höhenunterschiede 90 Höhenmeter bergauf und bergab.

Karte Landesvermessungsamt Brandenburg: Hoher Fläming. Topographische Karte 1:50.000. Potsdam.

Rastmöglichkeiten An der Plane nördlich Raben, sowie mehrere Bänke.

Einkehrmöglichkeiten In Rädigke, auf der Burg Rabenstein und in Raben.

Wissenswertes Die *Plane* ist das bekannteste Fließgewässer des Hohen Flämings, und der vier Kilometer lange, gefällreiche Bereich zwischen Quelle und Rädigke steht unter Naturschutz. Der Bach fließt in natürlicher Weise durch das Land und bildet dabei die charakteristischen Mäander aus. Erlen säumen den Wasserlauf, nahe Rädigke gibt es einen größeren Stieleichen-Hainbuchenbestand. Das sehr klare, gleichwarme Wasser bietet einen heute selten gewordenen Lebensraum, von dem Tierarten wie Bachforelle, Dreistacheliger Stichling, Bachneunauge, Bergmolch, Edelkrebs sowie mehrere Libellenarten wie der Kleine Blaupfeil, das Kleine Granatauge und die Zweigestreifte Quelljungfer profitieren. Zur Vogelwelt gehören Eisvogel, Gebirgsstelze und als Wintergast die Wasseramsel. - Auf einer Bergnase wurde 1251 die *Burg Rabenstein* angelegt. Alte Pflastersteine, das Gebäude mit dem Rittersaal und der 25 Meter hohe Bergfried schaffen eine beeindruckende, mittelalterliche Atmosphäre.

Anmerkungen In Rädigke gibt es ein kleines Mufflon-Gehege. - In Raben sollte dem Naturparkzentrum in der Alten Brennerei ein Besuch abgestattet werden. Neben wechselnden Ausstellungen sind hier regionale Produkte zu erstehen und auch Fahrräder auszuleihen.

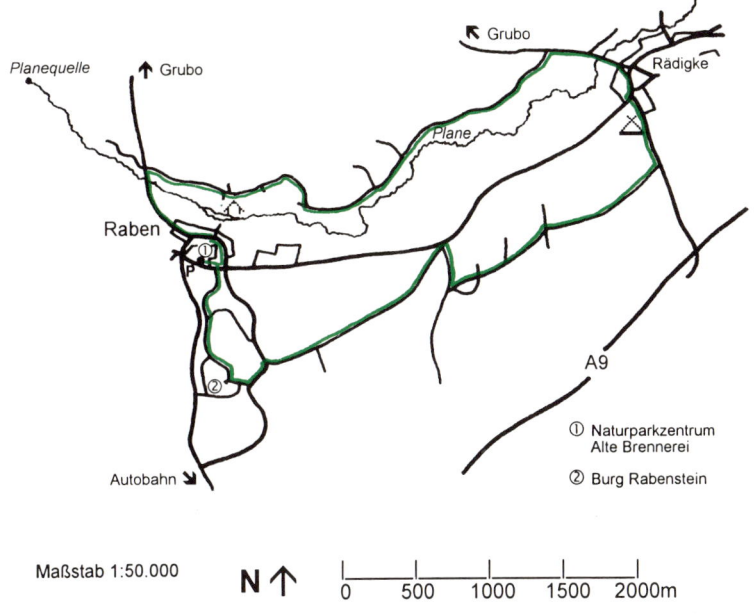

① Naturparkzentrum
   Alte Brennerei

② Burg Rabenstein

Maßstab 1:50.000   N ↑   0   500   1000   1500   2000m

Tourenbeschreibung Von der Rabener Dorfkirche gehen wir zunächst am Gasthof „Hemmerling" vorbei und dann weiter in Richtung Grubo. Etwas außerhalb des Ortes überqueren wir die Plane, die hier erst wenige Hand breit ist. Gleich hinter der Brücke verlassen wir die Straße und laufen nach rechts (roter Querbalken, Hinweis Rädigke). Wir blicken auf die von Erlen gesäumte Plane und die daran anschließenden Seggenbestände, in die langsam Gebüsche einziehen. Über Quellmoore längs des Weges wird dem Planebach weiteres Wasser zugeführt. Sie sind an dem sumpfigen Boden und den Schwarzerlen zu erkennen. Unter einer ausladenden Sommerlinde bietet sich eine Rastgelegenheit. Im folgenden Abschnitt umgeben dichte Bestände des mannshohen Adlerfarns den Weg. Die dahinterliegenden Wiesen werden im Rahmen des Vertragsnaturschutzes regelmäßig gemäht. Auf diese Weise wird die frühere, extensive Nutzung nachgeahmt, die heute nicht mehr wirtschaftlich ist und daher aufgegeben wurde. An diese traditionelle Bewirtschaftungsform angepaßte Tier- und Pflanzenarten, darunter auch Orchideenarten, können so weiterhin existieren. Später steigt der Weg etwas an, an der folgenden Gabelung halten wir uns links und erreichen so einen Waldacker mit anschließendem Gemüsegarten. Danach hat uns das Tal zurück. Teils auf hölzernem Steg kreuzen wir weitere Quellen. Für ein kurzes Stück ist der Weg sehr schmal, denn es geht über nährstoffreichen Boden, der vorwiegend von Schilf eingenommen wird. Schließlich durchqueren wir eine weite, trockene Wiesenfläche und nähern uns dann einer Schlehdornhecke. Der Blick öffnet sich, und dem von Grubo kommenden Feldweg folgen wir nach rechts (roter Querbalken).

53

HOHER FLÄMING

Größere Lesesteinhaufen und Obstbäume säumen den Wegesrand, dann überqueren wir zum zweiten Mal die Plane und treffen in Rädigke ein. Rechts am Mufflon-Gehege vorbei, gelangen wir auf die nach Raben führende Landstraße (rechts). Wir bleiben aber nur kurz darauf, dann biegen wir nach links zum Campingplatz ab. Die Straße steigt stetig an, und wenn der die letzten Höhenmeter geschafft sind, schwenken wir nach rechts in einen kleinen Feldweg, der geradewegs an einer tief beasteten Eiche vorbei auf einen Kiefernforst zuführt. Diesen Weg behalten wir lange Zeit bei und meistern dabei zwei Bergrücken. Nachdem es das zweite Mal steil bergab ging, gelangen wir am Ende des Auslaufs an den Wanderweg nach Raben (grüner Punkt). Er bringt uns rechter Hand an die Landstraße Raben – Rädigke, wo wir spitzwinklig nach links auf den ansteigenden Weg (grüner Querbalken, Hinweis Burg Rabenstein) überwechseln. Ein Blaubeer-Kiefernforst begleitet uns in die Höhe. Rechts des Weges stocken Buchen, Traubeneichen und Kiefern auf einem steilen Geländeeinschnitt, der an die Fläming-typischen Rummeln erinnert. Bald treffen wir auf die Straße, die uns linker Hand zur Burg Rabenstein führt. An der fünfstämmigen Lindengruppe und der dicken hohlen Sommerlinde vorbei, gehen wir auf das Burggelände hinauf. Unmittelbar vor dem Bergfried bringen uns Treppenstufen abwärts. In der Talsohle biegen wir nach links ab, etwas weiter nach rechts. So kommen wir schließlich vor dem Parkplatz an der Alten Brennerei in Raben heraus. Wir können nun vor der Brennerei einen Links- oder Rechtsbogen einschlagen, um wieder die Kirche zu erreichen.

Ausflüge

Feldsteinerne Kirchen

Typisch für viele Flämingdörfer sind die feldsteinernen Kirchen. Sehenswert sind u.a. die Gotteshäuser von Mörz, Preußnitz, Borne, Grubo, Benken und Lübnitz. Die Jeseriger Kirche ist turmlos, und von der Wüstung Dangelsdorf unweit Görzke stehen nur noch die verfallenden Giebelwände der einstigen Kirche.

Gesundes Wasser am Paradies

Westlich von Dippmannsdorf tritt in einem „Paradies" genannten Gebiet Quellwasser zutage. Bänke laden zur Rast, Infotafeln geben Auskunft. Im weiteren Verlauf speist das Wasser das Dippmannsdorfer Freibad, und da das klare Wasser das Becken dauerhaft durchströmt, muß es nicht gechlort werden.

Mittelpunkt der DDR

An der kleinen Waldstraße zwischen Verlorenwasser und Weitzgrund, nordwestlich von Belzig, befindet sich nach Berechnungen der Sendung „Außenseiter - Spitzenreiter" der Massenmittelpunkt der ehemaligen DDR. Eine Schutzhütte lädt hier zur Rast.

Görzker Töpfermarkt

Jedes Jahr zu Ostern lockt der alte Töpferort Görzke mit seinem Töpfermarkt. Neben den unterschiedlichen Tonprodukten gibt es weitere handwerkliche Produkte zu sehen. Der Ort blickt auf fast 300 Jahre Töpferhandwerk zurück und lockt mit kleinen, kopfsteinernen Gassen.

Romantische Brautrummel

Eine der schönsten Rummeln des Naturparks ist die Brautrummel, die unweit der Landstraße Belzig – Grubo ihren Lauf nimmt. Ein Wanderweg führt durch das enge, von Bäumen und Sträuchern bestandene Trockental. Rastplätze locken zu einer idyllischen Pause.

Sagenhafter Riesenstein

An der Landstraße Belzig – Grubo, unweit der Brautrummel, liegt der größte Findling des Flämings, der Riesenstein. Der größte Teil des im Umfang 15 Meter messenden Steins steckt im Erdboden; nur rund 70 Zentimeter ragen heraus. Der Sage nach warf ihn ein Riese von der Burg Rabenstein hierher.

Schloß Wiesenburg von der Parkseite.

Briesener Bach

Zwischen Klein Briesen und Ragösen plätschert der Briesener Bach. Ein Wanderweg verläuft reizvoll in Bachnähe, alte Bäume säumen den Wasserlauf und die teils steilen Hänge. Mit etwas Glück ist sogar ein schillernder Eisvogel zu beobachten. Bänke laden zur Verschnaufpause, und Hinweistafeln informieren über die Natur am Wegrand.

Wiedererstrahlende Windmühlen

Windmühlen krönten einst viele Hügel in den ackerbaulich genutzten Gebieten der Region. Heute sind die Anlagen unnütz geworden und viele verfallen. Nicht so in Borne südwestlich von Belzig und in Cammer am Nordostrand des Naturparks. Hier sind hübsch restaurierte Mühlen anzusehen, und zu feierlichen Anlässen drehen sich sogar wieder die Flügel.

Radtour

Zum höchsten Berg Brandenburgs

Verkehrsmöglichkeiten Mit der Regionalbahn Berlin – Dessau bis Belzig. Mit dem Auto auf der A9 Berlin – Leipzig bis zur Abfahrt Niemegk / Belzig und auf der B246 nach Belzig oder auf der A2 Berlin – Magdeburg bis zur Abfahrt Brandenburg / Belzig und auf der B102 nach Belzig.
Parkmöglichkeiten Am Bahnhof Belzig.
Streckenlänge 35 Kilometer.
Höhenunterschiede Insgesamt 130 Höhenmeter bergauf und bergab.
Straßenbeschaffenheit Überwiegend Asphalt, von Schlamau nach Wiesenburg 2 Kilometer Sand, von Wiesenburg nach Jeserig 2 Kilometer Schotter.
Karte Landesvermessungsamt Brandenburg: Hoher Fläming. Topographische Karte 1:50.000. Potsdam.

Einkehrmöglichkeiten In Wiesenburg, Jeserig und Belzig.

Wissenswertes Die erste urkundliche Erwähnung der *Burg Eisenhardt* geht auf das Jahr 997 zurück. Kaiser Otto III. sprach vom „burgwardium belizi". Im 15. Jahrhundert baute der Kurfürst Ernst von Sachsen die Anlage zu einer Festung aus. Das Torhaus mit seinem gotischen Gewölbe beherbergt das Heimatmuseum. Beachtenswert ist die Nachbildung der im Jahr 1725 aufgestellten Sächsischen Postmeilensäule am Fuß des Torhauses. Die Angaben an der Säule basieren auf der sächsischen Postmeile, die etwa neun Kilometern entspricht. Die neben der Burg stehende und von hohen Bäumen umgebene Briccius-Kapelle geht auf das 15. Jahrhundert zurück. - Mit 200,1 Metern Höhe ist der *Hagelberg* die höchste Erhebung Brandenburgs und diente im letzten Jahrhundert als wichtiger Vermessungspunkt. - *Rummeln* sind kleine, steilwandige Trockentäler, die während der letzten Eiszeit entstanden. In den Sommern dieser Periode auftretende Regenfälle oder Schneeschmelzen konnten nicht im tief gefrorenen Boden versickern, sondern flossen oberirdisch ab. Dabei spülten sie immer tiefer werdende Rinnen in den Boden, die infolge rigoroser Abholzung im Mittelalter und damit verbundener Erosion weiter ausgeformt wurden. Rinne heißt im magdeburger Raum mundartlich „Rämel" und erklärt so den Begriff Rummel. - Die *Wiesenburg* wurde anfangs als Burg genutzt und diente der Grenzsicherung. Etwa im Jahr 1550 begann die Adelsfamilie Brandt von Lindau, die Burg zu einem Schloß umzubauen. Dabei wurde auch dem Bergfried ein Dach mit Galerie aufgesetzt. In der zweiten Hälfte des 19. Jahrhunderts wurde der weitläufige Landschaftspark angelegt. Viele seltene Gehölze, die zwischen vorhandene Buchen und Eichen gepflanzt wurden, ergeben in ihrer Gesamtheit einen für die Mark einmaligen Park.

Anmerkung In Schmerwitz befindet sich der Hofladen von Synanon. - Der Weg durch die Schlamauer Rummel ist oft sehr sandig.

Tourenbeschreibung Vom Bahnhof Belzig folgen wir der Bahnhofstraße nach Westen. Der Bergfried der Burg Eisenhardt ist schon von weitem zu sehen, zur wehrhaften Anlage hin rollen wir zunächst mit Schwung bergab, müssen an der tiefsten Stelle jedoch die Vorfahrt achten. So ist der Anstieg zur Burg hinauf eine erste Einstimmung auf noch folgende Passagen. An der Postmeilensäule können wir das Rad abstellen und zu Fuß die Stufen zum Burgberg in Angriff nehmen. Oben erwarten uns die restaurierte Burg mit vielen interessanten Winkeln und der 33 Meter hohe Bergfried, der einen weitläufigen Blick über den Hohen Fläming bietet. Nicht übersehen dürfen wir die neben der Burg stehende Briccius-Kapelle. Wieder im Sattel, radeln wir am Burgberg vorbei und verlassen mit dem Hinweis Borne geradeaus die Vorfahrtstraße. Hinter einem Kiefernwald öffnet sich der Blick auf Borne, weithin sichtbar steht die vor einigen Jahren restaurierte Bockwindmühle, deren Windrad sich zu besonderen Anlässen noch dreht. In Borne bleiben wir der Vorfahrtregelung treu und richten uns bergan nach dem Hinweis Wiesenburg. Nachdem wir ein kleines von zahlreichen Rotbuchen geprägtes Waldstück passiert haben, zeigt sich das stark bewegte Land rund um den Hagelberg. Zu seinen Füßen liegt Klein Glien, wir fahren geradewegs durch den Ort hindurch und zwischen alten Obstbäumen auf das Dach des Hohen Flämings. Zur Rechten zweigt der Stichweg zum Denkmal an die Schlacht gegen Napo-

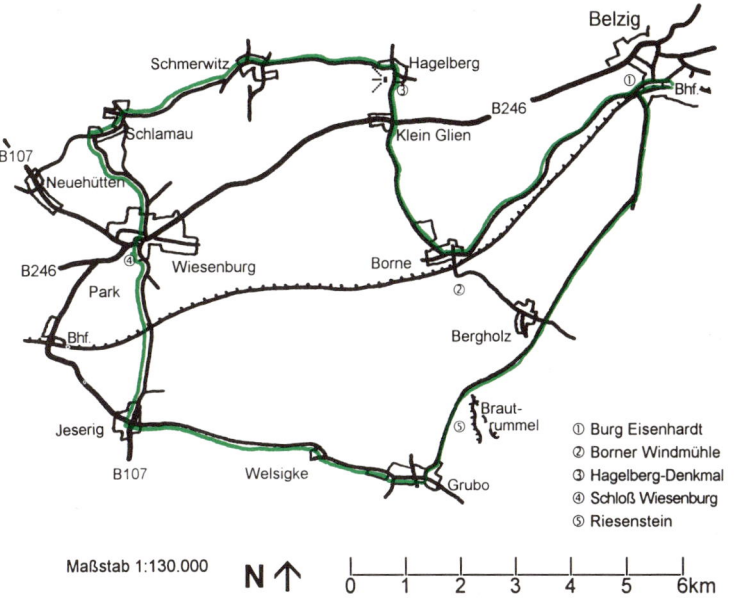

Belzig
Schmerwitz
Hagelberg
③
B246
Bhf.
①
Schlamau
Klein Glien
B107
Neuehütten
B246
④ Wiesenburg
Borne
②
Park
Bhf.
Bergholz
Braut-
rummel
⑤
Jeserig
B107
Welsigke
Grubo

① Burg Eisenhardt
② Borner Windmühle
③ Hagelberg-Denkmal
④ Schloß Wiesenburg
⑤ Riesenstein

Maßstab 1:130.000   N ↑   0 1 2 3 4 5 6km

leon von 1813 ab, nach links der kurze Fußweg zur Bergspitze. Im Ort folgen
wir dem Hinweis nach Schmerwitz (links) und können bis dorthin die Beine
etwas entspannen. In Schmerwitz radeln wir stur geradeaus und kommen so
an der Rückseite des zu einem Hotel umgebauten Schlosses vorbei. Nach
Schlamau hin geht es erneut längere Zeit bergab, und so können wir die abwechslungsreiche Wald- und Ackerlandschaft in Ruhe ansehen. Ein Saum aus
Obstbäumen und kleinen Äckern lenkt uns nach Schlamau; die Kirche des
Ortes steht ein wenig verdeckt, wir fahren am Dorfteich vorbei und biegen etwas weiter nach links ab. Der Wanderweghinweis deutet auf Wiesenburg, zunächst passieren wir jedoch die Schlamauer Rummel. Eine kleine Quelle entspringt hier, und Bänke laden zu einer Verschnaufpause ein, bevor es auf
sandigem Weg bergan geht. Oben angekommen, wird der Blick auf Wiesenburg frei. Wir rollen geradewegs in das Städtchen hinein, lenken an der B246
(Friedrich-Ebert-Straße) rechts und wechseln in der folgenden Rechtskurve
zum Schloßplatz über. Links am Prunkbau vorbei, erreichen wir den Park, an
dessen Schloßteich wir links entlang schieben. Auf Höhe der kreuzförmigen
Feldsteinkirche verlassen wir den Park am ersten Ausgang, hinter der Kirche
geht es nach rechts. So verabschieden wir uns von Wiesenburg auf der Her-
mann-Bossdorf-Straße und können auf dem Weg nach Jeserig eine ganze Reihe sehr alter Eichen sehen, die einzeln auf den umliegenden Wiesen und Äk-
kern stehen. In Jeserig schwenken wir an der Kirche nach links (Hinweis Ra-

HOHER FLÄMING

ben) und treffen bald in Grubo ein. Im Ort stehen zahlreiche alte Linden. Der dickste Baum bringt es rund sieben Meter Umfang, ist schätzungsweise 450 Jahre alt und lädt mit einer Bank zur Rast. An der Kirche vorbei, zweigt der Radweg R1 nach Belzig ab (links). Auf dem Weg dorthin passieren wir den Riesenstein, den Eingang zur Brautrummel und den Abzweig nach Bergholz mit der sehenswerten Kirche. Wir bleiben immer dem ausgebauten, von Hecken bepflanzten Radweg treu und kommen mit viel Schwung nach Belzig. Vor der Burg müssen wir nach rechts abbiegen, dann geht es ohne Richtungswechsel zum Bahnhof zurück.

Freizeit

Museen und Ausstellungen

Museum Burg Eisenhardt
Wittenberger Str. 14, 14806 Belzig
☎ 033841-42461 (auch Fax)

Naturparkzentrum Raben
Brennereiweg , 14823 Raben
☎ 033848-60004 (Fax -60360)

Heimatstube Burg Rabenstein
14823 Raben

Heimatstube Schloß Wiesenburg
14827 Wiesenburg

Baden

Naturbad Dippmannsdorf
Dorfstraße, 14806 Dippmannsdorf

Erlebnisbad Belzig
Martin-Luther-Str.
☎ 033841-34815 (Fax -34817)

Feste feiern

April: Töpfermarkt in Görzke
Mai: Mittelpunktfest in Weitzgrund
Pfingsten: Bettenrennen in Fredersdorf
Juni / Juli: Burgfest in Raben
August: Burgfest in Belzig
September: Parkfest in Wiesenburg
Oktober: Burgenlauf in Belzig

Schlittschuhlaufen

Von Mitte November bis Ende Februar lockt neben dem Erlebnisbad Belzig in der Martin-Luther-Straße eine Kunsteisbahn.

Reiten und Kremser

Der Naturpark wartet mit vielen Reiterhöfen auf, und auch Kremserfahrten sind vielerorts möglich, so in Baitz, Belzig, Buckau, Görzke, Kuhlowitz, Neuendorf, Raben, Weitzgrund und Wenddoche.

Natur(park)-Produkte

Töpfereien in Görzke

Töpferei Wagner, Chausseestr. 54
☎ 033847-40239
Küchenkeramik Heihs, Brandenburger Str. 5
☎ 033847-40520 oder -41581
Töpferei Ludwig, Wiesenburger Str. 2
☎ 033847-40265
Töpferei Heinitz, Breitestr. 23
☎ 033847-40322

Fisch

Werdermühle bei Lühnsdorf
☎ 033843-6190

Honig

Fritz Krüger
Flämingweg 3a, 14806 Belzig
☎ 033841-31126

Schnaps

Havelland Obstler
Hohenlobbeser Str, 14828 Reppinichen
☎ 033847-40001

Hofläden

Hofladen Klein Glien
Hauptstr. 25, 14806 Klein Glien
☎ 033841-43781

Hofladen Synanon mit demeter-Produkten
Dorfstr. 17, 14827 Schmerwitz
☎ 033849-76849

Keramik

Synanon-Keramik-Werkstatt
Dorfstr. 8, 14827 Schmerwitz
☎ 033849-76720

Kerzen

Kerzenzieherei Reetzerhütten
Hr. Klenke, 14827 Reetzerhütten
☎ 033849-50366 (tel. Anmeldung nötig)

Korbmacher

Korbmacher Kettmann
Poststr. 15, 14823 Niemegk
☎ 033843-51728 (tel. Anmeldung nötig)

Zwischen Grubo und Borne.

NUTHE-NIEPLITZ

Naturparkverwaltung
Zauchwitzer Str. 51
14547 Stücken
☎ 033204-35901 (Fax -41869)

Naturwacht
Zauchwitzer Str. 51	Dorfstr. 13
14547 Stücken	14913 Bardenitz
☎ 033204-33814	☎ 033748-13573

SCHLOSS BLANKENSEE - BEELITZER SPARGEL - SABINCHENSTADT TREUENBRIETZEN

Ländliches vor den Toren der Hauptstädte

Vor den Toren der großen Städte Berlin und Potsdam hat sich bis in unsere Zeit eine vielfältige Kulturlandschaft erhalten: die Nuthe-Nieplitz-Niederung. Die beiden märkischen Schwesterbäche Nuthe und Nieplitz, daneben feuchte Wiesen, Moore, Seen, Felder, Dörfer und teils beachtliche Hügel prägen das Gebiet. Charakteristisch ist dabei der kleinräumige Wechsel der Biotope, wie er andernorts in Brandenburg kaum auftritt. Für die Natur ist die Niederung ein Refugium, für die Großstädte liefert sie frisches Wasser und saubere Luft. In den Sommermonaten versorgt sie die Großstädter mit königlichem Gemüse, dem „Beelitzer Spargel".

Aus Sorge um die Zerstörung dieser abwechslungsreichen Landschaft in Folge der politischen Wende von 1989 wurde 1991 der „Landschaftsförderverein Nuthe-Nieplitz-Niederung" gegründet, dessen Ziel es war, das Gebiet zwischen Ludwigsfelde, Jüterbog, Treuenbrietzen und Beelitz einheitlich zu entwickeln und dabei den Naturschutzgedanken wesentlich miteinzubeziehen. Für Deutschland ist das ein Novum; denn bislang standen immer staatliche Stellen hinter Vorhaben dieser Größenordnung. Dennoch ist es gelungen, zumindest aus dem später erklärten Naturschutzgebiet Nuthe-Nieplitz gigantische Golfplatz-Projekte oder Erlebnisparks außen vor zu halten und den ländlichen Charakter zu bewahren. Dafür kann der Besucher Kraft in der harmonischen Landschaft tanken und reizvolle Wanderungen oder Radtouren unternehmen. Doch müssen die Besucher sorgsam durch die Landschaft gelenkt werden - nur so können Mensch und Natur dauerhaft nebeneinander bestehen. Denn an Natur ist das Gebiet ausgesprochen reich.

Da sind zunächst einmal die vielen Seen, darunter der unter Naturschutz stehende Blankensee. Er zieht besonders im Herbst und Frühjahr Zehntausende wilder Gänse aus Nord- und Osteuropa an. Mitunter ausgedehnte Schilfgürtel umgeben den flachen Blankensee ebenso, wie die anderen der Natur überlassenen Stillgewässer entlang der Nieplitz, den Grössin-, Schiaßer und Gröbener See. Viele der anderen, für Badefreuden zugänglichen Seen, bieten die Möglichkeit zur Erfrischung, z. B. der Große Seddiner, der Siethener See und der Dobbrikower Vordersee. Wasser hat schon seit eh und je eine wichtige Rolle bei der Gestaltung der Nuthe-Nieplitz-Niederung gespielt und jahrhundertelang zu teils verheerenden Überschwemmungen geführt. Markant sind die vielen schroffen Hügel, die die eiszeitlichen Gletscher hier hinterlassen haben und die heute oftmals einen interessanten Aussichtspunkt abgeben. Neben einer artenreichen Pflanzenwelt beherbergt die Niederung eine Reihe seltener Tiere. Zu den bemerkenswerten Brutvögeln gehören Kiebitz, Kranich und sogar der in ganz Brandenburg äußerst seltene Schwarzstorch. Den weißfiedrigen Verwandten kann man in vielen Dörfern sehen. Und Milane und Weihen kreisen ebenso in den Lüften wie Fisch- und Seeadler. Im weithin bekannten Dorf Blankensee befindet sich das hübsche, kürzlich restaurierte Schloß mit einem herrlichen, von alten Bäumen bestandenen Park - ein idealer Ausgangspunkt für Wanderungen oder Radtouren.

Informationen

Märkischer Fremdenverkehrsverein
Nuthe-Nieplitz-Aue & Teltower Land
Berliner Str. 202, 14547 Beelitz
☎ 033204-35030

Fremdenverkehrsverband Teltow-Fläming
Zinnaer Str. 34, 14943 Luckenwalde
☎ 03371-643535

Tourismus-Information Seddin
Weinbergstr. 1, 14554 Seddin
☎ 033205-62613

Information Stadt Beelitz
Berliner Straße 202, 14547 Beelitz
☎ 033204-3910

Stadtinformation Treuenbrietzen
Großstr. 17, 14929 Treuenbrietzen
☎ 033748-12102

Tourist-Information Luckenwalde
Markt 12, 14943 Luckenwalde
☎ 03371-632112 (auch Fax)

Stadtinformation Jüterbog
Markt, 14913 Jüterbog
☎ 03372-463113, Fax -463410

Naturschutzzentrum und Waldschule
Zauchwitzer Str. 51, 14547 Stücken
☎ 033204-42342 (Fax -41866)

Wanderung

Kuckuck am Poschfenn, Pirol am Rauhen Berg

Verkehrsmöglichkeiten Mit dem Bus (Potsdam-Bassinplatz / Michendorf – Dobbrikow) nach Fresdorf, Haltestelle Feuerwehr. Mit dem Auto auf der A10 bis Michendorf, von dort über Wildenbruch nach Fresdorf.
Parkmöglichkeiten An der Kirche von Fresdorf.
Streckenlänge 9 Kilometer.
Höhenunterschiede Insgesamt 40 Höhenmeter bergauf und bergab.
Bademöglichkeiten Am Großen Seddiner See nahe des Campingplatzes.
Karte Ampel Verlag Berlin: Fahrradkarte 1:60.000. Berliner Umland, Blatt Südwest.
Einkehrmöglichkeiten In Fresdorf.
Wissenswertes Die *Fresdorfer Dorfkirche* wurde wie in vielen anderen Dörfern auch im Mittelalter aus Feldsteinen errichtet, im 18. und 19. Jahrhundert aber stark verändert und dabei auch um den Turm ergänzt. - Im Jahr 1993 wurde die lange *Feldhecke* an der Straße Fresdorf – Stücken angelegt. Sie verbindet die Allee mit dem Waldrand und gestattet so vielen Tierarten ein zuvor unmögliches Wandern. Angepflanzt wurden unter anderem Hainbuchen, Heckenrosen und Vogelkirschen. - Der *Rauhe Berg* am Ostufer des

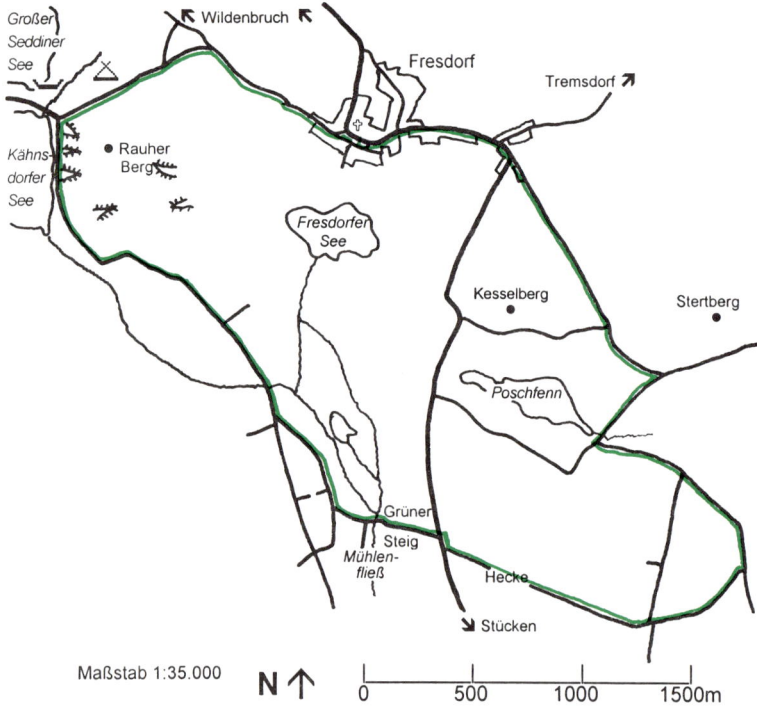

Maßstab 1:35.000   N ↑   0   500   1000   1500m

Kähnsdorfer Sees ist am Ende der letzten Eiszeit geformt worden und zeigt als
Endmoräne eine Eisrandlage an. An den Steilhängen zum See hin, die teilweise von tiefen Kehlen durchschnitten werden, wachsen naturnahe Mischbe-
stände aus Laubbäumen und Kiefern.

Tourenbeschreibung Wir beginnen unsere Wanderung an der Dorfkirche
von Fresdorf. Auf der Luckenwalder Straße entfernen wir uns in Richtung
Stücken, verlassen aber noch im Ort die Hauptstraße, indem wir geradewegs
in die Feldstraße hineingehen. Bergan kommen wir auf eine Ackerbau-
Hochfläche. An deren Ende laufen wir durch eine reizvolle Hecke und zwischen zwei kleineren, von Wäldern bestandenen Hügeln, dem Stertberg und
dem Kesselberg, bergab. Eindrucksvoll öffnet sich dahinter der Blick, und wir
kommen in das NSG Nuthe-Nieplitz-Niederung hinein. Dort müssen wir an
der Gabelung scharf nach rechts abbiegen (Hinweis Blankensee) und können
vor uns das Poschfenn erahnen, das von Erlen umrahmt wird. Nachdem wir
den Abfluß des Poschfenns überquert haben, schwenken wir nach links
(Wanderweg nach Blankensee). In einem langen Bogen gehen wir am Rand
der Niederung entlang, und langsam wird der Blick über die „Ungeheuerwie-
sen" auf die Glauer Berge frei. Hinter einem kleinen Birkenhain verlassen wir
den breiten Fahrweg und tauchen nach rechts bergan in den Kiefernforst ein.

Wir befinden uns nun auf dem Ortolan-Rundweg, der uns auf eine junge Feldhecke zu- und an ihr entlangführt. Im Schutz der gepflanzten Heckengehölze leben Neuntöter und Goldammer, und vielleicht bekommen wir sogar einen Ortolan zu sehen oder zu hören. An der Allee, die Fresdorf mit Stücken verbindet, gehen wir für wenige Meter nach rechts, dann zweigt links herum der „Grüne Steig" ab. Er könnte auch „grüner Tunnel" heißen, denn dichtes Strauchwerk und dazwischenstehende Bäume umgeben uns. Er führt auf das Mühlenfließ zu, den zum Betrieb der Stückener Wassermühle umgestalteten Abfluß des Kähnsdorfer Sees. Über die Brücke hinüber, bleiben wir auf dem breiten Waldweg und verlassen so den Ortolan-Wanderweg. Etwas später - vor einem Kiefernforst - schwenken wir nach rechts, unterqueren kurz darauf eine Hochspannungsleitung und erreichen schließlich eine Lichtung. An ihrem Ende treffen wir auf einen breiteren Fahrweg, wenden uns schräg nach rechts und geraten in eine kurze Allee aus Gemeinen Eschen und Pappeln. Unser Weg schlängelt sich anschließend durch das Wiesenland, trifft dann auf den Wald und führt am Rand des Waldes weiter. Erste Häuser kündigen den Kähnsdorfer See an, der von Schilf und schmalen Erlenbrüchen umgeben ist. Alte Ulmen säumen anfangs den Weg, neben uns baut sich der Rauhe Berg auf. Wenn wir auf eine asphaltierte Straße treffen, müssen wir für den Rückweg nach Fresdorf rechts herum gehen, sollten wir ein Erfrischungsbad nehmen wollen, müßten wir hier nach links zum Großen Seddiner See abbiegen. Wir kommen am Campingplatz vorbei und bleiben immer auf dem sandigen Fahrweg. Eine Allee aus alten Eichen leitet uns schließlich nach Fresdorf hinein, wo wir im Handumdrehen wieder an der Dorfkirche eintreffen.

Bei Stücken.

NUTHE-NIEPLITZ

Ausflüge

Schluchtenreiche Glauer Berge

Einige der bewaldeten Hügelzüge des Naturparks sind von kleinen, steilwandigen Tälern durchzogen, sogenannten Kehlen. Hier herrscht ein eigenes Klima; wer dieses kennenlernen möchte, kann dem Wanderweg durch die nordöstlich von Blankensee liegenden Glauer Berge folgen.

Dunkler Teufelswald

Mit dem „Zarth" östlich von Treuenbrietzen ist ein größerer Niederungswald erhalten geblieben. Der Name leitet sich aus dem slawischen Wort für Teufel her. Das sumpfige Gebiet ist sehr schön vom ausgebauten Rad- und Fußweg von Treuenbrietzen nach Bardenitz anzusehen. Einen Besuch wert sind auch die reizvollen Dörfer Bardenitz und Pechüle mit den alten Kirchen.

Wilde Tiere

Der östlich von Blankensee gelegene ehemalige Truppenübungsplatz Glau beherbergt Dam-, Rot- und Muffelwild in einem etwa 160 Hektar großen Gehege. Besucher können die Tiere beobachten, ohne sie zu stören. Der Eingang ist ab Blankensee ausgeschildert. Kostenpflichtige Führungen für Gruppen können telefonisch angemeldet werden (☎ 033204-42342).

Mittelalter in Treuenbrietzen

Im Südwesten liegt die Sabinchenstadt Treuenbrietzen. Viele mittelalterliche Zeugnisse haben bis heute überdauert, so Reste der Stadtmauer mit dem Pulverturm und der einstigen Heilig-Geist-Kapelle, das 1290 erstmals erwähnte Rathaus und zwei im 13. Jahrhundert begonnene Stadtkirchen. Vor der Marienkirche steht die auf 400 bis 500 Jahre geschätzte Lutherlinde.

Kaum fünf Jahre alt: Schwanensee

Im Zuge der Intensivierung der Grünlandnutzung senkten Pumpen den Wasserstand im Zauchwitzer Busch weit ab, denn so konnten die Wiesen besser bewirtschaftet werden. Nach der politischen Wende fehlte das Geld für die Schöpfwerke, und auf dem ausgesaugten Boden bildete sich ein riesiger See. Ein Beobachtungsturm nahe Stangenhagen bietet Ausblicke auf die überfluteten Polder.

Zisterzienser im Kloster Zinna

Um 1170 wurde das östlich des Naturparks liegende Zisterzienserkloster Zinna gegründet. Erhalten geblieben sind die feldsteinerne Klosterkirche, das Siechen- und das Gästehaus aus dem 14. Jahrhundert sowie die Alte und die Neue Abtei. Zwischen 1764 und 1777 wurde auf Geheiß Friedrichs des Großen das angrenzende Weberdorf erbaut.

Mühlenromantik am Pfefferfließ

Wer Mühlenromantik erleben möchte, muß in das nordwestlich von Luckenwalde gelegene Gottsdorf kommen, wo eine vollständig erhaltene Wassermühle zu besichtigen und das Getöse des drehenden Wasserrades zu hören sind. Alte Bäume umgeben das Gebäudeensemble und den Mühlteich der Obermühle.

Mittelalterliche Stadt Jüterbog

Am Südostrand grenzt Jüterbog an den Naturpark. An den drei Tortürmen der großenteils erhaltenen Stadtmauer hängt die bekannte Keule mit dem dazugehörigen Spruch. Von der Nikolai-Kirche hat man einen herrlichen Ausblick auf die Stadt und die reizvolle Umgebung.

Radtour

Wo Nuthe und Nieplitz sich treffen

Verkehrsmöglichkeiten Mit der Bahn (Angermünde – Berlin-Schönefeld – Potsdam-Stadt) nach Saarmund. Mit dem Auto auf der A115 bis zur Abfahrt Saarmund und in die Stadt. Der Bahnhof liegt nördlich von Saarmund.
Parkmöglichkeiten Am Bahnhof Saarmund.
Streckenlänge 32,5 Kilometer.
Höhenunterschiede Insgesamt 55 Höhenmeter bergauf und bergab.

Straßenbeschaffenheit 3,5 Kilometer Kopfsteinpflaster (teilweise mit Asphaltüberzug) und 2,7 Kilometer Sand, ansonsten Asphalt oder Beton.
Karte Ampel Verlag Berlin: Fahrradkarte 1:60.000. Berliner Umland, Blatt Südwest.
Einkehrmöglichkeiten In Blankensee, Fresdorf, Gröben und Saarmund.
Wissenswertes Das überwiegend aus Schwarzerlen, Gemeinen Eschen und Stieleichen gebildete *Siethener Elsbruch* ist ein in Brandenburg sehr selten vorkommender Waldtyp. - Das am Nordostufer des gleichnamigen Sees gelegene Dorf *Blankensee* wartet mit mehreren Attraktionen auf. Dazu gehört das 1701 errichtete Schloß mit seinem abwechslungsreichen Park, in dem zahlreiche Plastiken stehen, die der Schriftsteller Hermann Sudermann zusammentrug, als er hier einige Zeit verbrachte. Einen Besuch wert ist überdies das *Bauernmuseum*. Eindrucksvollstes Exponat ist das Museumsgebäude selbst, ein Mittelflurhaus aus dem Jahr 1649 mit Schwarzer Küche und Altenteil. - Der Zusammenfluß von *Nuthe* und *Nieplitz* ist unscheinbar. Einst waren die Bäche viele Meter breit, wurden zum Holzflößen genutzt und ernährten mit ihrem Fischreichtum ganze Dörfer. Im Zuge der Begradigung der Nuthe wurde ihr Wasserlauf verlegt. Teilweise ist die Alte Nuthe noch erhalten, so am Gröbener Kietz und bei Saarmund.
Tourenbeschreibung Am Bahnsteig von Saarmund wenden wir uns nach Osten, folgen dem Schienenstrang anfangs auf einem Betonplattenweg und danach auf Sand und Schotter zur weithin sichtbaren Allee, die rechter Hand nach Fahlhorst führt. Wir haben einen schönen Blick über die vor uns liegende Niederung, und mit etwas Glück können wir in den Sommermonaten schon hier einen Weißstorch beobachten. In einem Rechtsknick der Straße taucht Fahlhorst vor uns auf, und wir biegen hier mit dem Wanderweghinweis Gröben nach links ab. An der Pferdekoppel vorbei, lenken wir hinter der Erlenreihe nach rechts und fahren am Graben entlang. Der nur undeutlich zu erkennende Weg mündet in eine eindrucksvolle, alte Stieleichenallee, die uns an den Rand des Siethener Elsbruches heranführt. Bald können wir den Lärm der Autobahn vernehmen, etwas weiter sehen wir sie auch. Wir müssen den kopfsteingepflasterten Anstieg zur Autobahnbrücke meistern. Oben angekommen, überqueren wir die Brücke und halten uns mit dem Hinweis Gröben rechts. Ordentlich durchgeschüttelt kommen wir in weites Wiesenland und erreichen Gröben. Dort biegen wir gleich nach links in eine schattige Allee ab. Über das kleine Fließ hinüber, das den Siethener See zur Linken mit dem Gröbener See zur Rechten verbindet, müssen wir die Vorfahrt achten. Geradeaus geht es kurz in Richtung Trebbin, dann geben wir ein Handzeichen nach rechts (Richtung Schönhagen) und steuern so das lange Jütchendorf an. Mit der Nuthe lassen wir das Straßendorf hinter uns und befinden uns nun im Herzen der Nuthe-Nieplitz-Niederung. Alleen, Hecken, einzelne Bäume und Gräben bereichern das Bild der Wiesenlandschaft, an deren Ende sich bewaldete Hügelketten anschließen. Durch das bereits in der Slawenzeit bestehende Dorf Schiaß hindurch, öffnet sich zur Rechten die Niederung des Blankensees. Bevor wir uns den gleichnamigen Ort ansehen, machen wir noch einen Abstecher zum See. Dafür bleiben wir vorerst auf der Vorfahrtstraße, müssen ein Stück den leichten Anstieg zum einstigen Mühlenberg hinauf und biegen dann

mit Handzeichen rechts in den Ruhemannweg ab. Am Ende des Weges funkelt die Wasserfläche des Blankensees, und ohne zu treten erreichen wir das
Ufer. Hier beginnt rechter Hand der Bohlensteg, der uns durch die von Schilf
dominierte Verlandungszone hindurchführt. Wir sollten das Fahrrad schieben,
um ungehindert auf den See blicken zu können. Wieder an Land, setzen wir
links herum unser Rad wieder in Fahrt und biegen den Wanderweghinweisen
zum Schloß folgend am Wehr nach links ab. Die Dorfstraße bringt uns zuerst
an der Fischerei, dann am Bauernmuseum und dem Schloßpark vorbei.
Schließlich müssen wir die Vorfahrt gewähren - geradeaus können wir den
ausgeschilderten Stichweg zum Beobachtungsturm nehmen, links herum geht

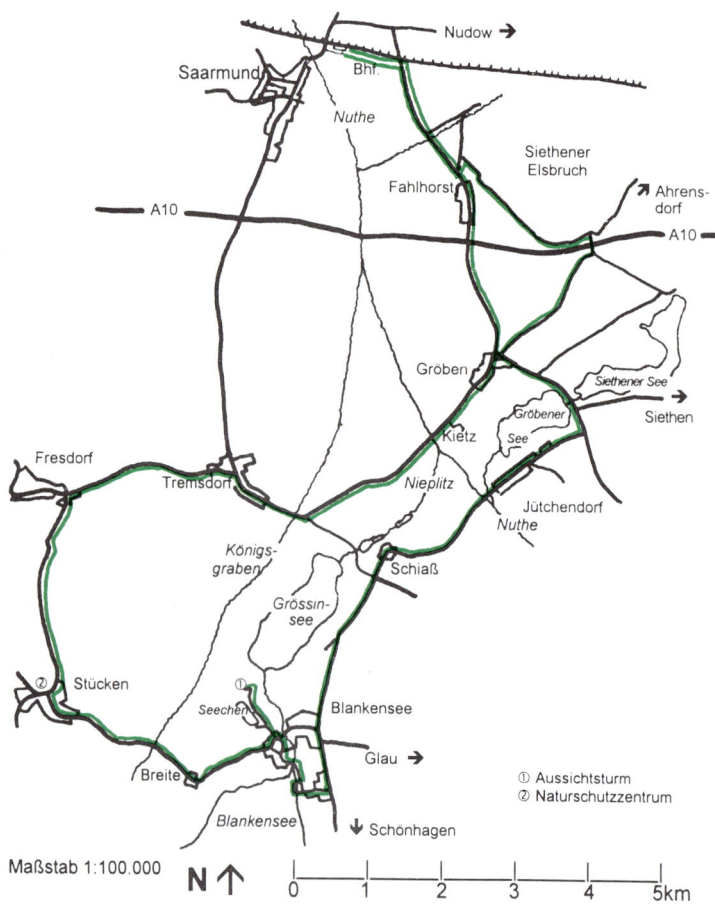

es weiter nach Stücken. An der Kirche von Blankensee vorbei, führt uns ein grüner Tunnel aus Sträuchern und Bäumen nach Breite. Hinter dem winzigen Ort überqueren wir den Königsgraben, dann müssen wir Kräfte sammeln, um über die Ausläufer des Hohen Berges hinüberzukommen. Oben angekommen, öffnet sich der Blick über die Feld-, Wald- und Wiesenlandschaft mit Stücken in der Mitte. Schwungvoll erreichen wir den Ort, passieren die Kirche und müssen mit Blick auf das Naturschutzzentrum, in dem Informationen und Beratung eingeholt werden können und wechselnde Ausstellungen locken, die Vorfahrt achten. Eine herrliche Allee führt uns rechts herum aus Stücken heraus, bei der Querung des feuchten Poschfenns sind Steuerkünste und Muskelkraft gefragt, dann erreichen wir durch ein Obstbaumspalier Fresdorf. Noch weit vor der sehenswerten Ortsmitte biegen wir nach rechts ab, dem Hinweis Tremsdorf nach. Nach kurviger Fahrt taucht Tremsdorf auf, und wir biegen nach rechts ab (Hinweis Gröben). Die breite Betonplattenstraße paßt nicht recht zu den vielen märkischen Bauernhäusern, die die Dorfstraße säumen. Am Storchennest vorbei, überqueren wir abermals den Königsgraben und schwenken dann nach links in eine schmale Allee. Zahlreiche Kotspuren auf dem brüchigen Asphalt verraten uns die oftmals in den Bäumen sitzenden Vögel. Zum Schluß folgen dicht aufeinander die Nuthe, dann die Alte Nuthe und schließlich das rechts der Straße liegende Gröbener Kietz. In Gröben zeigt sich der Dorfanger mit der backsteinernen Dorfkirche, und zum Ortsende hin verlassen wir die Vorfahrtstraße an der Gabelung nach links. Wir dürfen nun das Storchennest links der Straße übersehen und müssen erneut die Vorfahrt gewähren, um geradewegs dem Hinweis Potsdam zu folgen. Der Berliner Autobahnring naht, und von der Brücke herunter, rattern wir auf Kopfsteinpflaster durch Fahlhorst. Die daran anschließende herrliche Allee kennen wir schon vom Hinweg, direkt vor der Bahnbrücke biegen wir nach links ab und erreichen so wieder den Bahnhof von Saarmund.

Freizeit

Museen und Ausstellungen

Bauernmuseum Blankensee
Dorfstraße 4, 14959 Blankensee
☎ 033731-80011

Spargelmuseum Beelitz
Kietz 36, 14547 Schlunkendorf
☎ 033204-42112

Heimatmuseum Beelitz
Poststr. 16, 14547 Beelitz
☎ 033204-39153

Heimatmuseum Treuenbrietzen
Großstr. 1a, 14929 Treuenbrietzen
☎ 033748-70506

Landkunsthaus Gottsdorf
Am Sprint 1, 14947 Gottsdorf
☎ 033732-40369

Heimatmuseum Kloster Zinna
Am Kloster 6, 14913 Kloster Zinna
☎ 03372-439505

Regionalmuseum Niederer Fläming
Museum „Abtshof" Jüterbog
Planeberg 9, 14913 Jüterbog
☎ 03372-401531

Kreisheimatmuseum Luckenwalde
Markt 11, 14943 Luckenwalde
☎ 03371-611359

Museum Ludwigsfelde
Brandenburger Straße/Straße der Jugend
14974 Ludwigsfelde
☎ 03378-804999

Mühlen

Obermühle Gottsdorf
An der Obermühle 12, 14947 Gottsdorf
☎ 033732-40314

Stockmühle Trebbin
Zossener Straße 20, 14959 Trebbin
☎ 033731-80574

NUTHE-NIEPLITZ

Die Nuthe bei Saarmund.

Baden

In vielen Seen bestehen Bademöglichkeiten, so im Glienick-, Vorder- und Hintersee bei Dobbrikow, im Siethener See bei Siethen und im Großen Seddiner See am Campingplatz Fresdorf und am Campingplatz Wildenbruch.

Kremser

Vielerorts besteht die Möglichkeit, sich mit Pferdestärken durch die Landschaft kutschieren zu lassen. Kremser können in Glau, Nettgendorf, Luckenwalde, Frankenförde und Schäpe gebucht werden. Informationen geben die Touristinformationen.

Feste feiern

Pfingstsonntag: Reiterfest in Salzbrunn
April - Oktober: Blankenseer Musiksommer
Juni: Spargelfest in Beelitz
Juni: Sabinchenfest in Treuenbrietzen
September: Museumsfest in Blankensee
September: Fontanefest in Gröben

Natur(park)-Produkte

Spargel

Verein Beelitzer Spargel e.V.
Kiez 36, 14547 Schlunkendorf
☎ 0331-860878

Spargelhof Josef Jakobs
Dorfstr. 21, 14547 Schäpe
☎ 033204-41970

Landwirt Syring
Wiesengrund 5, 14547 Beelitz
☎ 033204-33808

Honig

Imkerei Brauße
Dorfstraße 2, 14959 Blankensee
☎ 033731-80026

Fische

Fischräucherei Brauße (auch Angelkarten)
Dorfstraße 25a, 14959 Blankensee
☎ 033731-80029

Fischereibetrieb Blankensee
Dorfstraße 9, 14959 Blankensee
☎ 033731-15563

Fleisch, Saft, kaltgepresstes Öl

Agrar GbR Wittbrietzen
14547 Wittbrietzen
☎ 033204-42376

Landfleischerei Hennickendorf
Luckenwalder Chaussee 42
14947 Hennickendorf
☎ 033732-40040 oder -40042

DAHME-HEIDESEEN

Naturparkverwaltung
Dorfstr. 8
15752 Prieros
☎ 033768-9690 (Fax -96910)

Naturwacht
Dorfstr. 8
15752 Prieros
☎ 033768-50118

KÖNIGS WUSTERHAUSEN - STORKOW - MÄRKISCH BUCHHOLZ - WOLZIGER SEE

Knorrige Kiefern im Dahmeland

Rund einhundert Jahre ist es her, daß die Bewohner der seinerzeit stark an-wachsenden Metropole Berlin die nähere Umgebung der Stadt zur Erholung entdeckten. „Komm, wir jehn in de Heede" oder „Ab int Jrüne" hieß es da-mals, und besonders das wald- und wasserreiche Dahmeland war ein beliebtes Ausflugsziel. Das ist bis heute so geblieben, und es ist für Erholung suchende Naturliebhaber noch immer ein Genuß, das 20 Kilometer südöstlich von Ber-lin gelegene Dahme-Seengebiet mit dem Fahrrad, zu Fuß oder auf dem Was-ser kennenzulernen.

Namengebend für die Region ist die Dahme, die von Südwesten her als kleines Fließ in das Naturparkgebiet eintritt, sich stellenweise noch in naturbe-lassener Weise durch sumpfige Erlenwälder schlängelt und ab Märkisch Buchholz plötzlich zu einem breiten, schiffbaren Gewässer wird. Zum über-wiegenden Teil ist es nun Wasser der großen Schwester Spree, das im Dahme-tal fließt: Über den Spree-Dahme-Umflutkanal wird der Spree Wasser entzo-gen und der Dahme zugeführt, um den Spreewald vor Hochwasser zu schüt-zen. Ab Prieros weitet sich der Dahmelauf zu mehreren Seen, bevor sich Dahme und Spree in Berlin-Köpenick endgültig vereinen.

Mehr als einhundert Seen zählt man beim Blick auf die Landkarte. Darunter befinden sich tief eingeschnittene Seen, die sich perlschnurartig aneinander-reihen, aber auch große und flache Seen mit weiten Schilfgürteln. Viele lok-ken im Sommer mit einer erfrischenden Abkühlung und einem gemütlichen Platz zum Sonnenbad. Das Wasser ist Lebensraum für viele Tierarten, und die Fischerei spielt seit dem Beginn der Besiedlung des Gebietes eine bedeutende Rolle. Ernährten die vielen gefangenen Fische früher die Bewohner der Dör-fer, sind sie heute eine begehrte kulinarische Spezialität, darunter etwa der Dahme-Zander. Aber auch die Natur profitiert vom Fischreichtum, und so ist es für aufmerksame Beobachter nicht schwer, einmal einen schrill rufenden Eisvogel dicht über das Wasser fliegen zu sehen.

Zwischen den Seen erstrecken sich ausgedehnte Waldgebiete, die eine Oase für gestreßte Menschen sind. Hier kann man den würzigen Duft der Kiefern atmen, im Herbst werden die Wälder zu einem Paradies für Pilzsucher. Hin und wieder sieht man märchenhafte Kiefernbestände mit mehrstämmigen, breitkronigen Bäumen. Es sind Bauernkiefernwälder, die ein Zeugnis der früheren Waldnutzung ablegen. Doch auch Laubwälder prägen das Gebiet, etwa der beeindruckende Buchenmischwald auf früheren Tongruben bei Philadelphia, einem Ort, der in der friderizianischen Zeit entstand und dessen Einwohner Fernweh nach Übersee hatten. Stellenweise bedecken weite sumpfige Erlenbestände das Land. Hier können Tiere wie der Kranich in Ruhe brüten und ihre Jungen aufziehen. Wo die Erlenbrüche gerodet wurden, dehnen sich heute Wiesen aus. Sie ernähren Rinder und andere Haustiere und geben den Blick über die Landschaft frei. Doch hat die Region auch natürliche Aussichtspunkte zu bieten: Mehrere Hügelketten durchziehen den Naturpark, und einige Gipfel ermöglichen schöne Ausblicke. Eindrucksvoll ist der Aufstieg auf die höchste Düne des Gebietes bei Storkow. Ihr Gipfel ist ebenso hoch wie der Kirchturm des Städtchens.

Informationen

Kultur- und Tourismusverb. Dahmeland
Am Bahnhof, 15711 Königs Wusterhausen
☎ 03375-252019 (Fax -252028)

Tourismusverb. Oder-Spree-Seengebiet
Berliner Str. 3c, 15848 Beeskow
☎ 03366-253300 (Fax -253322)

FVV Märkische Tourismus-Zentrale
Rathaus, Berliner Str. 30, 15848 Beeskow
☎ 03366-22949 (auch Fax)

Tourismus-Information Prieros
Poststraße 2, 15752 Prieros
☎ 033768-50650 (Fax -50651)

Tourismusbüro Storkow
Am Markt 11, 15859 Storkow
☎ 033678-73108 (Fax -73642)

Naturschutzbund
Regionalverband Dahmeland
Dorfstr. 8, 15752 Prieros
☎ 033768-50117 (auch Fax)

Haus des Waldes
15741 Gräbendorf
☎ 033763-64444 (Fax -64443)

Wanderung

Mit der Dahme nach Märkisch Buchholz

Verkehrsmöglichkeiten Mit der Regionalbahn (Berlin-Schöneweide – Senftenberg) nach Oderin. Mit dem Auto auf der A13 Berlin – Lübbenau bis zur Abfahrt Halbe/Teupitz, in Halbe dem Hinweis Teurow folgend nach Oderin.
Parkmöglichkeiten In Oderin.
Streckenlänge 14 Kilometer.
Höhenunterschiede Insgesamt 50 Höhenmeter bergauf und bergab.
Karte RV Verlag: Rad- und Wanderkarte Berliner Urstromtal. 1:50.000. Berlin.
Bademöglichkeiten Am Oderiner See.
Rastmöglichkeiten In Märkisch Buchholz und am Oderiner See.
Einkehrmöglichkeiten In Oderin und Märkisch Buchholz.
Wissenswertes Die „Gemauerte Eiche" östlich des Oderiner Sees wurde durch einen Blitzeinschlag vor rund 70 Jahren teilweise ausgehöhlt und in damals üblicher Weise mit Ziegelsteinen ausgefüllt. Sie ist schätzungsweise 500 Jahre alt und von weiteren Alteichen umgeben. - Das Städtchen *Märkisch Buchholz* wurde erstmals zu Beginn des 14. Jahrhunderts als Buchholz erwähnt. Lange Zeit hieß der Ort im Volksmund Wendisch Buchholz; dieser

DAHME-HEIDESEEN

Feldweg bei Oderin.

1865 amtlich gewordene Vorsatz wurde in der Hitlerzeit jedoch in „Märkisch" umgewandelt. Der Ort liegt an der Mündung des Spree-Dahme-Umflutkanals in die Dahme. Die Kaskaden des Überfallwehrs sind besonders bei starker Wasserführung eine Attraktion.

Tourenbeschreibung Direkt neben dem kleinen Bahnhofsgebäude von Oderin führt die Straße nach Halbe über die Schienen, und wir folgen dem Asphaltband für einige Meter. Zunächst auf dem Bürgersteig, später in einer herrlichen Roßkastanienallee geht es auf das Ortsschild zu, doch noch davor wenden wir uns nach rechts. Wir wandern über einen kleinen Hügel, und lückig stehende, breitkronige Alleebäume begleiten uns. Nachdem wir den begradigten Zufluß des Oderiner Sees überquert haben, zweigen wir nach links auf einen weiteren Feldweg ab. Wir laufen nun genau auf eine riesige Feldeiche zu und rechts an ihr vorbei. Gleich dahinter beginnt eine lange Reihe von Roßkastanien, die uns zur Gemauerten Eiche bringt. Einige Schritte später stoßen wir auf einen Kiefernforst und schwenken nach rechts. Breitkronige, tief beastete Randkiefern leiten sanft zur angrenzenden Wiese über. Dann taucht der Weg in den Wald ein, und wir biegen nach etwa 300 Metern an der ersten Kreuzung nach links ab. Diesem Forstweg bleiben wir nun eisern treu und gehen stets geradeaus. Schließlich schreiten wir in einem kleinen Tal bergab und kommen geradewegs auf einen Reitweg. Nun ist es nicht mehr weit bis zu einer Gabelung, an der wir die linke Gabel wählen. So erreichen wir nach Durchquerung eines Kiefernhochwaldes den Sportplatz von Märkisch Buchholz (Rastgelegenheit) und treffen einige Meter weiter auf die Waldgaststätte Schützenhaus. Parallel zum Fahrweg verläuft nach links versetzt ein Fußweg, der an der Landstraße nach Halbe endet. Wir gehen ein

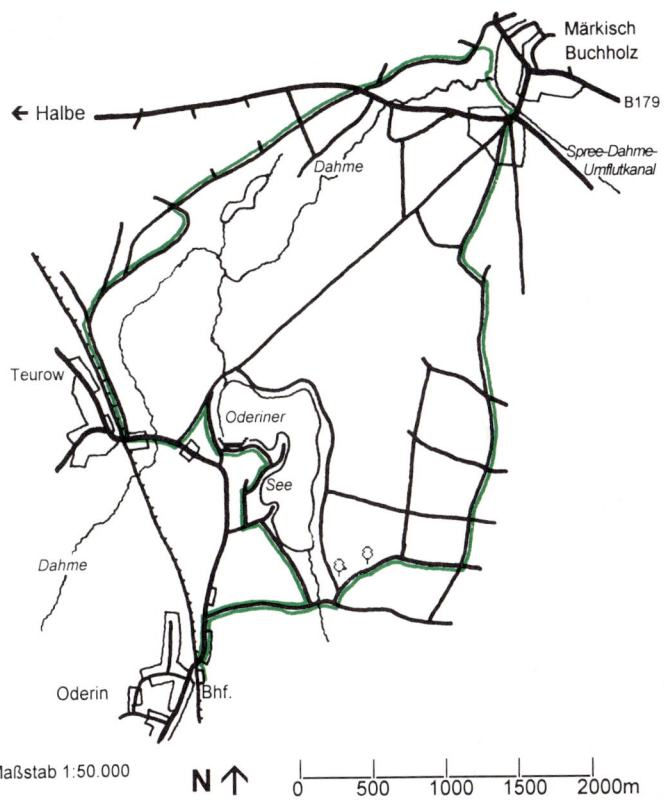

Maßstab 1:50.000   N ↑   0 500 1000 1500 2000m

Stück nach rechts und stoßen auf den Spree-Dahme-Umflutkanal, dessen
Wasser sechs Meter tief in das Dahmetal rauscht. Noch davor laufen wir jedoch links am Zaun des Überfallwehrs entlang und kommen bergab in das
Dahmetal hinein. Wir halten uns dicht am Wasser, und an einer Holzbrücke
machen wir erstmals Bekanntschaft mit der Dahme. Wir können den Verlauf
des Baches im Wiesenland gut am Erlensaum erkennen. Unser nächstes Ziel
ist der gegenüberliegende Talrand, wo eine Rastmöglichkeit auf uns wartet.
Oberhalb davon verläuft ein Fahrweg, dem wir nach links folgen. In Kurven
verläuft er durch den Wald, ab und zu können wir auf die Dahmewiesen her-
abblicken. Bald vernehmen wir den Verkehrslärm der Straße Halbe – Märkisch Buchholz und gehen geradewegs hinüber. Recht monotone Kiefernbestände werden von einer sich linker Hand öffnenden Niederung unterbrochen ,
dann türmen sich die Ausläufer eines Dünenfeldes neben uns auf. An der ersten breiten Waldwegkreuzung betreten wir dann links herum das NSG Mah-
nigsee-Dahmetal. Dieses zeigt sich mit bewundernswerten alten Eichen, Plat-

73

tenkiefern, Erlenbrüchen, Wiesen, Schilf- und Seggenbeständen sowie einge-
streuten Weidensträuchern. Wir bleiben dem Talrand treu und werden
schließlich von der Bahnlinie Berlin – Dresden nach links gezwungen. Am
Friedhof von Teurow vorbei, erreichen wir den Ort und schwenken an der
Dorfstraße nach links. Wir überqueren abermals die Dahme und verlassen
Teurow. An der nächsten Häusergruppe biegen wir nach links ab und kommen über einen kleinen Rücken in die Niederung des Oderiner Sees hinein.
Nach einer langen Linkskurve erscheint der See vor uns, und wir folgen dem
Fahrweg am Ufer spitzwinklig nach rechts. Am Ende des Gewässers wechseln
wir auf den Uferweg über, passieren die Badestelle und orientieren uns fortan
an der Markierung gelber Punkt. Schließlich erreichen wir eine kleine Boots-
anlegestelle, und der Wanderweg führt vom See weg. Wir halten uns am kreuzenden Fahrweg links und treffen bald auf einen Plattenweg. Diesem folgen
wir nach links und verlassen ihn nach etwa 20 Metern nach rechts. Am Waldrand öffnet sich der Blick auf einen Acker. Wir gehen geradewegs an der
Waldkante entlang und werden anschließend wieder vor eine Richtungswahl
gestellt. Wir kennen die Stelle schon vom Hinweg und wenden uns nun nach
rechts, um auf bekannter Strecke zum Oderiner Bahnhof zurückzukommen.

Ausflüge

Dorfplätze

In vielen Orten locken idyllische Dorfplätze.
Der Ulmenbestand des Pätzer Dorfplatzes
hat in ganz Deutschland Seltenheitswert, in
Groß Schauen reizt der schon wegen der
Fachwerkkirche sehenswerte Dorfanger.
Auch die Dorfplätze von Selchow, Prieros
und Bugk mit einer 300 - 400 Jahre alten
Traubeneiche sind einen Ausflug wert.

Germanen im Dahmegebiet?

Ausgrabungen in der letzten Zeit brachten
ein einst weitläufiges Dorf der Germanen
bei Klein Köris zutage. Ein Verein versucht,
die Siedlung teilweise zu rekonstruieren
und dabei nur die damals üblichen Baumaterialien zu verwenden. Anmeldung zu Führungen: Herr Mahnecke, ☎ 033766-41605.

Malerischer Eichberg

Im Süden des Naturparks mäandriert die
Dahme streckenweise noch in naturnaher
Weise, und mitunter haben sich an den
angrenzenden Moränen steile Böschungen
entwickelt. Einen der schönsten Blicke auf
das hier unter Naturschutz stehende Gebiet
hat man von den Eichbergen westlich von
Briesen. Umgeben von alten Rotbuchen,
die seit rund 200 Jahren an den Steilhängen wachsen und noch Reste des Urwal-
des darstellen, liegt das Bett der Dahme
mehr als 20 Meter darunter.

Reizvoller Naturlehrpfad

Das südöstlich von Teupitz gelegene Tornow lockt mit einem reizvollen Naturlehrpfad um den Tornowsee. Er führt u.a. am
Klingeberg vorbei, in dessen steilwandigen
Erosionstälern der immergrüne Tüpfelfarn
gedeiht. Zu sehen sind auch die dem Berg
entspringende Quelle und mehrere über
200 Jahre alte Kiefern.

Aussichtsreiche Düne

Am östlichen Rand von Storkow erstreckt
sich ein großes Dünenfeld, das im Weinberg mit 69,3 Metern seine größte Höhe erreicht. Auf den teils großen Offensandflä-
chen leben Pflanzen und Tiere, die auf das
trocken-heiße Lokalklima spezialisiert sind.
Kiefern und mitunter auch einige Eichen
zeigen die natürliche Entwicklung zum
Wald an. Am Fuß der Düne befinden sich
stellenweise romantisch erscheinende
Bauern-Kiefernwälder.

Allerlei um den Wald

Im westlich von Prieros mitten im großen
Waldgebiet der Dubrow gelegenen „Haus
des Waldes" kann man dem Wald und seinen Bewohnern auf verschiedene Weise
näherkommen. Ob barfuß oder im Dunkeln
- nicht nur Kinder haben hier schon viele
Erfahrungen gesammelt. Zum nahegelegenen Frauensee führt ein Naturlehrpfad.

Radtour

Nach Amerika und um die Groß Schauener Seenkette

Verkehrsmöglichkeiten Mit der Bahn Rheinsberg / Prenzlau – Berlin – Frankfurt/Oder nach Storkow. Mit dem Auto auf der A12 Berlin – Frankfurt/Oder (Abfahrt Storkow) oder auf der B246 Zossen – Beeskow nach Storkow.
Parkmöglichkeiten Am Bahnhof Storkow.
Streckenlänge 30,5 Kilometer.
Höhenunterschiede Insgesamt 25 Höhenmeter bergauf und bergab.
Straßenbeschaffenheit 1 Kilometer Feldweg, 5,5 Kilometer feste Sand-Schotterdecke, ansonsten Asphalt oder Verbundpflaster.
Karte Ampel Verlag Berlin: Fahrradkarte 1:60.000. Berliner Umland, Blatt Südost.
Bademöglichkeiten In Philadelphia und im Dobrasee bei Schwerin.
Rastmöglichkeiten Bei Philadelphia, auf dem Aussichtsturm bei Selchow, an der Landstraße nach Selchow und am Bugker See in Bugk.
Einkehrmöglichkeiten In Storkow, Philadelphia, an der B246 am Köllnitzer Fließ, in Selchow und in Bugk.
Wissenswertes *Storkow* wartet mit mehreren Attraktionen auf, u.a. mit der wieder im Aufbau befindlichen Burg und der Pfarrkirche, die unter Verwendung des vorhandenen spätgotischen Feldsteinbaus 1845-49 erweitert und nach Zerstörungen im Zweiten Weltkrieg neu ausgebaut wurde. Der Bau des Storkower Kanals verhalf dem Ort im 18. und 19. Jahrhundert zu wirtschaftlichem Aufschwung. Aus dieser Zeit stammen auch die zweigeschossigen Häuser am Marktplatz. Eindrucksvoll ist das Scheunenviertel nordöstlich des Zentrums, wo zahlreiche Backstein- und Fachwerkscheunen erhalten sind. Kürzlich wurde das mittelalterliche Mühlenfließ wiederhergestellt und plätschert nun durch die Stadtmitte. - *Groß Schauen* ist ein attraktives Dorf mit einem sehenswerten, von hohen Linden, Flatterulmen, Eichen und Roßkastanien bestandenen Dorfplatz, in dessen Mitte eine hübsche Fachwerkkirche steht. Der Bau geht auf das 18. Jahrhundert zurück. - Das Dorf *Philadelphia* entstand im 18. Jahrhundert, als Kolonisten aus Sachsen, Franken, Friesland und Holland ins verheißungsvolle Amerika auswandern wollten. Von Friedrich II. wurden sie aber durch Überlassung von Land, Krediten und Steuervergünstigungen zum Bleiben gedrängt, um für Kanal- und Waldarbeiten im Gebiet zur Verfügung zu stehen. Als Ausdruck ihrer Hoffnung wollten die Siedler ihrer neuen Heimat wenigstens einen Namen des Landes geben, in das sie eigentlich ziehen wollten. - Das *NSG Groß Schauener Seenkette* umfaßt sechs insgesamt rund 1000 Hektar große, in Verbindung stehende Seen. Die Ufer sind sehr flach, und die breiten Schilfgürtel rings um den See sind Brut- und Nahrungsrevier vieler seltener Tierarten, die vom Aussichtsturm bei Selchow beobachtet werden können.
Tourenbeschreibung Vor dem Bahnhofsgebäude von Storkow verläuft die Straße Am Bahnhof, die uns zum Bahnübergang führt. Wir überqueren die Schienen und folgen der Schauener Straße bis zum Haus Nummer 27. Hier zweigt ein namenloser, sandiger Weg nach links ab, der uns nach wenigen Tritten an eine Gabelung bringt. Wir steuern nach rechts und radeln auf einem

Feldweg zwischen kleinen Waldstücken, Wiesen und Äckern. Hinter einer
Schranke stoßen wir auf eine Allee, die uns rechter Hand an einigen breitkronigen Eichen und knorrigen Kopfweiden vorbei nach Groß Schauen hineinführt. Hier müssen wir an der B246 anhalten und fahren schräg nach links
über die Straße hinüber, dem Hinweis Philadelphia nach. Zuvor sollten wir
aber dem linker Hand liegenden Dorfanger einen Besuch abstatten. Nach
Philadelphia leiten uns verschiedenartige Obstbäume, wir gewähren die Vorfahrt und fahren geradeaus weiter Richtung Ortsmitte (wo sich der Badeteich
befindet). Nach wenigen Tritten lenken wir dann links in den Wolziger Weg
und verlassen Philadelphia auf asphaltiertem Radweg. Wir berühren die rechts
von uns liegende Fasanerie, wo früher Ton gestochen wurde. Heute sind die
einstigen Gruben von einem herrlichen Laubmischwald mit Rotbuchen, Eichen, Ulmen und Hainbuchen überzogen. Im Wald durchqueren wir später in
mehreren Lenkmanövern ein Dünenfeld, und eine Sandgrube rechts neben uns
hat sich schon fast durch den Dünenzug gefressen. An der Kreuzung mit dem
Radweg Klein Schauen – Kummersdorf lenken wir nach links und erreichen
so Klein Schauen. Wir fahren immer geradeaus, passieren den von alten Bäumen bestandenen Dorfanger und verlassen den Ort. Wir kommen nach Busch,
wo wir uns links halten und so das Gefühl haben, über den Hof zu fahren. Am
Ende des „Hofes" schwenken wir nach links auf den Radweg mit Fernziel
Groß Schauen. Mit einer jungen Allee treffen wir auf die beiden Fischereien,
die am Ufer des Köllnitzer Fließes liegen. Für wenige Tritte mischen wir uns
unter den Verkehr auf der B246 (rechts), dann zweigen wir links herum nach
Selchow ab. Wenn der Kiefernforst sich wieder öffnet, sollten wir links herum
einen Abstecher zum Beobachtungsturm machen. Der sandige Weg dorthin
eignet sich jedoch eher für einen Fußmarsch. Wieder im Sattel, erreichen wir
bald Selchow, radeln an der Mitte des vorletzten Jahrhunderts erbauten,
backsteinernen Kirche vorbei und bleiben bis Schwerin immer der Vorfahrtstraße treu. Streckenweise leitet uns eine schmale Roßkastanienallee, deren
Bäume in dichter Reihe gepflanzt wurden und die insbesondere zur Blütezeit
und im Herbstkleid ein Hochgenuß ist. Vor der imposanten, gleichmäßig ver-
zweigten Dorfeiche von Schwerin lenken wir nach rechts, dann erfordert eine
Gabelung eine Entscheidung. Unsere Wahl fällt auf links, und Verbundpflaster führt uns langsam aus dem Ort hinaus. Am Dobrasee sollten wir nicht nur
absteigen, um ins kühle Naß zu springen, sondern auch, um den Bauernkie-
fernwald auf den Dünen zu bestaunen. Unter dem lichten Schirm der knorrigen, breitkronigen Kiefern sprießen zahllose junge Kiefern, ab und zu mischen sich die von Natur aus hier ebenfalls vorkommenden Traubeneichen
dazwischen. Wir verlassen dann den Dobrasee und erreichen bald ein Wegkreuz. Auf geschottertem Radweg steuern wir nach rechts über den Abfluß
des Dobrasees. An einer Mehrwegkreuzung im Wald lenken wir schräg nach
links (blaue Markierung, Hinweis Bugk). Der Wald lichtet sich an den Wiesen
am Ufer des Bugker Sees, und nach einem kurzen Waldstück kommen wir in
das Rundlingsdorf Bugk. Hier müssen wir die Vorfahrt achten und geben
Handzeichen links. Hinter dem Ort überqueren wir ein kleines Gewässer, dessen Ufer von Obstbäumen bestanden ist, danach geht es linker Hand auf einem geschotterten Weg in den Wald hinein (blaue Markierung). Auf das

Waldstück folgt ein sehr schöner Abschnitt durch das Wiesenland am Ostufer der Seenkette. Die Weideflächen gehen nahtlos in den Schilfgürtel des Großen Selchower Sees über. Streckenweise leitet uns eine hochgewachsene Hecke, im hinteren Teil sind unter den Gehölzen mehrere dicke und mitunter mehrstämmige Flatterulmen mit den typisch brettartig verstärkten Wurzeln zu

An der Schmölde unweit Prieros.

sehen. Wir passieren einen sandigen Kiefernbestand, und ein von rechts kommender Weg nimmt uns auf. In Wochowsee müssen wir an der asphaltierten Straße nach rechts abbiegen, sollten vorher aber noch eine Runde durch den verschlafenen Ort drehen. Dem Asphaltband folgen wir mit mehreren Richtungswechseln bis Storkow. Dort müssen wir die Vorfahrt achten (Beeskower Chaussee), und es geht links über die Schienen. Gleich dahinter dürfen wir als Radfahrer nach rechts abbiegen (Rudolf-Breitscheid-Straße, später An der Bahn), nach wenigen Kurbelumdrehungen halten wir uns an der Fritz-Reuter-Straße links. Ihr folgen wir bis zur Karl-Marx-Straße, die uns links herum zunächst an die Burg und dann über die Burgstraße hinüber an den alten Marktplatz des Städtchens bringt. Mit der Vorfahrtstraße schwenken wir nach links und an der Ernst-Thälmann-Straße nach rechts. Nun ist es nicht mehr weit bis zum Bahnhof, zu dem wir über die schräg nach links abzweigende Bahnhofsallee gelangen.

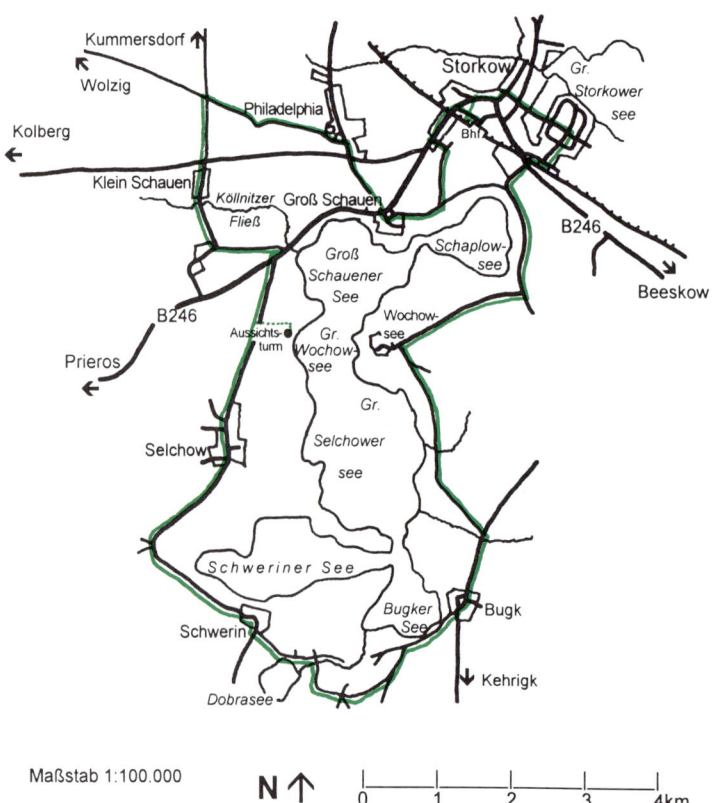

Maßstab 1:100.000

N ↑

0   1   2   3   4km

78

Freizeit

Museen und Gärten

Heimathaus Prieros
Dorfaue 1, 15752 Prieros
☎ 033768-50144 (Fax -50130)

Biogarten Prieros
Mühlendamm 14, 15752 Prieros
☎ 033768-50130

Botanischer Garten Prieros
Mühlendamm 12a, 15752 Prieros
☎ 033768-50779

Freilichtmuseum Germanische Siedlung
Herr Mahnecke, 15746 Klein Köris
☎ 033766-41605 (tel. Anmeldung nötig)

Kutschenmuseum Klein Köris
Hafenstr. 11, 15746 Klein Köris
☎ 033766-41633 (auch Fax)

Fischereimuseum der Fischerei Köllnitz
Hauptstr. 19, 15859 Groß Schauen
☎ 033678-62006

Haus des Waldes
15741 Gräbendorf
☎ 033763-64444 (Fax -64443)

Kremser

Rudolph, Hafen 11, 15746 Klein Köris
☎ 033766-41633

Fische

Aalhof Gödicke, Groß Schauen
☎ 033678-62981

Fischerei Köllnitz, Groß Schauen
☎ 033678-62006

Fischgenossenschaft Storkow
Thälmannstr. 56, Storkow
☎ 033678-72685

Aurora Fischerei Kolberg
☎ 033768-50220

Böhnke Fisch, Kolberg
☎ 033768-50675

Fischerei GbR, Bestensee
☎ 033763-61258

Feste feiern

Januar: Eisfest in Groß Köris
Sommer: Konzerte in der Kirche Teupitz
August: Storchenfest in Storkow
August: Backofenfest in Gussow
September: Heimathausfest in Prieros
Herbst: Strohfestival in Storkow

Schiffahrt

Dahme-Schiffahrt Teupitz
☎ 033766-41555 o. 0172-3073975

Scharmützelsee-Schiffahrt
☎ 033631-2419 (auch Fax)

Bootsverleih

Gussow, Dorfstraße 6
☎ 033763-61883 o. 0172-6404317

Teupitz, Markt 16
☎ 033766-62496

Groß Schauen, Erlebniswelt Fischerei
☎ 033766-62496

Schwerin, Mochheidestraße
☎ 033765-80505 o. 0172-3196253

Prieros, Wassersportschule, Dorfaue 11
☎ 033768-50657

Blossin, Jugendbildungszentr., Waldweg 10
☎ 033767-750

Natur(park)-Produkte

Fischerhütte, Blossin
☎ 033767-80456

Jofra-Fisch, Wulfersdorf
☎ 033675-408

Honig

Imker gibt es in Bestensee, Gussow, Kossenblatt, Märkisch Buchholz, Münchehofe, Bugk und Selchow.

Biofleisch, Milchprodukte, Kartoffeln

Agrargenossenschaft Löpten
☎ 033766-62420

Agrargenossenschaft Münchehofe
☎ 033760-56064

Agrarunternehmen Berghof, Rieplos
☎ 033678-6570

NIEDERLAUSITZER LANDRÜCKEN

Naturparkverwaltung
Luckauer Str. 1
03246 Fürstlich Drehna

Naturwacht

Wanninchen	Schloß Groß Jehser
15926 Görlsdorf	03205 Groß Jehser
☎ 03544-508061	☎ 0172-3843894

BERGBAUFOLGELANDSCHAFT - LUCKAU - DAHMEQUELLE - HÖLLBERGHOF

Land der Gegensätze in der Niederlausitz

Auf den ersten Blick mag es überraschen: Doch eine der größten Kostbarkeiten des Naturparks Niederlausitzer Landrücken sind die ausgekohlten, offengelassenen Tagebaue. Die Mitarbeiter des Naturparks und der Naturwacht wehren sich dagegen, die sandigen Hinterlassenschaften der Kohleförderung als „Mondlandschaft" zu bezeichnen. Zweifellos erwecken die von Wind und Wasser gestalteten, riesigen Sandflächen auf den ersten Blick den Eindruck leblosen Geländes. Doch tatsächlich besiedeln Tiere und Pflanzen schon nach kürzester Zeit den nackten Boden. Und für diese Spezialisten sind die Extrembedingungen gar nichts Besonderes, sondern überlebenswichtig. Erst kürzlich wurde bemerkt, daß in wenige Monate alten, neu entstandenen Seen die in Brandenburg sehr seltenen Rotbauchunken leben. Der Riesenschachtelhalm, ein entwicklungsgeschichtlich altes Gewächs, wurde hier ebenso entdeckt wie der Wiener Sandlaufkäfer, ein in Deutschland weithin fast verschollenes Insekt. Sehr seltene Vogelarten wie der Flußregenpfeifer und der Steinschmätzer beleben die offenen Landschaften, Uferschwalben nisten in Sandabbrüchen, und Brachpieper tragen ihren Gesang im Flug vor. Die weitere Entwicklung der offenen Tagebaue soll sowohl die Interessen der Land- und Forstwirtschaft berücksichtigen, als auch den Bedürfnissen der Erholung suchenden Menschen und der seltenen Natur Rechnung tragen. Insgesamt machen die Braunkohlefolgelandschaften jedoch nur ein Fünftel der Naturparkfläche aus. Der Rest präsentiert sich in einer über Jahrhunderte gewachsenen Kulturlandschaft. Im Norden grenzt Luckau an den Naturpark. Die Stadt wartet mit einer fast vollständig erhaltenen mittelalterlichen Stadtmauer samt Wall- und Grabenanlagen auf und wurde als Veranstaltungsort der Landesgartenschau 2000 auserkoren. In würdiger Weise präsentieren sich auch die derzeit in der Restauration befindlichen Schlösser von Fürstlich Drehna und Altdöbern. Auch ältere Siedlungszeugnisse sind in der Region recht häufig vorhanden. Dazu gehören etwa die slawischen Burgwälle von Freesdorf, Luckau oder Riedebeck oder die frühdeutsche Burg von Groß Jehser.

Während der nördliche Teil des Naturparks überwiegend ackerbaulich genutzt wird, dominieren im Süden Wälder. Überregional bedeutend ist das etwa 7500 Hektar große und geschlossene Waldgebiet der Rochauer Heide. Sie bietet Tieren Schutz und Lebensraum, die andernorts schon lange verschwunden sind. Dazu gehört der Rauhfußkauz, der auch das Logo des Naturparks ziert. Die Wälder bedecken den Höhenzug des Niederlausitzer Landrückens, der sich nach Westen hin im Niederen Fläming fortsetzt. Die Grenze zwischen beiden bildet das Dahmetal. Die Dahme entspringt unweit Kolpien und treibt auf ihrem Weg nach Norden zahlreiche Mühlen, wie die Dammühle bei Wildau-Wentdorf und die Kannow-Mühle bei Sagritz an. Wassermühlen sind ein Charakterzeichen des Gebietes, und sie wurden von Bächen in Gang gehalten, die am steil abfallenden Nordrand des Landrückens ihren Lauf nehmen. Für Brandenburger Verhältnisse rekordverdächtig ist die „Goldborn" genannte Quelle in der Calauer Schweiz. Das überaus schroffe Gelände, das im Winter sogar mit Skiabfahrten lockt, liegt südlich der Stadt Calau. Bereits im 10. Jahrhundert soll an der Stelle der heutigen Stadt ein deutscher Burgward bestanden haben, und Calau hätte noch immer eine Fülle reizvoller mittelalterlicher Zeugnisse, wenn nicht die Altstadt im Zweiten Weltkrieg zu Dreiviertel zerstört worden wäre. Doch noch immer gibt es verwinkelt stehende Wohnhäuser, von weitem grüßt der Turm der spätgotischen Hallenkirche, und auch Reste der Stadtmauer sind anzuschauen.

Der Höllberghof mit Brunnen und Bauerngarten.

NIEDERLAUSITZER LANDRÜCKEN

Informationen

Fremdenverkehrsverband
Niederlausitzer Land
Nordpromenade 19, 15926 Luckau
☎ 03544-3050 (auch Fax)

Fremdenverkehrsverband Niederlausitz
Kirchplatz 18, 01968 Senftenberg
☎ 03573-796318 (Fax -798622)

Fremdenverkehrsverband Elbe-Elster-Land
Karl-Liebknecht-Str. 22
03253 Doberlug-Kirchhain
☎ 035322-2293 (Fax -4464)

Förderverein
Naturpark Niederlausitzer Landrücken
Dorfstraße 67, 15926 Waltersdorf
☎ 035454-275 (auch Fax)

NABU-Umweltzentrum Luckau
Hauptstraße 21, 15926 Luckau
☎ 03544-3070

NABU-Regionalverband Calau
Drebkauer Straße 2a, 03226 Vetschau
☎ 035433-4100

Wanderung

Alte Haustierrassen am Höllberghof

Verkehrsmöglichkeiten Mit dem Auto auf der A13 Berlin – Dresden bis zur Abfahrt Guben, von dort auf der B87 nach Langengrassau und dahinter rechts mit dem Hinweis zum Höllberghof.
Parkmöglichkeiten Am Höllberghof.
Streckenlänge 2,5 Kilometer.
Höhenunterschiede Insgesamt 70 Höhenmeter bergauf und bergab.
Einkehrmöglichkeiten Im Höllberghof in der Höllbergschänke.
Wissenswertes Die angrenzenden *Höllenberge* gaben dem *Höllberghof* seinen Namen. 1991 wurde der Dreiseitenhof in traditioneller Manier aus natürlichen Baumaterialien errichtet und bietet nun dem Besucher viel Sehens- und Wissenswertes zur Natur und Landwirtschaft der Region. Das weiträumige Gelände mit aufwendig gestalteten Nebengebäuden, einem kleinen Teich und einem buntblumigen Bauerngarten laden zum Verweilen und Beobachten ein. In der Höllbergschänke werden regionale Spezialitäten zubereitet. Das ganze Jahr über locken Feste und andere Veranstaltungen.
Tourenbeschreibung Von der offenen Seite des Dreiseitenhofes gehen wir hinunter zur Schotterstraße, die uns rechter Hand am Hofgelände entlangführt. Am Ende der Umfriedung wenden wir uns nach rechts und gehen bergan auf einen Kiefernforst zu (grüner Punkt). Zwischen die Kiefern mischen sich am Rand junge Zitterpappeln, am Boden sehen wir Heidekraut und mit etwas Glück eine sich sonnende Zauneidechse. Der schmale Weg knickt nach rechts und führt uns auf den Kamm des Niederlausitzer Landrückens hinauf. Bis vor wenigen Jahren hatte man hier eine gute Aussicht über die Niederlausitz, inzwischen verdecken die Nadelbäume den Blick. Steil bergab und über ein Wegkreuz hinüber, erreichen wir Quellsümpfe, die wir an der veränderten Pflanzenwelt erkennen: Adlerfarn und verschiedenartige Seggen bedecken den Boden, darüber wachsen Faulbaum und Schwarzerle. Kleine Holzstege führen uns über das austretende Wasser, der angrenzende Kiefernforst ist inzwischen dem hier von Natur aus vorkommenden Kiefern-Traubeneichenwald gewichen. Rechts von uns plätschert ein inzwischen mehr als eine handbreit großer Bach, dicke Eichen strecken ihre Äste über den Weg. Wir passieren ein Zauntor und sollten noch einige Schritte weitergehen, um linker Hand auf die

Wiese zu blicken, wo die Skudden häufig grasen. Ansonsten geht es rechts herum, am Schweinerondell mit den Düppeler Weideschweinen sowie den Gehegen mit Eseln und Ziegen vorbei. Dann verlassen wir das Wiesenland und treten wieder in den Laubmischwald ein. Leicht bergan erreichen wir bald eine Schranke und schwenken hier nach rechts. An einer breitkronigen Eiche nimmt uns ein von links kommender Weg auf, der uns an eine Lichtung heranführt. Hier grasen Polnische Koniks, dem Wildpferd ähnliche Kleinpferde. Der Waldweg steigt an, an einer Gabelung halten wir uns links und kommen so in ein eindrucksvolles, zunehmend enger werdendes Tal. Es entstand während der letzten Eiszeit, in der das Gebiet zwar nicht von Eis bedeckt war, sommerliche Regenfälle aber nur oberirdisch auf dem tief gefrorenen Boden abfließen konnten. Dabei spülten sie ein immer größer werdendes Tal aus. An den schattigen Hängen gedeiht sehr viel Gemeiner Wurmfarn. Schließlich erreichen wir wieder die Hochfläche, und es sind rechter Hand nur noch wenige Schritte bis zum Höllberghof.

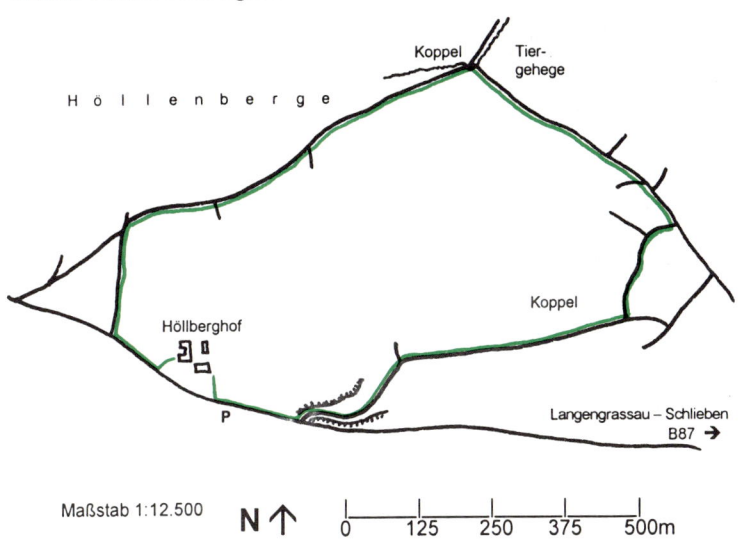

Ausflüge

Kirche mit Aussicht

Das Dorf Paserin westlich von Luckau wartet nicht nur mit einem herrlichen, von Linden bestandenen Dorfanger auf, sondern auch mit einer ungewöhnlichen Kirche. Aus 15 Metern Höhe bietet sich die Möglichkeit, einen Ausblick auf den Ort und die abwechslungsreiche Umgebung zu genießen.

Ausblick auf die Mondlandschaften

Die Hinterlassenschaften der Kohleförderung prägen weite Teile des Naturparks. Wer einen Eindruck von den riesigen Dimensionen bekommen möchte, kann am Tagebau Schlabendorf-Süd die Aussichtspunkte westlich von Schlabendorf, nördlich von Bergen oder bei Fürstlich Drehna ansteuern.

NIEDERLAUSITZER LANDRÜCKEN

Goldborn in der Calauer Schweiz

Mit einer Schüttung von rund 1000 Litern in der Minute ist der Goldborn in der Calauer Schweiz, einer reizvollen und sehr hügeligen Landschaft südöstlich von Calau, die größte Naturquelle der Niederlausitz. Sie liegt südlich von Werchow am Weg zur Gaststätte Stegschänke. In der Nähe befinden sich weitere, unverbaute Quellen.

Töpferdorf Crinitz

Wahrzeichen von Crinitz sind die zahlreichen Schornsteine der Töpfereien. Heute sind sieben noch in Betrieb und locken mit handwerklichen Produkten und einem Blick hinter die Kulissen.

Gärten der Sinne

Werke verschiedener Künstler in Verbindung mit verwilderten Obstbäumen, kleinen Wäldern, Wasserläufen, Quellen und einem Burgwall führen zu einem gemeinsamen Erlebnis von Natur und Kunst. Geöffnet ist von April - Oktober von 11 Uhr bis Sonnenuntergang. Ab Gehren sind die Gärten der Sinne ausgeschildert.

Ehrwürdige Schlösser am Tagebaurand

Sowohl in Altdöbern im Südosten des Naturparks als auch in Fürstlich Drehna südöstlich von Luckau haben die Kohlebagger dicht vor dem Schloß und dem angrenzenden Schloßpark halt gemacht. So sind die Prunkbauten noch heute zu besichtigen, und in den Parkanlagen kann man unter alten Bäumen auf geschwungenen Wegen lustwandeln.

Plinsdörfer

Der Buchweizen, ein Knöterichgewächs, das wie Weizen genutzt wird und dessen Früchte wie Bucheckern aussehen, wird schon lange in der Niederlausitz kultiviert. Besonders in einigen Dörfern in der Calauer Schweiz ist der Buchweizen öfter zu sehen. Früher als Arme-Leute-Essen verpönt, wird der Buchweizen zunehmend geschätzt. Eine Spezialität sind Buchweizenplinse, die mit Zucker, Zimt und Kompott gegessen werden. Sie gaben den Dörfern Gosda, Weißag und Zwietow den Beinamen „Plinsdörfer".

Radtour

Idylle am slawischen Burgwall, unendliche Weite am Tagebau

Verkehrsmöglichkeiten Mit der Bahn (Fürstenberg – Berlin – Elsterwerda / Senftenberg) bis Luckau-Uckro und mit dem Fahrrad über Langengrassau, Waltersdorf, Gehren und Riedebeck nach Goßmar. Mit dem Auto auf der A13 Berlin – Dresden bis zur Abfahrt Lübben / Luckau und auf der B87 nach Luckau.
Parkmöglichkeiten Mehrere Parkplätze am Rand der Altstadt (ausgeschildert).
Streckenlänge 25,5 Kilometer.
Straßenbeschaffenheit 7 Kilometer fester Sand, 1,7 Kilometer Kopfsteinpflaster, ansonsten Asphalt.
Höhenunterschiede Insgesamt 30 Höhenmeter bergauf und bergab.
Karte Landesvermessungsamt Brandenburg: Topographische Karte 1:100.000. Landkreis Dahme-Spreewald.
Einkehrmöglichkeiten In Luckau, Görlsdorf, Beesdau und Goßmar.
Wissenswertes Das Städtchen *Luckau*, im Jahr 2000 Austragungsort der Landesgartenschau, wartet mit einer eindrucksvollen Altstadt auf. Diese ist fast vollständig von der mittelalterlichen Stadtmauer und dem davorliegenden Wassergraben umgeben. Überragt wird die Stadt von der gotischen Nikolai-Kirche. Den Marktplatz säumen mehrere barocke Schmuckgiebelhäuser, die in ihrer Gesamtheit weithin einzigartig sind. - Im *Feldflorareservat* bei *Freesdorf* wird von einer Gruppe engagierter Naturschützer auf einer kleinen Flä-

Ehemaliger Tagebau Schlabendorf-Süd.

che Dreifelderwirtschaft in spätmittelalterlicher Weise betrieben. Zum Pflügen wird ein Ochse angespannt, Chemie bleibt außen vor. So können hier die einstmals häufig auf den Äckern vorkommenden Begleitpflanzen gedeihen, darunter Kornrade oder Acker-Wachtelweizen. Daneben befindet sich der gut erhaltene Rest einer früheren slawischen Wallburg. - Der *Freesdorfer Borchelt* ist Teil des Luckauer Beckens, in dem sich mächtige Niedermoortorflager entwickelt haben. Sie wurden früher als Torflieferant für Dünge- oder Heizzwecke genutzt; die alten Torfstiche haben sich inzwischen mit Wasser gefüllt. Das Gebiet ist von August bis November ein bedeutender Sammel- und Rastplatz für Kraniche, und das Schauspiel der einfallenden oder abfliegenden Tiere bleibt unvergeßlich. Beste Einblicke gestattet der Beobachtungsturm an der Landstraße Freesdorf – Goßmar. - Mehrere Fließe wurden zum *Gehren-Goßmarer Mühlenfließ* zusammengelegt und begradigt, um im Bereich der Mühlen mehr Oberwasser und ein größeres Gefälle zu bekommen. Das Mühlenfließ wurde vor kurzem wieder hergestellt und verströmt mit altem Baumbestand und den mehr oder weniger gut erhaltenen Resten der Mühlen mittelalterlichen und romantischen Charakter.

Tourenbeschreibung Vom Marktplatz in Luckau radeln wir in Richtung Rathaus und biegen dann nach links in die Straße Am Markt ab. An der Langen Straße geben wir ein Handzeichen links und verlassen am hoch aufragenden Roten Turm den historischen Stadtkern. Unter Gewährung der Vorfahrt steuern wir geradewegs in die Calauer Straße, die mit dem Hinweis nach Calau bald schräg nach rechts abknickt. Einige Tritte weiter schwenken wir abermals schräg nach rechts auf den für den motorisierten Verkehr gesperrten

NIEDERLAUSITZER LANDRÜCKEN

Freesdorfer Weg, der uns aus Luckau hinausführt. In Freesdorf fahren wir geradewegs auf die Vorfahrtstraße und mit dieser durch den Ort. Die Ortsmitte bekommen wir dabei nicht zu sehen, denn die Straße verläuft auf der Rückseite der Häuser. Doch so sehen wir einmal die nicht minder interessante Gartenseite von Freesdorf mit schmalen Äckern und obstbaumbestandenen Wiesen. Um zum slawischen Burgwall, dem Feldflorareservat und dem Aussichtsturm am Borcheltsbusch zu gelangen, biegen wir dann auf einen etwa 600 Meter langen Stichweg nach rechts ab (Hinweis Goßmar). Die weitere Tour führt an diesem Abzweig geradeaus weiter, dem Ziel Görlsdorf folgend. Wenn wir dann fast auf Höhe der Kirche von Frankendorf sind, können wir rechter Hand in den kleinen Radweg zum Görlsdorfer Gutspark abzweigen (Hinweis Wanninchen). Am Park radeln wir links entlang und kommen dahinter in die Mitte von Görlsdorf. Das Gutshaus und später das Gotteshaus lassen wir rechts liegen und rollen angenehm über Asphalt (Lange Straße). Zum Ortsende hin müssen wir die Vorfahrt achten und geben ein Handzeichen rechts. Auf dem kleinen Kopfsteinpflaster der Wanninchener Straße nähern wir uns dem unter Naturschutz stehenden Görlsdorfer Wald. Besonders wertvoll sind die zahl-

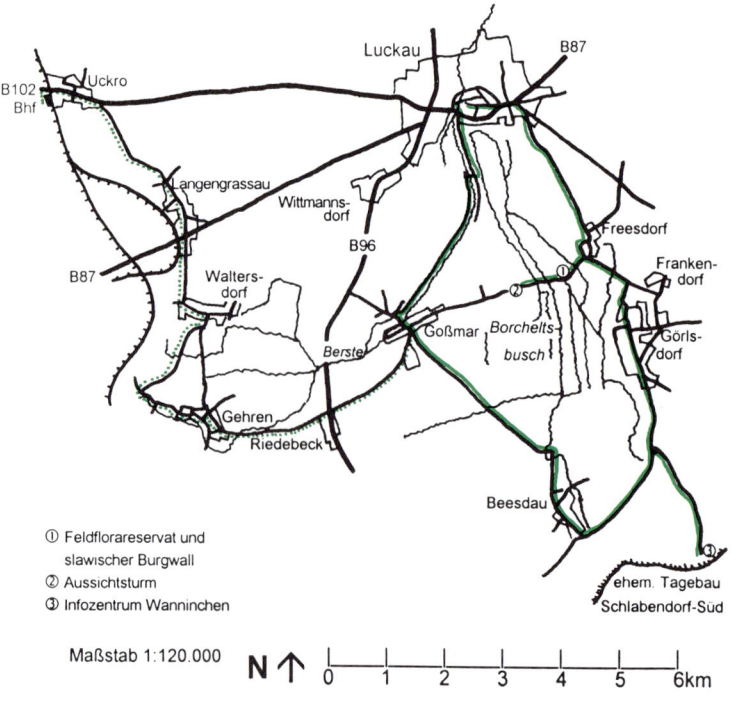

① Feldflorareservat und
   slawischer Burgwall
② Aussichtsturm
③ Infozentrum Wanninchen

Maßstab 1:120.000

N ↑

0 1 2 3 4 5 6km

reichen alten Eichen. Unter den Bäumen am Waldrand befinden sich auffällig viele tote Exemplare. Sie verraten den nahenden Tagebau Schlabendorf-Süd, der ein Absinken des Grundwasserstandes bewirkt hat. Wir können das Info-zentrum Wanninchen als letztes Gehöft vor dem Tagebau erreichen, indem wir im Wald nach links auf einen festen, etwas holprigen Sandweg abbiegen. Wir müssen diesen Weg dann wieder zurückradeln, denn in Wanninchen endet die Straße. So steht Beesdau als nächster Ort auf dem Streckenplan. Schon von weitem sehen wir das Schloß am anderen Ortsende, und wir biegen an der Dorfstraße nach rechts ab (Hinweis Goßmar), um uns dem Prunkbau zu nähern. Daran vorbei, überqueren wir die Berste und blicken anschließend von der Rückseite auf den Borcheltsbusch. Auf den Masten der Stromleitung thronen Horste von Fischadlern, und zeitweise sind auch von hier Kraniche und andere Großvögel zu beobachten. In Goßmar müssen wir an der Dorfstraße ein Links-Rechts-Lenkmanöver absolvieren, dann überqueren wir das Gehren-Goßmarer Mühlenfließ, ein kulturhistorisches Zeugnis ersten Ranges. Dahinter beginnt rechter Hand ein idyllischer, von Bäumen und Sträuchern gesäumter Weg (Wanderweghinweis Luckau). Er bringt uns auf Sand und Schotter und zum Schluß auf schmaler Spur nach Luckau zurück. Eine Holzbrücke verhilft uns auf die andere Uferseite, wo ein breiterer Fahrweg verläuft. Weiter am Fließ, erreichen wir das Zentrum von Luckau an der großen Südpromenade. Schräg links gegenüber zweigt die Lindenstraße in den historischen Ortskern ab, nach wenigen Tritten schwenken wir schräg links in die Lange Straße und treffen wieder auf dem Marktplatz des Städtchens ein.

Freizeit

Museen und Ausstellungen

Höllberghof
Heideweg 3, 15926 Langengrassau
☎ 035454-7405 (Fax -604)

Heimatmuseum Calau
Kirchstraße 33, 03205 Calau
☎ 03541-2973

Heimatmuseum Dahme
Töpferstraße 6, 15935 Dahme/Mark
☎ 035451-493

Heimatmuseum Luckau
Lange Straße 71, 15926 Luckau
☎ 03544-2293

Heimatstube Sonnewalde
Im Vorderschloß, 03249 Sonnewalde
☎ 035323-479

Technikmuseum Calau
Altnauer Str. 71, 03205 Calau
☎ 03541-2002 (tel. Anmeldung erforderlich)

Gärten der Sinne
Bergstr. 31, 15926 Gehren
☎ 035455-3887

Heidegarten Langengrassau
Luckauer Str. 61, 15926 Langengrassau

Dammühle
15938 Wildau-Wentdorf
☎ 035453-294 (auch Fax)

Alte Mühle
Konrad Seidel, 03205 Gosda/OT Zwietow

Baden

Freibad Luckau
Am Anger, 15926 Luckau
☎ 03544-2495

Waldbad Crinitz
Bergener Straße, 03246 Crinitz

Schwimmbad Calau
Ziegelstraße, 03205 Calau
☎ 03541-800204

Findlingsgarten u. Bergbaufolgelandschaft

Infozentrum Wanninchen
15926 Görlsdorf
☎ 03544-508061 (Fax -508062)

Feste feiern

Ostern: Ostereierwalen (Eiertrudeln) auf dem
 Höllberghof
April: Töpfermarkt in Crinitz
Mai: Höllbergfest
Oktober: Erntedankfest auf dem Höllberghof

NIEDERLAUSITZER LANDRÜCKEN

Natur(park)-Produkte

Hofläden
Ökogut Ogrosen, 03205
☎ 035436-218

Fische
Ökologische Teichwirtschaft Fürstlich Drehna
Calauer Straße 21, 03246 Fürstlich Drehna
☎ 035324-443 Fax -38519)

Seilerei
Hedwig Hupfer
Brauhausgasse 9, 15926 Luckau
☎ 03544-2630

Brennerei
Landgut Brennerei, 15938 Sellendorf
☎ 035452-647

Töpfereien in Crinitz
(Besichtigung nach Anmeldung)
Christel Kiesel
Hauptstraße 6, ☎ 035324-650
Detlef Klausch
Hauptstr. 93a, ☎ 035324-483
Klaus-Dieter-Tunsch
Groß Mehßower Str. 6, ☎ 035324-444

In der Calauer Schweiz bei Werchow.

NIEDERLAUSITZER HEIDELANDSCHAFT

Naturparkverwaltung
Markt 20
04924 Bad Liebenwerda
☎ 035341-6150 (Fax -61514)

Naturwacht
Markt 20
04924 Bad Liebenwerda
☎ 035341-10192

An der Elstermühle 7
04928 Plessa
☎ 03533-510880

KLOSTER DOBERLUG - SCHWARZE ELSTER - BRIKETTFABRIK LOUISE - BAD LIEBENWERDA

Weite Heide zwischen zwei Elstern

Der Begriff „Heide" wurde früher in unserer Gegend oft für trockene Waldgebiete verwendet, die nur anspruchslosen Baumarten wie etwa der Kiefer geeignete Wuchsbedingungen boten. Diese Wälder standen meist für die Allgemeinheit offen und wurden zur Viehweide, als Holzlieferant und mit der Laubstreu als Düngelieferant genutzt. Heute werden sie ausschließlich forstlich bewirtschaftet, doch noch immer prägen Namen wie die Dübricher Heide, Rückersdorfer Heide oder Drössiger Heide den im Süden der Mark liegenden Naturpark Niederlausitzer Heidelandschaft. Sein Wappentier ist das störungsempfindliche Auerhuhn, das in den ausgedehnten Waldgebieten lebt. Städte wie Bad Liebenwerda, das für sein gesundes Mineralwasser und heilende Moorbäder bekannt ist, Doberlug-Kirchhain, das einerseits mit der Kirche des Zisterzienser-Klosters und andererseits mit vielen Spuren des Weißgerberhandwerks aufwartet und die Sängerstadt Finsterwalde liegen im oder am Naturpark. Zwei große Fließgewässer strömen durch das Gebiet: Die Kleine Elster, die östlich des Naturparks entspringt und mitten durch ihn hindurchfließt, und die aus Sachsen kommende Schwarze Elster, die ihn im Süden und Westen begrenzt. Der Naturpark liegt in einer vergleichsweise alten, von der Eiszeit geprägten Landschaft. Vor ungefähr 180.000 Jahren modellierten Gletscher das Gebiet nördlich der Schwarzen Elster. Der letztmalig vor etwa 20.000 Jahren über Brandenburg hinweggehende Gletschervorstoß erreichte nur noch den Berliner Raum und ließ die Naturparkregion unangetastet. Das hat auf die heutige Gestalt der Oberflächenformen einen immensen Einfluß. Denn anfangs sah es in Teilen der Niederlausitz nicht anders aus als heute etwa in der Uckermark. Doch Wind und Wetter nagten am Erdboden und ließen in den vergangenen vielen Jahrtausenden die einst schroffe Landschaft seichter werden. Nährstoffe versickerten langsam im Boden, und so prägen heute überwiegend arme Böden das Altmoränenland. Typisch ist das vielerorts in geringer Tiefe anstehende Raseneisenerz, ein Ortstein, das sich bei eisenhaltigem Grundwasser durch Ablagerung bilden kann. Das Erz wurde einst verhüttet, und auffällig viele Dorfkirchen bestehen aus diesem Gestein. Eine weitere Eigentümlichkeit zeichnet Altmoränengebiete aus: ihre Armut an

NIEDERLAUSITZER HEIDELANDSCHAFT

Seen. Doch der Mensch hat in den letzten Jahrhunderten eine stattliche Anzahl künstlicher Gewässer geschaffen. Stellenweise gibt es Teichgebiete, in denen Fische gezüchtet werden, so bei Doberlug, Fischwasser und Maasdorf. Der überwiegende Teil ging jedoch aus ehemaligen Tagebaurestlöchern hervor, so im Raum Tröbitz-Domsdorf, bei Doberlug-Kirchhain, Plessa und in den Großtagebauen Kleinleipisch und Koyne-Grünewalde. Die älteren Restseen sind inzwischen wieder von der Natur in Besitz genommen und dienen teilweise als Naherholungsgebiete, wie in Bad Erna oder dem Grünewalder Lauch. Anfangs wurde die Braunkohle meist noch untertage gefördert, später in den alles verschlingenden Tagebauen. Bei Doberlug gibt es sogar ein kleines Vorkommen der Steinkohle. Bereits 1847 wurde in Tröbitz im Nordwesten des Naturparks der Tief- und Tagebau Pauline in Betrieb genommen. Eine besondere Kostbarkeit ist die Brikettfabrik Louise im benachbarten Domsdorf. Von 1882 bis 1991 wurden hier Briketts geformt, und inzwischen ist die Fabrik als älteste in Europa erhaltene komplette Anlage ein technisches Denkmal. Ein „Denkmal" militärischer Zeiten ist der ehemalige Truppenübungsplatz Bad Liebenwerda. Riesige, überwiegend von Heidekraut bewachsene offene Flächen zeichnen das frühere „Taktikgelände" und den Schießplatz aus. Doch wo einst Granaten explodierten, grasen heute Schafe, um die Landschaft für Tierarten wie Wiedehopf oder Ziegenmelker offen zu halten.

Informationen

Tourismusverband Elbe-Elster-Land
Markt 16, 04924 Bad Liebenwerda
☎ 035341-30652

Landkreis Elbe-Elster, Kulturamt
Grochwitzer Str. 20, 04916 Herzberg
☎ 03535-45644

Förderverein
Naturpark Niederlausitzer Heidelandschaft
An der Elstermühle 7, 04928 Plessa
☎ 03533-5206

Fremdenverkehrsbüro Elsterwerda
Hauptstr. 12, 04910 Elsterwerda
☎ 03533-65201

NABU-Regionalverband
„Biologischer Arbeitskreis Bad Liebenwerda"
Uwe Albrecht
Am Park 104, 04910 Elsterwerda
☎ 03533-164117

Wanderung

Um das Kloster Doberlug

Verkehrsmöglichkeiten Mit der Bahn (Falkenberg – Cottbus oder Fürstenberg – Berlin – Elsterwerda / Hoyerswerda) nach Doberlug-Kirchhain. Vom Bahnhof zunächst Richtung Doberlug und dann mit der Tiergartenstraße zur Stadtmitte und dem dahinterliegenden Kloster. Mit dem Auto auf der A13 Berlin – Dresden bis zur Ausfahrt Freienhufen, dann über Finsterwalde nach Doberlug.
Parkmöglichkeiten Vor dem Kloster- / Schloßgelände.
Streckenlänge 7 Kilometer.
Höhenunterschiede Gering.
Karte Landkreis Elbe-Elster und Förderverein Naturpark Niederlausitzer Heide: Wander- und Erlebniskarte Elbe-Elster-Kreis. 1:52.000.

Rastmöglichkeiten Im NSG Buchwald.

Einkehrmöglichkeiten In Doberlug mehrere Gelegenheiten.

Wissenswertes Im Jahr 1165 wurde das Kloster *Doberlug* gegründet. 1547 wurde nach der Säkularisierung neben dem Kloster unter Verwendung bestehender Gebäudeteile ein Wasserschloß errichtet, das in der Folgezeit noch umgestaltet wurde. - *Kirchhain* war einst im Besitz des Klosters und erhielt 1235 Marktrecht. Zur Blüte kam der Ort im 17. Jahrhundert durch das Weißgerber- und Kürschnerhandwerk. In einem früheren Weißgerberhaus ist ein einzigartiges Museum untergebracht.

Tourenbeschreibung Direkt vor der Portalzufahrt zum Kloster zweigt vom Parkplatz ein kleiner, kopfsteingepflasterter Fußweg Richtung Kleine Elster ab (roter Querbalken). Eine Brücke führt uns über das erstaunlich schnell fließende Gewässer, dahinter begleitet uns eine Eichenallee ein Stück nach rechts. In der Kurve gehen wir jedoch geradeaus weiter, während die stattliche Allee nach links abknickt. An einer knorrigen Hainbuche zweigt der Wanderweg durch das NSG Buchwald nach links ab. Bänke laden zu einer Pause. Vorwiegend Rotbuchen und Stiel- und Traubeneichen prägen den Wald, in dem ungewöhnlich viel Totholz vorhanden ist. In einem Linksbogen überqueren wir kaum merklich zwei kleine gemauerte Brücken und treffen dann wieder auf die Allee. Unter dem Kronendach der Bäume schwenken wir nach rechts. Bald weicht der Wald kleineren und größeren Wiesen. Schließlich kreuzen wir die Eisenbahnlinie Cottbus – Leipzig. Wie für die Mark typisch, umgeben Roßkastanien den Kreuzungspunkt. Dahinter blicken wir auf die locker verteilt stehenden Häuser von Schulz, laufen rechter Hand durch die Siedlung und biegen am Ende nach rechts auf Höhe eines Trafohäuschens in einen einladenden Feldweg ab. Nun folgt ein eindrucksvoller Abschnitt mit ein paar knorrigen Obstbäumen, breitkronigen Eichen, einer fünfzehnstämmigen Kopfweide und dichten Schlehdornhecken. Dann unterqueren wir eine

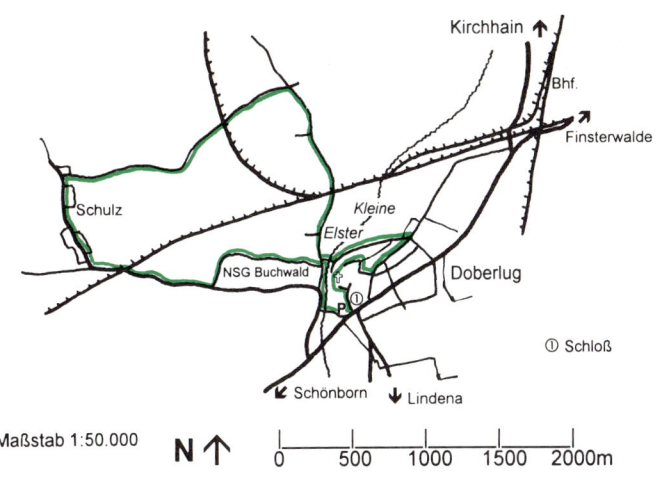

Maßstab 1:50.000   N ↑   0   500   1000   1500   2000m

kleinere Bahnlinie, und ein von links kommender, breiterer Fahrweg nimmt uns auf (rechts herum). Wir treten wieder in den Buchen-Eichenmischwald ein, in dem auch Hainbuchen anzutreffen sind, und wandern neben einem kleinen Bach durch den Wald. Genau zwischen den beiden geöffneten Halbschranken der Bahnlinie Cottbus – Leipzig rückt die in einiger Entfernung stehende Klosterkirche in unser Blickfeld. Über die Gleise hinüber, müssen wir noch einige Meter auf dem Fahrweg bleiben und biegen dann nach links auf einen Wiesenweg ab, an dessen Ende uns eine Fußgängerbrücke über die Kleine Elster erwartet. Dahinter treffen wir auf die Reste der Klostermauer, die bald von schmalen Gärten abgelöst wird, wenn wir linker Hand an ihr entlanglaufen. Am Ende des sandigen Weges biegen wir spitzwinklig nach rechts in die Grimmer Straße ab. Sie bringt uns zur Schloßstraße, wir wenden uns nach rechts und laufen nun in einem Linksbogen auf die Schloß- und Klosteranlage zu. Am auffälligen Westportal der Klosterkirche gehen wir rechts vorbei, umkurven dann das Kirchenschiff, bis wir das Schloß erspähen. Am Schloßgraben halten wir uns rechts und erreichen so wieder das Portal der Schloßmauer und dahinter den Parkplatz.

Ausflüge

Brikettfabrik Louise

Nach 110 Jahren des Betriebs wurde die Brikettfabrik Louise nahe Domsdorf 1992 stillgelegt. In der Fabrik wurde die in der Umgebung geförderte Braunkohle getrocknet und zu Briketts geformt. Die Anlage ist ein einmaliges Ensemble, großenteils noch in der ursprünglichen Bauweise erhalten und von einem Verein zum Museum umgestaltet worden.

Elstermühle in Plessa

Aus dem Jahr 1580 liegt die erste schriftliche Erwähnung einer Schneidemühle an der Schwarzen Elster bei Plessa vor. Der heutige Fachwerkbau geht auf das Jahr 1711 zurück. Daß die Anlage sehr viel Mühlenromantik ausstrahlt, ist dem Förderverein des Naturparks zu verdanken, der den maroden Bau erwarb und die Restaurierung vorantrieb. Inzwischen plätschert sogar wieder Elsterwasser über das Mühlrad.

Museumsdorf Fischwasser

Das Dorf Fischwasser südöstlich von Doberlug-Kirchhain ist mit seinen teils alten Gebäuden wie ein großes Freilandmuseum. Dazu gehören die Fachwerk-Dorfkirche aus der Zeit um 1700, der frühere Dorfkrug aus dem 19. Jahrhundert und ein Blockhaus von 1791, das Elemente eines Umgebindehauses aufweist.

Lebendige Streuobstwiesen

Um Hohenleipisch und Döllingen wird die lange Geschichte des Obstbaus gepflegt. In traditioneller Weise wachsen unter den Obstbäumen Erdbeeren heran und grasen Schafe. In und unter den knorrigen Bäumen leben viele seltene Insektenarten, und auch zahlreiche Vögel bevorzugen die alten Streuobstwiesen. In Döllingen informiert ein Naturlehrpfad den interessierten Besucher.

Erholung im alten Tagebau

Die riesigen mit Wasser gefüllten Restlöcher der Braunkohleförderung locken heute als reizvolle Erholungsgebiete. Sandstrände, schattige Wälder, Campingplätze oder Ferienhäuser ziehen die Badehungrigen nach Bad Erna bei Doberlug-Kirchhain oder ins Naherholungsgebiet „Grünewalder Lauch" im Südosten des Naturparks.

Rothsteiner Felsen

Westlich des Dorfes Rothstein ragt ein sehr altes Gestein durch die eiszeitlichen Ablagerungen hindurch. Es ist in Brandenburg nur hier auftretende, sogenannte Kieselsinter-Grauwacke, die in der Umgebung auch als Baumaterial verwendet wurde, so etwa beim Lubwartturm vor Bad Liebenwerda. Führungen werden über die Naturwacht Bad Liebenwerda angeboten (☎ 035341-61522).

Streuobstbäume mit schmalen Äckern bei Hohenleipisch.

Radtour

Mit zwei Elstern durchs Elsterland

Verkehrsmöglichkeiten Mit der Bahn (Wittenberge – Berlin – Jüterbog – Bad Liebenwerda, Falkenberg – Hoyerswerda oder Falkenberg – Senftenberg – Cottbus) nach Bad Liebenwerda. Mit dem Auto auf der A13 Berlin – Dresden bis zur Abfahrt Ruhland und auf der B101 nach Bad Liebenwerda.
Parkmöglichkeiten Am Bahnhof von Bad Liebenwerda.
Streckenlänge 54 Kilometer.
Höhenunterschiede Insgesamt 70 Höhenmeter bergauf und bergab.
Straßenbeschaffenheit 13,5 Kilometer fester Sand, innerorts teils Kopfsteinpflaster, sonst Asphalt.
Karte Landkreis Elbe-Elster und Förderverein Naturpark Niederlausitzer Heide: Wander- und Erlebniskarte Elbe-Elster-Kreis. 1:52.000.
Bademöglichkeiten Im Erlebnisbad Tröbitz und im Rückersdorfer See.
Rastmöglichkeiten An den Maasdorfer Teichen, in Wahrenbrück am Kleinen Spreewald und im Wald etwa 500 Meter westlich von Schulz.
Einkehrmöglichkeiten In Wahrenbrück, Tröbitz, Doberlug-Kirchhain, Lindena, Rückersdorf, Theisa und Bad Liebenwerda.
Wissenswertes *Bad Liebenwerda* entstand als Stadt zwischen einer slawischen Fischersiedlung und einer Wasserburg. Reste der Burg sind im 32 Meter hohen Lubwartturm erhalten. Die am großzügigen Marktplatz stehende, backsteinerne Nikolaikirche geht auf das 14. Jahrhundert zurück. - In der einstigen Ackerbürgerstadt *Wahrenbrück* mündet die Kleine Elster in die

NIEDERLAUSITZER HEIDELANDSCHAFT

Schwarze Elster. Der Zusammenfluß verteilt sich auf mehrere Arme und lockt als „Kleiner Spreewald" mit Kahnfahrten und Natureindrücken. Für den Bau der Kirche wurde Raseneisenstein verwendet. Er bildet sich aus eisenhaltigem Grundwasser im Boden. Zur Verarbeitung des Erzes wurde in Wahrenbrück 1320 das erste Hammerwerk Deutschlands errichtet. - Auch viele andere Kirchen der Region bestehen aus dem eigentümlichen Gestein, so die Kirchen von Friedersdorf und Gruhno. Das Gotteshaus von *Lindena*, 1253 überwiegend aus Backsteinen erbaut, gilt als Schulbau der Doberluger Zisterziensermönche und ähnelt in seinem Grundriß der Klosterkirche.

Anmerkung Wer in Wahrenbrück zu einer Kahnpartie durch den kleinen Spreewald starten möchte, muß sich vorher beim Fährbetrieb anmelden: Heinz Ludwig, ☎ 035341-95096.

Tourenbeschreibung Aus dem Bahnhofsgebäude von Bad Liebenwerda hinaus, überqueren wir die Straße und verschwinden in der angrenzenden Grünanlage (Hinweis Elsterwanderweg). Nach wenigen Metern entdecken wir die Schwarze Elster und radeln rechts an ihr entlang. An der folgenden Brük-

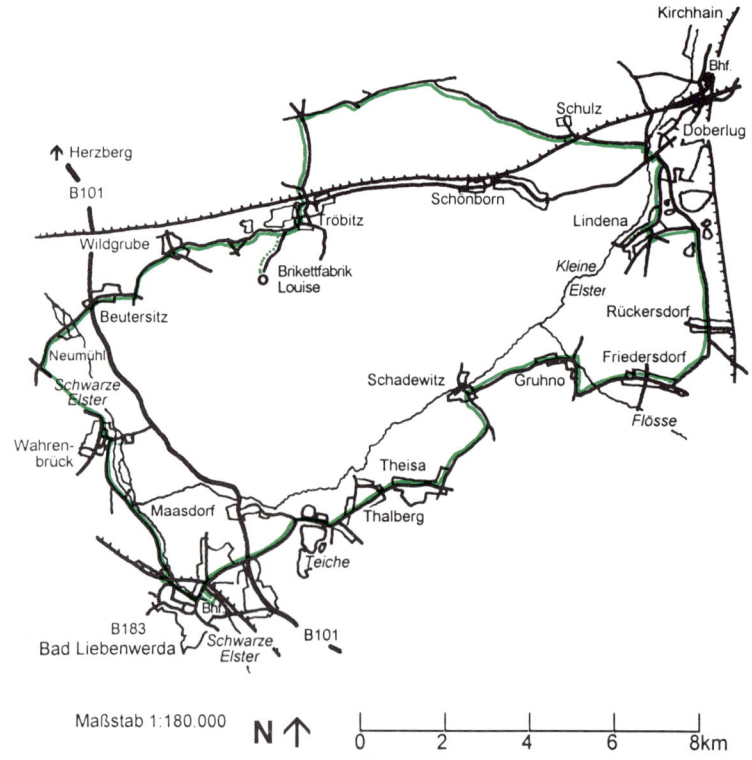

Maßstab 1:180.000   N ↑   0   2   4   6   8km

ke können wir mit dem Hinweis nach Wahrenbrück die Uferseite wechseln (geradeaus lockt ein Besuch im Zentrum von Bad Liebenwerda). Der Uferweg führt uns an die Eisenbahn heran, die uns zu einem Ausweichmanöver zwingt: Links herum treffen wir auf eine Unterführung, hinter der wir wieder an das Fließgewässer zurückkehren können. Auf halber Strecke nach Wahrenbrück bekommen wir Asphalt unter unsere Räder, im Ort fällt unser Blick zuerst auf die Postmeilensäule neben der Elsterbrücke. Wir sollten rechts herum einen Schlenker über die Schwarze Elster machen (Hinweis Kahnanlegestelle) und dahinter in der schräg nach rechts abzweigenden Lindenallee verschwinden. An ihrem Ende fließt die Kleine Elster, zu der wir in dem bald rechts abgehenden Weg durch einen kleinen Park heranfahren können. Hier bietet sich im Schatten alter Bäume eine Rast und sogar eine Kahnpartie an. Zurück an der Postmeilensäule, radeln wir auf der Brückenstraße in die Ortsmitte von Wahrenbrück. Dort zweigt die Uebigauer Straße ab, die uns am Heimatmuseum und der Stadtkirche vorbeiführt. Auf einer Allee lassen wir das Städtchen dann hinter uns und zweigen auf freier Strecke nach rechts ab (Hinweis Beutersitz). Hinter Neumühl blicken wir ein letztes Mal auf die Schwarze Elster, die hier in mehrere Arme verzweigt ist. In Beutersitz müssen wir die B101 überqueren, hinter dem Ort knickt die Vorfahrtstraße nach links ab. In Wildgrube ist Doberlug geradeaus angeschrieben. Wenig später treffen wir auf erste Anzeichen der früher in der Gegend stattfindenden Kohleförderung: Den Ortsteil Braunkohlenwerk und die anschließenden, wassergefüllten Restlöcher. Kurz vor dem Ortsschild von Tröbitz bietet sich nach rechts ein rund ein Kilometer langer Abstecher zur Brikettfabrik Louise an. In Tröbitz biegen wir gleich zu Beginn in die Liebenwerdaer Straße ab. Sie ist anfangs asphaltiert, im Übergang zum Kopfsteinpflaster lenken wir nach rechts in die Schadewitzer Straße. Nach wenigen Tritten geht es dann links in den Anliegerweg. Über die Gleise der Linie Falkenberg – Doberlug hinüber, steuern wir schräg nach rechts in die Buchhainer Straße. Auf Schotter kommen wir in den Wald hinein, passieren die Sand- und Kiesgrube und biegen an der folgenden Mehrwegkreuzung nach rechts ab (Hinweis Kirchhain, Alte Torgauer Straße). Auf kurviger Strecke radeln wir zunächst überwiegend durch Kiefernbestände, bald lockern jedoch auch Buchen- und Eichenvorkommen das Waldbild auf. Zweimal richten wir uns nach dem Hinweis nach Doberlug und biegen beim zweiten Mal schräg nach rechts ab. An den Häusern von Schulz öffnet sich der Wald wieder, wir überqueren abermals die Bahngleise und nähern uns Doberlug. Nur eine Baumreihe von der Kleinen Elster entfernt knickt der breite Fahrweg nach rechts ab. Nach wenigen Metern zweigt der markierte Wanderweg nach links über das Gewässer ab und führt uns zum Schloßportal mit dem dahinterliegenden Schloß und der Klosterkirche. Wir müssen uns in Richtung Stadtmitte unter den Verkehr auf der Hauptstraße mischen, biegen aber sofort wieder rechts herum ab (Hinweis Rückersdorf). Noch in Doberlug zweigt dann abermals nach rechts die Landstraße nach Lindena ab. Wenn sich der breite Dorfanger von Lindena öffnet, biegen wir nach links ab (Hinweis Gruhno). Wir sollten jedoch zuvor der Dorfkirche und dem Bauernmuseum einen Besuch abstatten. An der gleich folgenden Gabelung wenden wir uns nach links (Fischwasser Straße) und radeln auf Asphalt aus dem Ort hinaus.

NIEDERLAUSITZER HEIDELANDSCHAFT

An der Landstraße nach Rückersdorf geben wir ein Handzeichen nach rechts und haben bald einen eigenen Radweg zur Seite. Dieser führt hinter Rückersdorf automatisch an die rechts abzweigende Landstraße mit Ziel Friedersdorf heran. In Friedersdorf prägt ein sehr langer, grüner Anger das Dorfbild, und auch hier erwartet uns eine sehenswerte Raseneisenstein-Kirche. Wir folgen der Vorfahrtstraße nach Gruhno, wo vis à vis der hübschen Dorfkirche die Flösse plätschert, und später nach Schadewitz, wo wir noch am Ortsrand nach links abbiegen. Theisa ist angeschrieben, und bergan erreichen wir den Ort. Nur ein kleines Wäldchen trennt Theisa von Thalberg, dahinter kommen wir mit Schwung in die Maasdorfer Teichlandschaft hinein und können bei einer Pause zahlreiche Wasservogelarten beobachten. Aus den Teichen heraus, überqueren wir die B101 und erreichen Bad Liebenwerda. Stetig bergab müssen wir an den Bahngleisen die Vorfahrt gewähren, radeln links über die Schienen und folgen dann linker Hand den Gleisen zurück zum Bahnhof.

Kirche von Lindena mit Raseneisenstein im unteren Teil des Mauerwerks.

NIEDERLAUSITZER HEIDELANDSCHAFT

Freizeit

Museen

Kreismuseum Bad Liebenwerda
Dresdner Str. 15, 04924 Bad Liebenwerda
☎ 035341-12455

Weißgerbermuseum Doberlug-Kirchhain
Potsdamer Str. 18, 03253 Doberlug-Kirchhain
☎ 035322-2293

Heimatstube Domsdorf
Dorfstr. 13, 04924 Domsdorf
☎ 035341-94853

Bauernmuseum Lindena
Dorfstr. 19, 03238 Lindena
☎ 035322-2071

Brikettfabrik „Louise"
04924 Domsdorf
☎ 035341-94005

Mühlen

Elstermühle Plessa
An der Elstermühle 7, 04928 Plessa
☎ 03533-510880

Mühlenhofmuseum Grünewalde
Schulstr. 4a, 01979 Grünewalde
☎ 03574-761148

Kahnfahrten

Heinz Ludwig, 04924 Wahrenbrück
☎ 035341-95096

Fleisch / Streuobst

Bieligkhof
Fischergasse 16, 04924 Bad Liebenwerda
☎ 035341-2009

Schradenhof
Sansenweg 8, 04932 Gröden
☎ 035343-61385

Fische

U. Richter
Liebenwerdaer Str. 39, 04924 Thalberg
☎ 035341-2925

Hans Jürgen Kluth
Riesaer Str. 24, 04924 Kröbeln
☎ 035341-10272

Teichwirtschaft Hammermühle
H. Keil, 03253 Doberlug-Kirchhain
☎ 035322-2231

Reiterhöfe / Kremser

Reiterhöfe bzw. Kremser gibt es in Beutersitz, Tröbitz, Bad Liebenwerda, Dreska, Hohenleipisch, Plessa, Dobra, Gröden, Werenzhain und Friedersdorf: Adressen und Telefonnummern geben die Fremdenverkehrseinrichtungen.

Baden

Erlebnisbad Tröbitz
Liebenwerdaer Chaussee 1, 03253 Tröbitz
☎ 035326-90303

Möglichkeiten gibt es zudem in alten Tagebauen und Kiesgruben (Strandbad Erna, Rückersdorfer See und Waldbad Zeischa)

Naturlehrpfade

„Streuobstwiesen" in Döllingen
„Welkmühle" in Grünewalde
„Pechofenberge" in Hohenleipisch
„Maasdorfer Teiche" in Maasdorf

Feste feiern

Juli: Rothsteiner Felsenfest
August: Sängerfest in Finsterwalde
Mai / Juni: Mühlenfest in Plessa
Oktober: Apfelfest im Naturpark

Natur(park)-Produkte

Töpfereien in Hohenleipisch

Annett Lück, Bahnhofstr. 26 (Führung mgl.)
☎ 03533-7724

Andreas Biebach, Bahnhofstr. 67
☎ 03533-7826

Zwiebelzöpfe

Dora Thieme
Waldstr. 3, 04932 Merzdorf
☎ 03533-811048 (Verkauf August-September)

Honig

R. Gonschorek
Von-Delius 33, 04928 Plessa
☎ 035337-510237

Gemüse und Spargel

Agrargenossenschaft Oppelhain
Neuer Weg 6, 03238 Oppelhain
☎ 035325-427

97

SCHLAUBETAL

Naturparkverwaltung
Naturschutzstation Wirchensee
15898 Treppeln
☎ 033673-422 (auch Fax)

Naturwacht
Naturschutzstation Wirchensee
15898 Treppeln
☎ 033673-55097

SIEHDICHUM - KUPFERHAMMER - KLOSTER NEUZELLE - WASSERMÜHLEN

Romantisches Bachtal im Osten Brandenburgs

„Wo Brandenburg am romantischsten ist" sagen Kenner über das Schlaubetal. Und tatsächlich: Folgt man der Schlaube, rückt der Talrand immer wieder dicht zusammen und hält verträumte, malerische Ecken bereit. Laut plätschert das Wasser, Geröll und umgestürzte Bäume stellen sich dem Bach in den Weg. Und wer das Tal in Ost-West-Richtung durchquert, muß einen Höhenunterschied von stellenweise mehr als 30 Metern überwinden. So ist es verwunderlich, daß der Begriff „Schweiz" hier nicht zur Charakterisierung des Landstrichs herhalten mußte. Der etwa 20 Kilometer lange Abschnitt der Schlaube zwischen Quelle und Mündung in den Müllroser See ist aber nicht nur ein Erlebnis für die Sinne. Hier hat sich zudem eine einmalige Tier- und Pflanzenwelt erhalten, die gemeinsam mit dem Oelse- und Dorche-Tal und der umgebenden Hochfläche sowie dem nordöstlichen Teil des früheren militärischen Übungsplatz Lieberoser Heide, einer weiten, insbesondere für Insekten sehr bedeutungsvollen Landschaft, 1995 zum Naturpark erklärt wurde.

Ausschlaggebend für die starken Höhenunterschiede und die steilen Geländeeinschnitte war ein besonderes Ereignis vor rund 90.000 Jahren im Brandenburger Stadium der Weichseleiszeit: Durch den Wechsel von Kälte- und Wärmezeiten innerhalb des generellen Zurückschmelzens der Gletscher zog sich das Eis nicht gleichmäßig zurück, sondern in Schüben. Dabei trieben die herabstürzenden Wassermassen immer an anderer Stelle Vertiefungen in den Boden. Auf diese Weise bildete sich im Lauf von Jahrzehnten und Jahrhunderten eine Kette von trichterförmigen Vertiefungen im sandigen, damals völlig vegetationslosen Boden. Das Schlaubetal war geboren. Südlich davon bildete sich eine weite ebene Fläche aus dem herausgespülten Erdmaterial, die heutige Reicherskreuzer Heide. Die tiefsten Stellen der vom Eis geschaffenen Senken füllten sich mit Grundwasser und wurden zu langgezogenen Seen, die sich wie bei einer Perlenkette aneinanderreihen. Die Verbindung zwischen den Seen wurde durch die Schlaube hergestellt, die sich im Talboden einen geeigneten Weg suchte. Zahlreiche Quellen und mehrere, naturnahe Bäche führen der Schlaube weiteres Wasser zu, die auf 16 Kilometern Strecke einen Höhenunterschied von 40 Metern überwindet - beste Bedingungen für die Errichtung von Wassermühlen. Am Schlaubelauf gab es die Schlaube- und Mittelmühle sowie die Kieselwitzer-, Bremsdorfer-, Ragower- und Müllroser Mühle, dazu den Kupferhammer unweit Mixdorf. Im parallel liegenden Nebental der Oelse verrichteten die Klinge-, die Janken- und die Walkenmühle und die Mühle von Oelsen Arbeit. An der Bremsdorfer Mühle, unweit der B246, kann man noch Mühlenromantik mit einem vom Wasser angetriebenen Wasserrad erleben. Gelenkt wurde die Entwicklung der Region lange Zeit vom Zisterzienserkloster Neuzelle, das noch in weiten Teilen erhalten ist und seiner prunkvollen Innenausstattung der Kirche wegen auch als „Barockwunder der Mark" bezeichnet wird. Die gut erhaltene Klosteranlage thront über dem Odertal; die Oder hat sich wenige Kilometer flußaufwärts gerade mit der Lausitzer Neiße vereinigt. Ursprünglich war das 1280 begonnene Kloster ein schlichter Zisterzienserbau, er wurde jedoch im 18. Jahrhundert unter dem Abt Martinus Graff, einem Schäfersohn aus dem nahegelegenen Wellmitz, barock umgebaut und um Klostertor, Säulengang und Sommerabtei erweitert. Ebenso bekannt wie das Kloster ist die benachbarte Klosterbrauerei, in der seit über 400 Jahren Bier gebraut wird.

Informationen

Tourismusinformation Neuzelle
Stiftsplatz 7, 15898 Neuzelle
☎ 033652-6102 (Fax -8077)

Fremdenverkehrsverein Oder-Neiße-Region
Lindenallee, 15890 Eisenhüttenstadt
☎ 03364-413690 (Fax -413687)

Fremdenverkehrsverein Neißeland Guben
Berliner Str. 30a, 03172 Guben
☎ 03561-3867 (Fax -3910)

Tourismusverein Frankfurt (Oder)
Karl-Marx-Str., 15230 Frankfurt (Oder)
☎ 0335-325216 (Fax -22565)

Tourismusverband Oder-Spree-Seengebiet
Berliner Str. 30, 15848 Beeskow
☎ 03366-253300 (Fax -253322)

Märkische Tourismuszentrale
Berliner Str. 30, 15848 Beeskow
☎ 03388-22949

BUND Bildungs- und Infozentrum
Schlaubemühle, 15898 Treppeln
☎ 033673-5952

Waldschule / Jugendwaldheim Müllrose
Hohenwalder Weg 23, 15299 Müllrose
☎ 033606-4962

Waldschule am Kleinsee
Forsthaus Eichhorst, 03172 Pinnow
☎ 035691-4223

NABU-Kreisverband Beeskow
Storkower Str. 11, 15848 Beeskow

Wanderung

Rund um Siehdichum

Verkehrsmöglichkeiten Mit dem Auto auf der B246 Beeskow – Eisenhüttenstadt bis zum Parkplatz an der Bremsdorfer Mühle.
Parkmöglichkeiten Parkplatz an der B246 / Bremsdorfer Mühle.
Streckenlänge 12,5 Kilometer.
Höhenunterschiede Insgesamt 130 Höhenmeter bergauf und bergab.
Bademöglichkeiten Am Ostufer des Großen Treppelsees wenige Meter nördlich des Parkplatzes an der B246.
Rastmöglichkeiten Am Südufer des Großen Treppelsees, zahlreiche Bänke entlang der Strecke.

SCHLAUBETAL

Einkehrmöglichkeiten Im Forsthaus Siehdichum und an der Bremsdorfer Mühle.

Karte Fremdenverkehrsverein Schlaubetal: Wanderungen durch die Mark. Das Schlaubetal. 1:50.000. Müllrose. - Kompaß: Spezial Wanderkarte Schlaubetal. 1:50.000. Starnberg.

Wissenswertes Schon 1746 wurde auf einer Hügelnase über dem Hammersee ein Jagdhaus für den Neuzeller Abt Gabriel erbaut. Das heutige Forsthaus *Siehdichum* stammt aus dem Jahr 1908 und wird als Gaststätte genutzt. - In die Schlaube münden mehrere kleine Bäche; dazu zählt auch das *Planfließ*. Ähnlich wie die Schlaube plätschert es nach eigenen, natürlichen Kräften durch ein meist enges, steilwandiges Tal und bietet mit seinem klaren und gleichwarmen Wasser selten gewordenen Tieren einen Lebensraum.

Tourenbeschreibung Auf dem Parkplatz am Südufer des Großen Treppelsees gehen wir in die der B246 zugewandten Ecke. Hier zeigt uns ein Wanderweghinweis das Forsthaus Siehdichum (blauer Querbalken) an. Wir treten in schattigen Rotbuchenmischwald und können schon nach wenigen Schritten die Wasserfläche des Großen Treppelsees glitzern sehen. Stetig bergab nähern wir uns dem buchtenreichen See und bleiben fortan dem Uferweg treu. Er bringt uns durch sehenswerte, in der Region einmalige Buchenbestände. Sie sind sehr naturnah, was sich am Vorhandensein jüngerer und älterer Bäume und auch absterbender oder bereits toter Rotbuchen zeigt. Ihr morsches Holz ist von Spechthöhlen durchlöchert, und zahlreiche Insekten, Flechten und Pil-

Graugehörnte Heidschnucken bei Henzendorf.

ze beleben die Baumriesen. Der Wanderweg wird stellenweise von einer steilen Böschung begrenzt, die über und über mit Moosen bedeckt ist. Keimlinge der Rotbuchen schieben sich dazwischen, werden aber nur sehr selten älter als einen Sommer. Der Wanderweg führt etwas vom See weg und steigt dann in einen Eichenbestand hinein an. Da das Blattwerk der Eichen weniger dicht ist als das der Rotbuchen, dringt hier mehr Licht bis zum Erdboden durch. Ein Maiglöckchenbestand nutzt dieses aus. An einer verlandeten und von Schwarzerlen bestandenen Bucht verlassen wir dann endgültig den Großen Treppelsee und queren mit dem Hinweis zum Forsthaus Siehdichum einen Rotbuchenwald, der von zahlreichen Hainbuchen durchsetzt ist. Letztere unterscheidet sich von der Rotbuche durch die rauhere Borke und die doppelt gesägten Blätter. Auf kurviger Strecke nähern wir uns der Schlaube und können das breite Fließ rechts herum mittels einer steilstufigen Brücke überqueren. Dahinter nimmt uns nach etwa 50 Metern der Fußweg nach Siehdichum auf (links, gelber Querbalken). Wir überschreiten einen Rücken, dann taucht der Hammersee auf. An seinem Ufer entlang, sehen wir am Ende des Sees bereits die Häusergruppe von Siehdichum. Wir bleiben der Markierung treu, bis wir nach einem Anstieg auf eine schmale Straße treffen. Zur Einkehr nach Siehdichum ginge es zunächst links herum und dann an der Gabelung geradeaus, die weitere Wanderung führt jedoch nach rechts. Nach wenigen Schritten ist eine kleine Kreuzung erreicht. Wir wenden uns nach rechts und setzen unsere Schritte auf buckeliges Kopfsteinpflaster. Die Steine zum Bau der Straße wurden von den eiszeitlichen Gletschern im Gebiet des Schlaubetals in großer Menge liegen gelassen. An einer Gabelung halten wir uns rechts (gelber Punkt) und kommen dann in bewegtes Gelände. Zur Rechten sehen wir einen Eichen-Niederwald. Er ist aus jungen Trieben entstanden, die nach dem Fällen älterer Bäume aus dem Baumstumpf und dem Wurzelwerk emporsprossen. Über das anschließende Wegkreuz geradewegs hinüber, führt der Weg kontinuierlich bergab, bis wir nach einer Linkskurve unvermittelt auf den unter Naturschutz stehenden Teufelssee blicken. Bergan lassen wir das Stillgewässer hinter uns. Ein naturnaher Kiefern-Traubeneichenwald umgibt uns, im Unterwuchs sehen wir die Drahtschmiele, ein Gras, das in dichten Horsten wächst. Das Gemeine Habichtskraut reckt seine gelben Blütenstände in die Luft, und auch der Wiesen-Wachtelweizen ist zu entdecken. Auf den Scherlauchteich zu öffnet sich der Blick wieder, im Sommer sind hier die dumpfen Rufe der Rotbauchunke zu hören. Schließlich treffen wir wieder auf den Großen Treppelsee, wo wir linker Hand den Uferweg unter unsere Füße nehmen (gelber Querbalken). Im Gegensatz zum Westufer ist der Wald am trockeneren und wärmeren Ostufer durch viele Kiefern und eingesprengte Wacholder, Traubeneichen und Rotbuchen geprägt. In einer Bucht verlassen wir bergan den Großen Treppelsee, folgen geradewegs dem Fahrweg und machen so mit dem Stillen Treppelsee Bekanntschaft. Am Ufer wenden wir uns nach rechts, drehen etwa eine drittel Runde um den See und lassen das Gewässer dann auf dem breiten Fahrweg hinter uns. Hinter einer breitkronigen Eiche, die ihre Äste dachartig über den Weg spannt, halten wir uns schräg rechts. Nach wenigen Metern passieren wir eine Schranke, dann entdecken wir den tief eingeschnittenen Abfluß des Stillen Treppelsees. Er mündet in das Planfließ, dem wir nun so dicht wie möglich folgen. Dazu müssen wir den Fahrweg verlassen und tauchen nach links in dichten Laubwald ein. Am Ufer verraten hin und wieder rostfarbene Eisenablagerungen kleine Quellaustritte, und das Planfließ schwingt mit eigenen Kräften durch das schmale, steilwandige Tal. An einer Infotafel treffen wir wieder auf den Wanderweg (gelber Querbalken) und lassen uns von diesem linker Hand über das Planfließ leiten. Nun wandern wir am Talrand entlang und blicken auf kleine Wiesen und in feuchte Erlenbestände (gelber Querbalken). Nahe Bremsdorf umrunden wir eine bis vor wenigen Jahren zum Gemüseanbau genutzte Fläche, deren dunkler, feuchter Niedermoorboden inzwischen wieder von Erlen zurückerobert wird. Schon von weitem hören wir die B246, auf der anderen Straßenseite lockt die Bremsdorfer Mühle mit einem laut plätschernden Wasserrad und einer Einkehrmöglichkeit zu einem Abstecher. Um zum Parkplatz zurückzukommen, bleiben wir jedoch diesseits der Straße und folgen dem dicht daneben verlaufenden Wanderweg Richtung Siehdichum (blauer Querbalken). Ein letztes Mal blicken wir auf die Schlaube, dann passieren wir die Zufahrt zum Campingplatz, bevor wir wieder am Ausgangspunkt eintreffen.

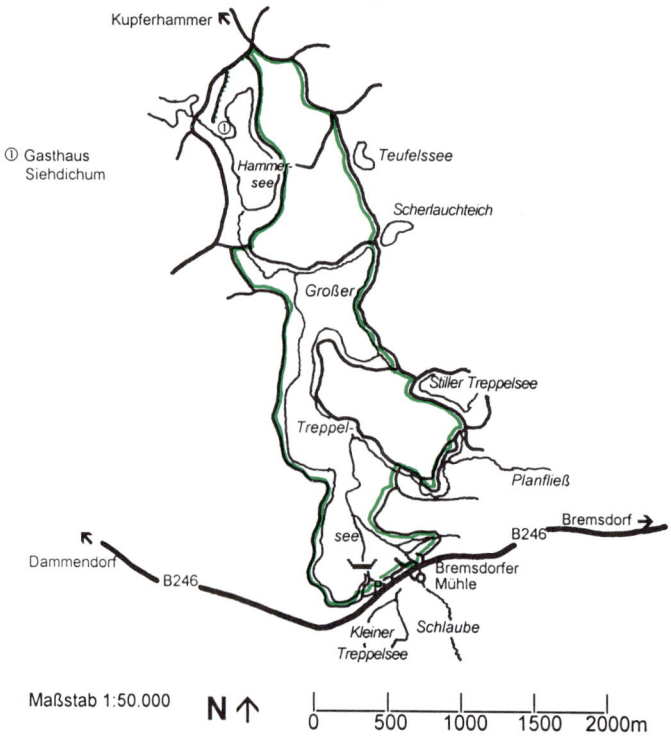

Das Barockwunder der Mark

Das prunkvolle Kloster Neuzelle gilt als der wichtigste Sakralbau der Niederlausitz und ist die nördlichste Barockkirche in Deutschland. 1268 stiftete Heinrich der Erlauchte, Markgraf von Meißen, das am Zusammenfluß von Oder und Neiße gelegene Zisterzienser-Mönchskloster. Im 18. Jahrhundert entstand das heutige Bild mit der Barockkirche St. Marien, Klostertor, Säulengang und Sommerabtei. Ebenso bekannt wie das Kloster ist die benachbarte Brauerei, in der seit über 400 Jahren Bier gebraut wird.

Dorchetal

„Atemberaubend" mag es dem Wanderer oder Radfahrer über die Lippen kommen, wenn er von Neuzelle nach Kummro in das idyllische Dorchetal kommt. Der kurze Bach trieb ehemals sechs Mühlen an, darunter auch die Klostermühle von Neuzelle. Das Mühlrad der Schwerzkoer Mühle rotiert wieder, ein Museum ist im Aufbau. Und wer einen Blick in das Innere der Belger's Mühle wirft, sieht ein komplett erhaltenes Mühlwerk, das noch auf bessere Zeiten wartet.

Weite Heide und hungrige Mäuler

Lange Zeit explodierten Granaten in der Reicherskreuzer Heide. Es entwickelte sich eine große Heidelandschaft, die auch zum Lebensraum des seltenen Ziegenmelkers wurde. Um den Heidecharakter weiterhin zu erhalten, grast eine Heidschnucken-Herde Teile des Gebietes ab. In Henzendorf befindet sich die Heideschäferei, ein Infopunkt liegt am Zugang zum Aussichtspunkt südwestlich von Henzendorf.

Kobbelner Stein

Es fing an mit der Absicht, ein Haus zu bauen. Dabei trat schon nach wenigen Spatenstichen skandinavisches Gestein zutage. Es entpuppte sich schließlich als riesiger Findling mit einem Gewicht von rund 300 Tonnen und einem Umfang von 18,8 Metern. Der Findling, umgeben von Bäumen und Sträuchern, lockt heute als „Kobbelner Stein" Besucher in das Dorf.

Steinernes Dorf

Das Dorf Reicherskreuz im Süden des Naturparks wartet mit zahlreichen feldsteinernen Gebäuden auf, die sich um die Dorfkirche scharen und in ihrer Gesamtheit regionalen Seltenheitswert haben.

Die dicksten Eichen Brandenburgs

In Krügersdorf, einem Ort an der B246 zwischen Grunow und Beeskow, sind die dicksten Eichen Brandenburgs zu bestaunen. Neben der 800-jährigen Dicken Eiche mit einem Stammumfang von 10,30 Metern wachsen hier noch weitere knorrige Exemplare.

Findlingspark

Unweit Henzendorf entsteht in der Reicherskreuzer Heide ein großer Park mit von Künstlern bemalten oder behauenen Findlingen. Die Motiven reichen von alten Schriften über germanische Runen bis hin zu keltischen Steinbildern. Der Park liegt am Stichweg zum Aussichtspunkt. Dieser Weg soll ebenfalls von Steinen gesäumt werden, die markante Geschichtsereignisse von der Zeitenwende bis heute nacherzählen.

Mühlen an der Schlaube und im Oelsetal

Verkehrsmöglichkeiten Mit der Bahn (Prenzlau / Rheinsberg – Berlin – Königs Wusterhausen – Frankfurt/Oder) nach Grunow. Mit dem Auto auf der B246 Beeskow – Eisenhüttenstadt oder auf der A12 Berlin – Frankfurt/Oder zur Abfahrt Müllrose und über Müllrose und Mixdorf nach Grunow.
Parkmöglichkeiten Am Bahnhof Grunow.
Streckenlänge 46 Kilometer.
Höhenunterschiede Insgesamt 180 Höhenmeter bergauf und bergab.
Straßenbeschaffenheit 4,5 Kilometer Waldwege, sonst Asphalt oder Beton.

SCHLAUBETAL

Karte Fremdenverkehrsverein Schlaubetal: Wanderungen durch die Mark. Das Schlaubetal. 1:50.000. Müllrose. - Kompaß: Spezial Wanderkarte Schlaubetal. 1:50.000. Starnberg.
Rastmöglichkeiten An der Schlaubemühle und am Großen Treppelsee.
Einkehrmöglichkeiten In Grunow, Chossewitz, am Wirchensee, in Bremsdorf, an der Bremsdorfer Mühle, im Forsthaus Siehdichum und Mixdorf.
Bademöglichkeiten Im Chossewitzer See nahe der Jugendherberge und im Großen Treppelsee wenige Meter nördlich des Parkplatzes an der B246.
Wissenswertes An der Strecke liegen einige *Wassermühlen* des Schlaube- und des Oelsetals: An der Bremsdorfer Mühle stürzt unter lautem Plätschern Schlaubewasser über das hölzerne Rad, an der Klingemühle im Oelsetal ist nur das symbolisch angebrachte Wasserrad zu besichtigen. Auf das Jahr 1553 geht die Gründung des Kupferhammers zurück. Der Hammer formte jedoch nicht nur Kupfer, sondern auch Eisen, das aus Raseneisenstein der Umgebung gewonnen wurde. - Ein *bronzezeitliches Hügelgrab* unweit Kieselwitz deutet auf die lange Besiedlung der Region hin. Im Volksmund heißt es „Luttchengrab", da die Menschen früher annahmen, kleine Leute lebten in diesen Hügeln.
Tourenbeschreibung In Grunow aus dem Zug gestiegen, fahren wir vor zur Dorfstraße und folgen dieser linker Hand in den Ort hinein. In der Dorfmitte biegen wir dann mit Blick auf die kleine Fachwerkkirche nach rechts ab (Hinweis Weichensdorf). Aus dem Ort hinaus, queren wir bald das Oelsetal, und nach Oelsen hinein kommen wir das erste Mal etwas ins Schwitzen. Hinter dem Ort sind wir gleich wieder in abwechslungsreicher Feld- und Wiesenlandschaft. Über einen Rücken hinüber, taucht Groß Briesen auf, und wir steuern genau auf die Backstein-Kirche zu. Es geht geradewegs durch den Ort hindurch und auf kurviger Allee in den Ortsteil Klein Briesen. Dahinter nimmt uns eine herrliche Birkenallee auf, deren helle Stämme weithin leuchten. Die Färbung entsteht durch kleine Luftblasen, die in der Borke eingeschlossen sind und im Licht weiß erscheinen - so wie auch der Schaum beim Bier. Weichensdorf erreichen wir nicht, denn unmittelbar am Bahnübergang geben wir ein Handzeichen links. So nehmen wir Kurs auf das Tal der Schlaube, machen aber zunächst noch einen kleinen Bogen über Chossewitz. Dazu biegen wir in dem weiten, von Kiefern dominierten Waldgebiet nach links ab (Hinweis Chossewitz). Auf eigenem Radweg kommen wir schließlich mit Schwung in den Ort hinein. Über den Abfluß des Chossewitzer Sees hinüber, bieten sich an der Fachwerkkirche mehrere Abstecher an: So können wir uns links halten, um die Klingemühle mit dem sehenswerten Mühlteich zu erkunden. Oder wir steuern nach rechts und besuchen das am Seeufer gelegene Schloß. In jedem Fall müssen wir rechts am Gotteshaus vorbei und mit der kleinen Vorfahrtstraße aus Chossewitz hinaus (Hinweis L77). Bald sind wir wieder im Wald, und an der Straße Weichensdorf – Treppeln fahren wir nach links. Nun ist es nicht mehr weit bis zum Schlaubetal. In schneller Fahrt erreichen wir die Talsohle. Nachdem wir das hier noch kleine Rinnsal überquert haben, können wir linker Hand die Schlaubemühle mit einer Ausstellung über das Gebiet und vielen Informationen besuchen (und auf dem Fußweg wenige Meter weiter gemütlich rasten). Bergan lassen wir die Talrinne hinter uns und

Mühlenromantik an der Bremsdorfer Mühle.

biegen - auf der Hochfläche angekommen - nach links ab (Hinweis Kiesel-witz). Von Natur aus herrschte hier ein Mischwald aus Kiefern und Trauben-eichen vor, und zahlreiche junge Traubeneichen am Boden zeigen uns die Tendenz zum ursprünglichen Wald an. Welliges, von Bäumen und Hecken gegliedertes Ackerland umgibt Kieselwitz, kurz vor dem Ort befindet sich links hinter dem Acker das bronzezeitliche „Luttchengrab". In Kieselwitz fol-gen wir der Vorfahrtstraße und schwenken hinter der Ortsmitte schräg nach links in den Bremsdorfer Weg. Er führt uns abermals durch landwirtschaftlich genutztes Gebiet nach Bremsdorf. Hier überqueren wir die B246 und lassen uns in einem langen Linksbogen durch den sehenswerten Ort treiben, bevor wir uns unter den Verkehr auf der Bundesstraße mischen (rechts herum). Wir kommen mit viel Speed in das Schlaubetal hinab, passieren die Bremsdorfer Mühle und verlassen die Straße rechter Hand über den Parkplatz. In seiner hinteren linken Ecke verschwindet der Wanderweg nach Siehdichum im Laubmischwald. Bergab gelangen wir an den Großen Treppelsee und bleiben dem Uferweg in Uhrzeigerrichtung treu. Herrliche Rotbuchenwälder säumen die angrenzenden Hügel. Der Wanderweg entfernt sich vom Großen Treppel-see, an einer Gabelung im Wald steuern wir nach rechts und kommen so an die Schlaube heran. Über die steilstufige Brücke müssen wir das Rad tragen. Ein Stück bergauf, stoßen wir auf den Weg nach Siehdichum und wenden uns nach links. Nachdem wir einen Rücken im Wald passiert haben, taucht der

SCHLAUBETAL

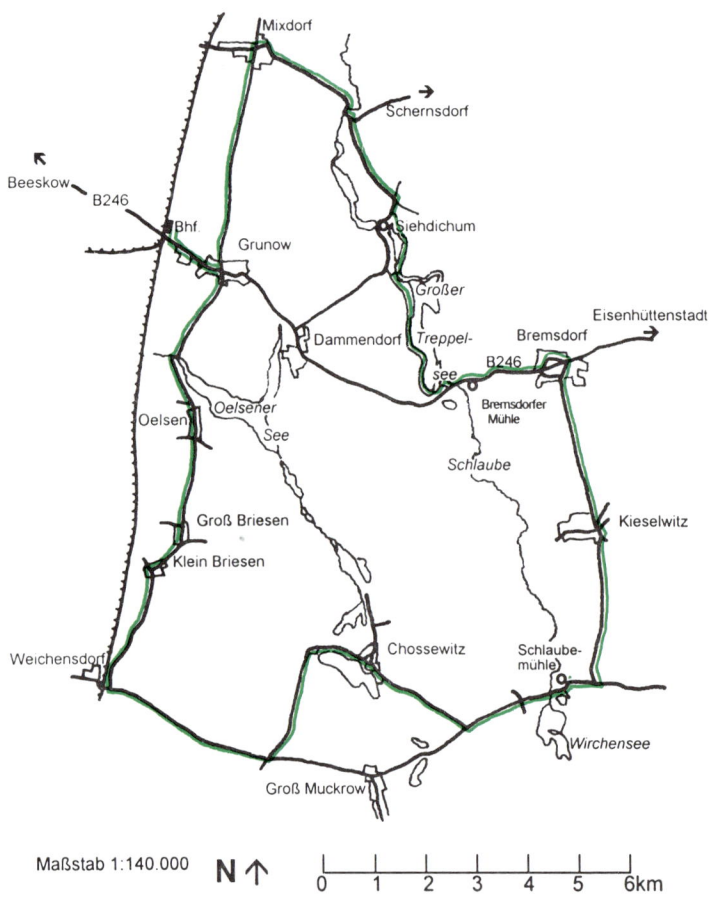

Mixdorf

Schernsdorf

Beeskow
B246
Bhf.
Grunow

Siehdichum

Großer

Dammendorf *Treppel-*
see

Bremsdorf
B246
Eisenhüttenstadt

Bremsdorfer
Mühle

Oelsen *Oelsener*
See

Schlaube

Kieselwitz

Groß Briesen

Klein Briesen

Chossewitz
Schlaube-
mühle

Weichensdorf

Wirchensee

Groß Muckrow

Maßstab 1:140.000 N ↑ 0 1 2 3 4 5 6km

Hammersee auf. Immer dem Uferweg folgend, treffen wir nach einem Anstieg schließlich auf eine schmale Straße, die linker Hand zum Forsthaus Siehdichum führt. Für den Rückweg müssen wir hier jedoch zuerst nach rechts abbiegen und an der gleich folgenden Kreuzung nach links. Durch den von Kiefern beherrschten Wald nähern wir uns dem Kupferhammer und müssen an der Landstraße Schernsdorf – Mixdorf die Vorfahrt gewähren (links). Ein letztes Mal steht uns ein Anstieg auf die das Schlaubetal umgebende Hochfläche bevor. In Mixdorf stoppen wir an der Kirche ab und radeln links herum durch abwechslungsreiche Acker- und Wiesenlandschaft, dann erreichen wir Grunow. Hier bringt uns die B246 rechter Hand zurück zum Bahnhof.

Freizeit

Museen und Ausstellungen

Bauernmuseum Möbiskruge
☎ 033652-6102

Haus des Gastes
Kietz 5, 15299 Müllrose
☎ 033606-667

Ehemalige Klosterkirche St. Marien
Stiftsplatz 5, 15898 Neuzelle
☎ 033652-282

Burg Beeskow
15848 Beeskow
☎ 03366-20579

Städtisches Museum und Galerie
Löwenstraße 4, 15890 Eisenhüttenstadt
☎ 03364-2146

Städtisches Museum „Sprucker Mühle"
Mühlenstr. 5, 03172 Guben
☎ 03561-52038

Feuerwehrmuseum
H.-Pritzsche-Str. 26, 15890 Eisenhüttenstadt
☎ 03364-28243

Dokumentationszentrum
Alltagskultur der DDR
E.-Weinert-Allee 3, 15890 Eisenhüttenstadt
☎ 03364-417355

Technisches Museum der Hutindustrie
Gasstr. 4-7, 03172 Guben
☎ 03561-431350

Schiffahrt

mit der MS Fürstenberg ab Eisenhüttenstadt
W. Herzog
Am Trockendock 1, 15890 Eisenhüttenstadt
☎ 03364-452645

Feste feiern

Mai: Bibulibusfest in Neuzelle
Juli: Reiterfest in Diehlo
August: Heidefest in Henzendorf
September: Apfelfest in Guben
September: Klostermirakel in Neuzelle
Oktober: Fischzug im Oelsetal in Chossewitz

Natur(park)-Produkte

Fische

Fischereibetrieb Mario Fischer
Dorfstr. 6, 15848 Niewisch
☎ 033676-5317

Forellenzucht Frank Gürtler
Kieselwitzer Mühle, 15890 Kieselwitz
☎ 033654-360

Karl Heinz Weidner
Lindenstr. 9, 15299 Grunow
☎ 033655-320

Schlaubefisch e.G.
E.-Thälmann-Str. 316, 15306 Falkenhagen
☎ 033603-210

Bauernmarkt

Lindenpark 1, 15898 Neuzelle
☎ 033652-251

Korbmacher

Korbmachermeister Werner Lange
E.-Thälmann-Str. 24, 15890 Fünfeichen
☎ 033654-281

Schafe / Heidschnucken

Schäferei Frank Wutzler
Förstereistr. 15, 15890 Fünfeichen
☎ 033654-312

Landschaftspflegeverband
Naturpark Schlaubetal
Lindenpark 1, 15898 Neuzelle
☎ 033652-6461

Fleisch / Wurst

Agrargenossenschaft Kieselwitz
LPG Weg, 15890 Kieselwitz
☎ 033654-250

Agrargenossenschaft Neuzelle
Lindenpark 1,15898 Neuzelle
☎ 033652-251

Amt für Forstwirtschaft Müllrose
Herr Thieme, Bahnhofstr. 15299 Müllrose
☎ 033606-870114

GbR Gut Hirschaue
Werkstraße, 15848 Birkholz

MÄRKISCHE SCHWEIZ

Naturparkverwaltung
Besucherinformationszentrum Schweizer Haus
Lindenstr. 33, 15377 Buckow
☎ 033433-474 (Fax -444)

Naturwacht
Eberswalder Chaussee 6
15377 Waldsieversdorf
☎ 033433-6063 (Fax -56157)

BUCKOW - BERTOLT BRECHT - WURZELFICHTE

Im Kanton Buckow

Kaum 60 Kilometer östlich von Berlin erstreckt sich zwischen den Städten Strausberg, Müncheberg und Neuhardenberg ein für Brandenburger Verhältnisse sehr hügeliges, mitunter steiles Gelände - da verwundert es nicht, daß Theodor Fontane nach einem Ausflug in die Märkische Schweiz vom „Kanton Buckow" sprach. Das an Gipfeln und Schluchten reiche Gebiet wird von Bächen plätschernd durchflossen, und viele Seen wechseln sich ab mit kleinen Dörfern, die von Wäldern umgeben sind. Insbesondere im „Buckower Kessel" und beiderseits des Stobbers zeigen sich diese Wälder oftmals in naturnaher Weise mit alten Baumriesen, umgestürzten Bäumen, moderndem Holz und kräftigem Nachwuchs. Doch nicht nur dies unterscheidet die Wälder der Märkischen Schweiz von denen weiter Teile Brandenburgs: Die Baumbestände sind reich an Laubhölzern, wie Rot- und Hainbuchen, Stiel- und Traubeneichen, Ulmen und Ahornen. Wegen ihrer langen Tradition als Erholungsgebiet verfügt die Märkische Schweiz über sehr viele, abwechslungsreiche und gut ausgeschilderte Wanderwege; wer gerne etwas länger bleiben möchte, kann zwischen vielen Unterkünften wählen. Sie reichen vom Nobel- bis zum Heuhotel. Bereits Mitte des vorletzten Jahrhunderts berichtete der Leibarzt König Wilhelms IV. nach einem Besuch in Buckow: „Majestät, in Buckow geht die Lunge auf Samt." Ende des 20. Jahrhunderts dann erhielt Buckow wieder den Beinamen „Bad", zunächst jedoch nur vorläufig.

Der Reichtum an Natur und gewachsenen Strukturen ließ den Naturpark Märkische Schweiz bereits in der Geburtsstunde der brandenburgischen Großschutzgebiete amtlich werden. Mit etwas mehr als 200 Quadratkilometer Größe ist er kleinster Naturpark Brandenburgs. Den besonderen Wert machen jedoch nicht nur die Wälder, Seen und Fließgewässer aus; kleine, feldsteinerne Dörfer, von Hecken durchzogene Äcker, von knorrigen Obstbäumen bestandene Wiesen, zahlreiche Moore und andere Kleingewässer prägen ebenfalls das Bild der Region. Mit dieser Vielfalt an Biotopen beherbergt er auf engem Raum ausgesprochen viele Tier- und Pflanzenarten. Mit den Fischteichen von Altfriedland schließt der Naturpark im Nordosten einen Teil des Odertals ein. Die insbesondere für rastende und am Wasser brütende Vögel bedeutsamen Teiche wurden vom Zisterzienser-Nonnenkloster Altfriedland angelegt.

MÄRKISCHE SCHWEIZ

Informationen

Fremdenverkehrsamt Märkische Schweiz
Wriezener Str. 1a, 15377 Buckow
☎ 033433-57500 o. -65982 (Fax -65500)

Touristinformationszentrum Waldsieversdorf
Dahmsdorfer Str. 18, 15377 Waldsieversdorf
☎ 033433-720

FVV Altfriedland
Langes Haus, Hauptstr. 23d, 15320 Altfriedl.
☎ 033476-50957

Stadtinfo Müncheberg (Torwächterhäuschen)
Ernst-Thälmann-Str. 101, 15374 Müncheberg
☎ 033432-70931 (Fax -81143)

Drei Eichen: Zentrum für Natur- und Umwelterz.
Königstr. 62, 15377 Buckow
☎ 033433-201 (Fax -6815)

NABU Regionalverband Strausberg -
Märkische Schweiz
Lindenstr. 26, 15377 Buckow

Waldschule Alte Mühle
Buckower Str. 12, 15374 Münchehofe
☎ 033433-56719

Jugend-Umwelt-Haus Müncheberg
Fürstenwalder Str. 1a, 15374 Müncheberg
☎ 033432-89448

Am Sophienfließ.

109

MÄRKISCHE SCHWEIZ

Wanderung

Kehlen am Schermützelsee

Verkehrsmöglichkeiten Mit der Bahn (Berlin-Lichtenberg – Küstrin) bis Müncheberg, von dort mit dem Bus nach Buckow. Mit dem Auto auf der B1 / B5 Berlin – Küstrin / Frankfurt (Oder) bis Müncheberg und über Waldsieversdorf nach Buckow.

Parkmöglichkeiten Mehrere ausgeschilderte Parkplätze im Zentrum, alternativ auch am südlichen Ortseingang.

Streckenlänge 8 Kilometer.

Höhenunterschiede 130 Höhenmeter bergauf und bergab.

Karte Landesvermessungsamt Brandenburg: Märkische Schweiz. Topographische Karte 1:25.000. Ausgabe mit Wanderwegen.

Bademöglichkeiten Am Weißen See und am Schermützelsee (Ostufer).

Rastmöglichkeiten Im Heidepark und auf dem Panoramaweg.

Einkehrmöglichkeiten Mehrere Gelegenheiten entlang der Strecke.

Wissenswertes *Buckow* liegt malerisch umgeben von mehreren Seen im Herzen der Märkischen Schweiz. Der in Brandenburg gleich neunmal vorkommende Ortsname stammt aus dem Slawischen und deutet auf den Reichtum an Rotbuchen hin, die auf den nährstoffreichen Böden und in dem kühlfeuchten Klima gut gedeihen. Berühmt wurde der Ort im Mittelalter wegen des ausgedehnten Hopfenanbaus, aber auch Weinreben brachten gute Ernten. Architektonische Zeugnisse aus dieser Zeit gibt es kaum. Die Kirche wurde nach schwerer Zerstörung im Zweiten Weltkrieg wieder aufgebaut, das einstige Schloß der Adelsfamilie von Flemming wurde dagegen abgerissen. In den 50er Jahren des 20. Jahrhunderts ließen sich Bertolt Brecht und Helene Weigel in einer Villa am Schermützelsee – dem heutigen *Brecht-Weigel-Haus* nieder, um dort zu arbeiten. - *Kehlen* sind tiefe Erosionsrinnen, die die steilen Hänge des 45 Meter tiefen Schermützelsees durchschneiden. Entstanden sind sie am Ende der Eiszeit, als große Schmelzwassermassen von der Hochfläche dem See zuflossen und das Erdreich ausspülten. Am Ausgang der Kehlen lagerte sich der ausgeschwemmte Sand zu größeren Sandbänken ab, die heute von Erlenbrüchen bestanden sind. Die Schwarze Kehle trägt ihren Namen wegen der hier bis dicht unter die Erdoberfläche ragenden Braunkohle, die seit dem 19. Jahrhundert in 42 und 44 Meter Tiefe untertage abgebaut wurde.

Tourenbeschreibung Wir starten am Marktplatz von Buckow und lassen uns von der Wriezener Straße zunächst an der Touristinfo vorbei- und dann über den laut plätschernden Stobber hinüberführen. Kurz darauf knickt die Vorfahrtstraße ab, wir halten uns links. Wir gewinnen schnell an Höhe und bleiben nun der Werderstraße stets treu. In einer herrlichen Lindenallee geht es wieder etwas bergab, und wir haben einen schönen Blick auf den Buckowsee. Villen und Gärten wechseln sich ab, und wir laufen geradewegs auf das Brecht-Weigel-Haus zu. Am Wald endet die Straße, und wir überqueren das kleine Fließ, das den Buckowsee mit Wasser vom Schermützelsee speist. Gleich darauf schwenken wir nach rechts und steuern auf den Schermützelsee zu, dessen Oberfläche schon von weitem durch die Bäume funkelt (Hinweis Jugendherberge). An einem langgezogenen Erlenbruch entlang, ent-

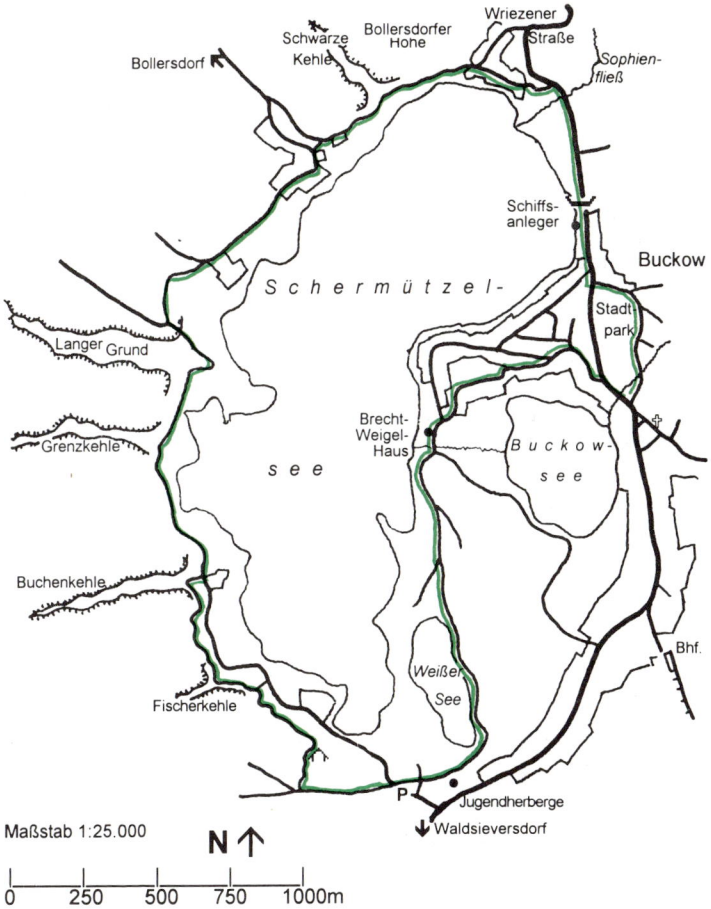

Maßstab 1:25.000

N ↑

0   250   500   750   1000m

fernen wir uns unmerklich vom Schermützelsee und bekommen bald den angrenzenden Weißen See zu Gesicht. Unser Weg verläuft dicht am Ufer. Wir passieren die Badestelle und dann die Außenanlagen der Jugendherberge. Anschließend müssen wir einen sandigen Fahrweg geradewegs überqueren und stoßen hinter dem Parkplatz auf die asphaltierte Uferstraße. Wir gehen hier geradeaus (Hinweis Heidepark) und haben nun einen ersten, kopfsteingepflasterten Anstieg vor uns. Nach rechts kann unser Blick über den Heidepark und den darunterliegenden Schermützelsee schweifen. Schließlich kommen wir an einen Kiefern-Robinien-Forst, wo uns das nach rechts weisende Schild zum Panoramablick lockt. Und tatsächlich - nach einigen Schritten bergan durch den Wald bietet sich eine herrliche Aussicht auf den See und die Märkische Schweiz. Der abwechslungsreiche Wanderweg schlängelt sich am bewaldeten Hang entlang, quert Kehlen und führt in Stufen auf- und abwärts. Schließlich endet der Panoramaweg an der bis hier asphaltierten Uferstraße. Links herum und am Gasthof Buchenfried vorbei, folgen wir immer dem Uferweg (Markierung grüner Punkt) und bekommen nun die Ausgänge der Kehlen zu sehen. Teilweise tritt im unteren Teil der Einschnitte Quellwasser hervor und plätschert als kleiner Bach in den See. Wir passieren die Grenzkehle und den Langen Grund, dahinter geht es von Geländern geleitet bergauf. Oben werden erste, von Gärten umgebene Häuser sichtbar, an denen wir rechts vorbeilaufen. Mit der grünen Markierung wandern wir durch einen Pappelbruch, treppauf zu weiteren Grundstücken und rechts herum an ihnen entlang. Bald treffen wir auf eine befestigte Straße, die schließlich nach links abknickt. Wenige Schritte weiter gehen wir rechts treppab zu einer Gaststätte und folgen jetzt dem sandigen Fahrweg, der bald wieder für Autos gesperrt ist. Im Wald entdecken wir eine dicke Stieleiche, die direkt am Wegrand steht. Hinter der Schwarzen Kehle, die ihren Namen der hier früher geförderten Braunkohle verdankt, erreichen wir erneut Gartengelände, das bis an das Seeufer heranreicht. Geradewegs stoßen wir schließlich auf die Wriezener Straße. Sie bringt uns rechts herum über das Sophienfließ, das einst die Grenze zwischen dem Oberbarnim und dem Land Lebus darstellte. Links von uns erhebt sich der Schloßberg, rechts locken Bade- und Schiffsanlegestelle. Ein Stück dahinter können wir links herum den Stadtpark ansteuern (Am Schloßpark). Auf einem neu angelegten Fußweg durchschreiten wir, uns immer schräg rechts haltend, die Grünanlage und erreichen an der Touristinfo wieder den Marktplatz.

Ausflüge

Uralte Dorfkirchen

Feldsteine sind das gängige Baumaterial der im Mittelalter erbauten Kirchen, und mit ihrer ähnlichen Architektur mit eingezogenem Chor und Rundapsis strahlen die Dorfkirchen des Naturparks einen eigentümlichen Reiz aus, so etwa die spätromanische Kirche von Ihlow oder die Gotteshäuser von Reichenberg, Ringenwalde, Grunow, Hermersdorf und Dahmsdorf.

Storchennest auf dem Stadttor

Müncheberg wurde um 1225 gegründet. Schwerste Schäden trug die Stadt im Zweiten Weltkrieg davon. Wie durch ein Wunder blieb die 1319 angelegte, 1400 Meter lange feldsteinerne Stadtmauer mit den beiden Tortürmen erhalten. Auf dem Küstriner Torturm brütet seit Jahren der Storch. Das Wahrzeichen der Stadt, die Pfarrkirche St. Marien, trägt inzwischen wieder ein Dach. Weithin sichtbar ist der von Schinkel entworfene Turm von 1829.

Fontane verzählt sich im Kloster

Um 1230 wurde das Zisterzienser-Nonnenkloster Friedland am Rand des Oderbruchs gegründet. Heute sind neben der Kirche, in deren Bau Teile der Klosterkirche miteinbezogen wurden, noch Reste des Refektoriums erhalten, in dem die Nonnen einst speisten und das im letzten Jahrhundert eine Bierbrauerei beherbergte. Entgegen Fontanes Darstellung sind die kalksteinernen Säulen dieses Raumes aber rund oder achteckig und nicht vier- oder sechseckig.

Wasserscheide im Roten Luch

Im Roten Luch, einer im 18. Jahrhundert trockengelegten Wiesenlandschaft, scheidet sich das Wasser. Der westliche Teil entwässert in die Nordsee, der östliche in die Ostsee. Die Grenze bildet die Bahnlinie Berlin – Küstrin. Kleine Torfstiche, Gräben und die umgebenden Hügel mit teils alten Bäumen am Waldrand beleben das Bild.

Die Hecken von Hasenholz

In Hasenholz sagen sich Fuchs und Hase „gute Nacht"; Kein Wunder, denn der Ort ist von allen Seiten von alten Hecken umgeben, die den Tieren viel Schutz und Nahrung bieten. Bunte und duftende Blüten, singende Vögel, angenehmes Klima und reichlich Früchte machen die Hecken zu jeder Jahreszeit zum Erlebnis.

Schauinsland in Brandenburg

Auch Brandenburg kann sich eines „Schauinslandes" rühmen. Allerdings handelt es sich hierbei nicht um eine Bergspitze, sondern um den herrlichen Panoramablick über die hügelige Berg- und Seenlandschaft, den man am südlichen Ortsende von Münchehofe hat. Der hübsche Ort wartet überdies mit einer schönen, kleinen Feldsteinkirche aus dem frühen 14. Jahrhundert auf.

Schloß und Park Prötzel

Am Nordwestrand des Naturparks lockt Prötzel mit einem 1712 errichteten Schloß, einem prächtigen Dreiflügelbau, der wohl von Andreas Schlüter entworfen und im 19. und 20. Jahrhundert verändert wurde. Zum Schloßsee hin schließt sich ein Park an, um den See herum stehen zahlreiche alte Bäume, darunter eine rund 450 Jahre alte Stieleiche.

Perle im Land Lebus: Neuhardenberg

Neuhardenberg, zu DDR-Zeiten Marxwalde genannt, liegt am Ostrand des Naturparks. Der Ort wurde nach einem verheerenden Brand im Jahr 1801 nach Plänen des damals jungen Architekten Schinkel neu aufgebaut. Kirche und Schloß entstanden an gleicher Stelle wieder, die Gehöfte wurden jedoch mit größeren Abständen zueinander aufgebaut. So wuchs der Dorfanger beträchtlich in die Länge.

Wanderung

Bergtour zur Wurzelfichte am Sophienfließ

Verkehrsmöglichkeiten Mit der Bahn (Berlin-Lichtenberg – Küstrin) bis Müncheberg, von dort mit dem Bus nach Buckow. Mit dem Auto auf der B1/B5 Berlin – Küstrin/Frankfurt (Oder) bis Müncheberg und über Waldsieversdorf nach Buckow.

Parkmöglichkeiten Im Zentrum mehrere Parkplätze (ausgeschildert).

Streckenlänge 11 Kilometer.

Höhenunterschiede Insgesamt 120 Höhenmeter bergauf und bergab.

Karte Landesvermessungsamt Brandenburg: Märkische Schweiz. Topographische Karte 1:25.000. Ausgabe mit Wanderwegen.

Einkehrmöglichkeiten An der Pritzhagener Mühle und in Buckow.

Rastmöglichkeiten An der Wurzelfichte und auf dem Dachsberg.

Bademöglichkeiten Am Ostufer des Schermützelsees und in Tornow am Großen Tornowsee.

Wissenswertes Die *Wurzelfichte* bekam ihre eigentümlich gestalteten Wurzeln durch das Wasser des vorbeiplätschernden Sophienfließes, das die Wurzeln immer weiter freispült. - Einer der dicksten Bäume des Gebietes ist die 450 Jahre alte *Grenzeiche* an der Pritzhagener Mühle. Der Baum hat einen Umfang von 5,75 Metern. - Erstaunlich ist der Niveauunterschied zwischen *Kleinem* und *Großem Tornowsee*. Beide Gewässer liegen nur 250 Meter voneinander entfernt, der Wasserspiegel differiert aber um rund 15 Meter.

Tourenbeschreibung Vom Marktplatz gehen wir rechts am Fremdenverkehrsamt vorbei und durch ein gußeisernes Tor in den Stadtpark hinein, wo wir uns immer links halten. An der Wriezener Straße endet der Weg durch den Park, und wir wenden uns nach rechts. Bald bekommen wir den weiten Scher-

MÄRKISCHE SCHWEIZ

Zwischen Krugberg und Pritzhagen.

mützelsee mit der Fähranlegestelle zu sehen, dahinter gleich das Freibad. Am Ortsausgang überqueren wir das Sophienfließ und tauchen gleich dahinter nach rechts in den Wald ein. Die Wurzelfichte ist als erstes Ziel angeschrieben. Unser Pfad schlängelt sich mit dem Sophienfließ durch herrliche Laubmischwälder und an vielen kleinen Quellen vorbei. An der Wurzelfichte können wir eine Rast machen, dann überqueren wir den Bach. Am anderen Ufer gehen wir nach rechts, und wenig später gabelt sich der Weg. Wir wählen die linke Gabel, die uns in die Drachenkehle (gelber Punkt, Krugberg) hineinführt. Bald steigt der Pfad in der steilwandigen Kehle an und führt uns auf die umgebende Hochfläche hinauf. Vom Waldrand haben wir einen schönen Blick über welliges Acker- und Waldland auf das geduckt liegende Pritzhagen. Nun halten wir uns rechts, und es geht bergab (gelber Punkt). Ein von Bäumen und Sträuchern umgebener Weg kreuzt unseren. Wir überqueren ihn schräg und bleiben noch an der Waldkante. Wieder im Wald, schwenken wir nach links auf den Poetensteig (Dachsberg). Bevor wir den herrlichen Aussichtspunkt auf dem Dachsberg erreichen, bekommen wir atemberaubende Einblicke in die Wolfsschlucht, die neben uns verläuft. Durch Mischwälder mit Rotbuchen, Hainbuchen, Winterlinden, Traubeneichen und Robinien steuern wir auf die Silberkehle zu. In dem steilwandigen Tal sind viele Bäume umgestürzt, werden zersetzt und schaffen so ein urwaldartiges Bild. Am Haus Tornow halten wir uns am Zaun der Anlage links und erreichen so eine asphaltierte Straße, die uns rechts herum an den Großen Tornowsee und dann an

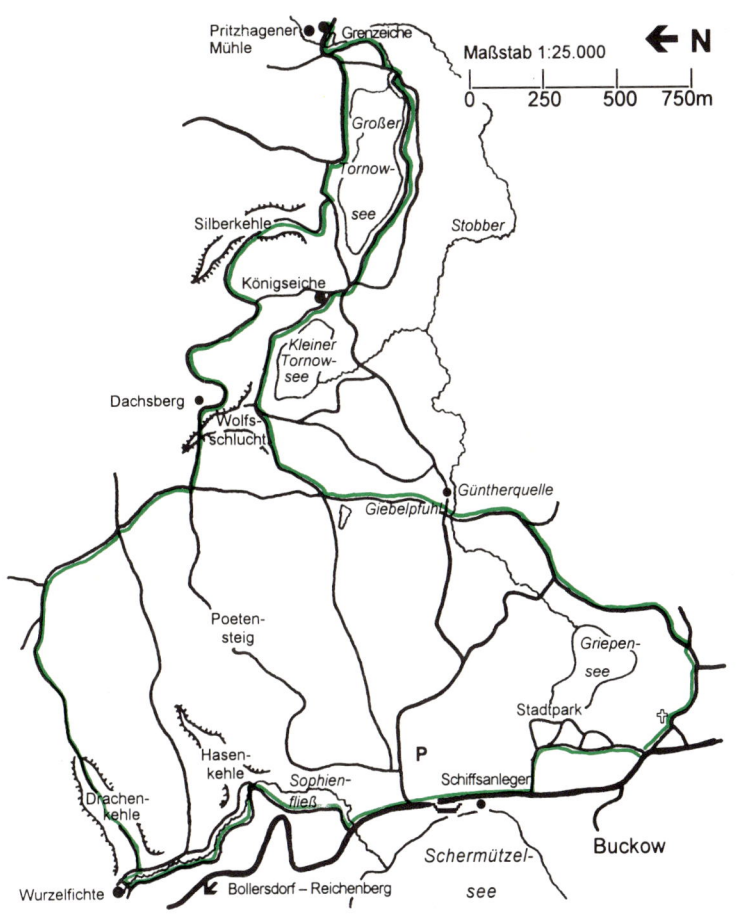

den romantischen Mühlenteich bringt. Nun machen wir einen Abstecher (links) zur Grenzeiche an der Pritzhagener Mühle: Dazu überqueren wir den Stobber mit der Fischtreppe und erblicken einige Schritte weiter den freistehenden Baum. Die weitere Wanderung führt jedoch rechts am Mühlenteich entlang. Bald haben wir das Ufer des Großen Tornowsees erreicht, können linker Hand den Abfluß des Sees überqueren und genießen nun das bewaldete Südufer des Sees (gelber Querbalken). Bergan verlassen wir das Gewässer und folgen für wenige Schritte dem Hinweis „Buckow-Stadtmitte". Wir biegen dann an einer Mehrwegkreuzung spitzwinklig nach rechts ab (Hinweis Poetensteig) und kommen kurz darauf an den Abzweig zum Kleinen Tornowsee (links). Gleich hinter dem Bergrücken treffen wir auf den See und umkurven ihn am Nordufer. Am Ende können wir in der Verlandungszone neben den Schwarzerlen mehrere Flatterulmen mit brettartig verdickten Wurzeln sehen. Unmittelbar rechts am Hang stehen drei verwachsene Traubeneichen mit einem Gesamtumfang von fast sieben Metern. Am Giebelpfuhl, einem kleinen abflußlosen Gewässer, gehen wir links (Hinweis Güntherquelle) und erreichen wieder Buckow. Vor uns strömt der Stobber, dahinter liegt das Besucherinformationszentrum des Naturparks. Wir wandern nun geradewegs in die von Linden gesäumte Lindenstraße, schwenken am Ende nach rechts in die Königstraße und kommen bergab zum Marktplatz von Buckow zurück.

Freizeit

Museen und Ausstellungen

Brecht-Weigel-Haus
Bertolt Brecht-Str. 29, 15377 Buckow
☎ 033433-467

Galerie „Zum Alten Warmbad"
Wriezener Str. 1a, 15377 Buckow
☎ 033433-65982

Kleines Eisenbahnmuseum
Bahnhof Buckow, 15377 Buckow
☎ 033433-65982

„Heimatgeschichte Waldsieversdorf"
Dahmsdorfer Str. 18, 15377 Waldsieversdorf
☎ 033433-720

„Heimatgeschichte Altfriedland"
Langes Haus, Hauptstr. 23d, 15320 Altfriedl.
☎ 033476-50957 (tel. Anmeldung nötig)

Heimathaus Neuhardenberg
Karl-Marx-Allee, 15320 Neuhardenberg
☎ 033476-50430

Baden und Bootsverleih

Strandbad Schermützelsee mit Bootsverleih
Wriezener Str. 38, 15377 Buckow
☎ 033433-234

Volksbad Waldsieversdorf
Dahmsdorfer Straße, 15377 Waldsieversdorf
☎ 033433-57540

Angeln (Angelkarten)

Angelfachhändler Fred Schüler
Wriezener Str. 54, 15377 Buckow
☎ 033433-57128 oder -220

Schiffahrt

Seetours Märkische Schweiz
Bertolt-Brecht-Str. 11, 15377 Buckow
☎ 033433-232

Feste feiern

Juni: Buckower Rosentage
Juli: Jägerfest in Waldsieversdorf
August: Fischerfest in Altfriedland

Natur(park)-Produkte

Biofleisch, Milchprodukte, Obst etc.

Ökohof Garzau
Alte Heerstr. 82, 15345 Garzau
☎ 033435-74773 (März - Oktober 9-16 Uhr)

Ewaldhof
Ruhlsdorfer Str. 14, 15345 Ruhlsdorf
☎ 03341-22727 (auch Fax, tel. Anm. nötig)

Jahnsfelder Landhof
Dorfstr. 4, 15320 Jahnsfelde
☎ 033477-240 (auch Fax)

Hofgemeinschaft Apfeltraum
Hauptstr. 43, 15518 Eggersdorf
☎ 033432-89841

Imkerei und ökologischer Landbau
Karl-Marx-Str. 17, 15374 Müncheberg
☎ 033432-687

Fische

„Angelparadies" Fischerei Altfriedland
Hauptstr. 1, 15320 Altfriedland
☎ 033476-50951

Märkischer Fischereibetrieb Gebr. Rinast
W.-Pieck-Str. 13, 15377 Waldsieversdorf
☎ 033433-363

Keramik

Keramik Scheune
Wriezener Str. 3a, 15377 Buckow
☎ 033433-57453

Töpferei Bundels
Berliner Str. 35, 15377 Buckow
☎ 033433-223

Naturparkverwaltung
Kirchstraße 11
16348 Wandlitz
☎ 033397-69710 (Fax -69713)

Naturwacht
Kirchstr. 11   Eberswalder Str. 6
16348 Wandlitz   16230 Melchow
☎ 033397-69712   ☎ 0172-3843887

WANDLITZ - HUSSITENSTADT BERNAU - ROTBAUCHUNKE - TEGELER FLIESS - RIESELFELDER

Zwei Länder - ein Naturpark

Der Naturpark Barnim ist das einzige länderübergreifende Großschutzgebiet, denn er umfaßt Teile des Barnims, die zu Berlin gehören, und solche, die auf brandenburger Gebiet liegen. Er wird umrahmt von Oranienburg im Westen, Eberswalde im Nordosten, Bernau im Südosten und den Berliner Bezirken Weißensee, Pankow und Reinickendorf im Süden. Der Barnimrücken nimmt den größten Teil der Naturparkfläche ein. Er ist eine Hochfläche ähnlich dem Fläming, im Vergleich zu diesem aber erdgeschichtlich noch jünger. Dies äußert sich u.a. in der mitunter viel bewegteren Landschaft und in den unzähligen Stillgewässern, den Seen und den Söllen. Diese mit Wasser gefüllten Ackerhohlformen entstanden beim Ausklingen der letzten Eiszeit vor etwa 11.000 Jahren, als vom zurückschmelzenden Gletscherrand riesige Eisbrocken abbrachen und im Boden versanken. Sie hinterließen nach ihrem Auftauen eine Senke, die sich bei steigendem Grundwasserstand mitunter mit Wasser füllte. Für die Natur sind die „Augen der Mark", wie Fontane einmal schrieb, sehr wertvoll. Insbesondere Amphibien, wie Frösche, Lurche, Unken und Kröten, sind auf die Sölle angewiesen, da sich wenigstens ihre Kindheit im Wasser abspielt. So kann man im Frühjahr und Sommer noch häufig den glockenartigen Ruf der Rotbauchunke vernehmen, dem Wappentier des Naturparks. Die reglos an der Wasseroberfläche treibenden Tiere sind nur sehr schwer zu erkennen, und so dachten die Menschen früher, sie hörten die Glocke einer untergegangenen Kirche läuten.

Typisch für den Naturpark Barnim sind die vielen, oft noch naturnahen Fließgewässer, wie das Nonnenfließ, die Finow, die Panke, die Briese oder das Tegeler Fließ. Sie mäandrieren, stellenweise von herrlichen Erlenbruch- oder Buchenwäldern umgeben, durch tief eingeschnittene Täler und sind nicht nur für eine artenreiche Tier- und Pflanzenwelt von großer Bedeutung, sondern auch für Wanderer ein echter Genuß. Im Herzen des Naturparks und an einer Seenkette gelegen befindet sich Wandlitz. Der Ort ist aus der DDR-Vergangenheit bekannt, denn Erich Honecker hatte hier sein Domizil. Heute lockt der Ort mit einem alten Dorfanger, einem Landwirtschaftsmuseum, einer Badestelle vis à vis zum Bahnhof und dem Sitz der Naturparkverwaltung.

BARNIM

Im Süden des Naturparks, bereits zu Berlin gehörend, dehnten sich einst weite Rieselfeldflächen aus. Sie entstanden um 1882/83, als die stark anwachsende Großstadt Rittergüter auf dem Barnim aufkaufte, um dort die in der Stadt anfallenden Abwässer zu verrieseln. Es entstand eine riesige künstliche Landschaft mit Gräben, Becken, Dämmen und Wegen. In neugebauten Siedlungen zogen Rieselbauern ein, die die Felder bewirtschafteten und dabei mitunter vier Gemüseernten im Jahr einfuhren. So waren die Rieselfeldländereien einerseits Kläranlage der Berliner, andererseits Gemüsegarten der Stadt. Mit dem Bau von Klärwerken verloren die Rieselfelder ihre Funktion und fielen brach. Allerdings bergen sie eine große Gefahr, denn die Böden sind mit Schwermetallen und anderen Giften, die sich im Abwasser befanden, belastet. Wie die Gefahr restlos gebannt werden kann, ist noch nicht geklärt. Doch als Landschaft sind die von Holundern und Obstbäumen bestandenen Rieselfeldtische eine Bereicherung für den Naturpark.

Informationen

Infobüro Tourismusverein Naturpark Barnim
Amt Wandlitz
Prenzlauer Chaussee 157, 16348 Wandlitz
☎ 033397-66131

Fremdenverkehrsamt Bernau
Bürgermeisterstr. 4, 16321 Bernau
☎ 03338-761919 (Fax -761970)

Tourist-Information Eberswalde
Steinstr. 3, 16225 Eberswalde
☎ 03334-64520 (Fax -65421)

Schorfheider Fremdenverkehrsverein
Alte Schmiede, Rosenbecker Str. 1a
16348 Groß Schönebeck
☎ 033393-70202

Förderverein Naturpark Barnim
Amt Wandlitz
Prenzlauer Chaussee 157, 16348 Wandlitz
☎ 033397-660 (Fax -66116)

Fremdenverkehrsamt Oranienburg
Lehnitzstr. 12c, 16515 Oranienburg
☎ 03301-704833 (Fax -704834)

NABU Kreisverband Oranienburg
Struweweg 1, 16515 Oranienburg
☎ 033055-72399 (-70306)

NABU Regionalverband Niederbarnim
in der Naturschutzstation Niederbarnim
Buchenallee 49a, 16341 Zepernick
☎ 030-9444136

Wanderung

Romantisches Nonnenfließtal bei Spechthausen

Verkehrsmöglichkeiten Mit dem Auto auf der B2 Berlin – Eberswalde bis Spechthausen.
Parkmöglichkeiten In Spechthausen gegenüber dem Gasthaus.
Streckenlänge 9,5 Kilometer.
Höhenunterschiede Insgesamt 45 Höhenmeter bergauf und bergab.
Karte Tourist Verlag Kümmerly + Frey: Wanderkarte 1:50.000. Wandlitzsee und Liepnitzsee. - Ampel Verlag Berlin: Fahrradkarte 1:60.000. Berliner Umland, Blatt Nordost.
Einkehrmöglichkeiten In Spechthausen.
Rastmöglichkeiten Mehrere, teils überdachte Gelegenheiten an der Strecke.
Anmerkung In der Vegetationszeit machen sich lange Hosen wegen der kleineren Wiesenabschnitte nicht schlecht.
Wissenswertes Das *Nonnenfließ* gehört zu den naturnahsten Fließgewässern Brandenburgs. In einer Studie des Landesumweltamtes wird der Schutz-

wert des Baches mit der höchsten Stufe angegeben. Dies drückt sich nicht nur in der Anwesenheit von Eisvogel und Gebirgsstelze aus, auch zahlreiche wirbellose Tiere leben im Nonnenfließ. Das Ufer und der Grund sind meist sandig, Geröll schafft ruhige und sichere Zonen, und der Bachlauf ist größtenteils beschattet, das Wasser also konstant warm. Von Natur aus mäandrieren Fließ-

Die Briese vor der Schlagbrücke.

gewässer in geschwungener Form durch das flache Land. Kleine Hindernisse
im Wasser führen zu geringen Strömungsschwankungen, die sich selbst ver-
stärken und dabei die Böschung ausspülen. So entstehen die steilen, immer
wieder abrutschenden Prallhänge. Ihnen gegenüber liegt der Gleithang, an
dem das Wasser nur sehr langsam strömt und sich Material absetzen kann. -
Der Ortsname *Spechthausen* geht auf den Kupferschmiedemeister Specht zurück, der hier Anfang des 18. Jahrhunderts einen Kupferhammer errichtete.

Tourenbeschreibung Von der Gaststätte führt uns ein etwa zweihundert
Meter langer Fußweg an der B2 in Richtung Bernau aus Spechthausen hinaus
(Markierung blauer Querbalken). Am Hinweis zur Waldschule endet der
Fußweg, wir müssen die Straße überqueren und tauchen dann in schattigen
Wald ein. Rechts von uns erheben sich Dünen; dem sandigen Boden zum
Trotz bestimmen vorwiegend Rotbuchen das Waldbild. Kurz bevor wir den
Nonnenbach erreichen, verlassen wir den Fahrweg zur Waldschule. Schräg
nach rechts zweigt ein Fußweg ab, und nach wenigen Schritten haben wir das
hier lautlos fließende Gewässer erreicht. Wir bleiben nun stets rechts des Fließes. Zwei Hainbuchen, von denen eine bizarr geformt ist, flankieren den
Übergang über einen kleinen Zufluß zum Nonnenbach. Im weiteren Verlauf
sehen wir mehrere Quellen in unmittelbarer Nähe zum Bach. Diese Quellen
sind gut an der spärlichen Vegetation zu erkennen, hin und wieder werden sie
von Tieren, darunter auch Wildschweinen, aufgewühlt. Eine erste Bank lockt
zu einer Rast, die nicht schöner sein könnte: Zwischen zwei steil abfallenden
Prallhängen des Baches thront sie auf einer Landzunge. Eine kleine Holzbrücke hilft uns über einen weiteren Zufluß, an der folgenden Gabelung halten
wir uns links. Bergan kommen wir hoch über dem Nonnenbach heraus, folgen
dem Höhenweg und lassen auch den abzweigenden Fußweg über den Bergrücken rechts liegen. In der flachen Talsohle können sich stellenweise kleinere
Erlenbestände ausbilden. Quellmoore verraten weitere Wasseraustritte. Der
Wald zeigt sich in sehr naturnaher Weise, in der alle Stadien des Baumlebens
existieren. An einer Lichtung ist der Weg scheinbar zu Ende, und wir verschwinden zwischen dicht stehenden Gräsern und Binsen. Dahinter entdecken
wir einen breiten Fahrweg, dem wir nach rechts folgen und treffen dann auf
ein kopfsteingepflastertes Sträßchen. An diesem wenden wir uns für wenige
Schritte nach links, schwenken aber noch vor der Brücke über das Nonnenfließ nach rechts. Nun folgt ein sehr reizvoller Abschnitt. Das Fließ ist etwas
breiter und daher flacher und schwingt in sehr ausgeprägten Mäandern durch
das Tal. Die Talsohle wird hier von einem Erlenbruch eingenommen. Wieder
im Buchenwald, biegen wir an der Gabelung nach rechts ab (überqueren also
abermals nicht das Fließ). Der Nonnenbach wird nun stetig kleiner und ist von
einem Buchen-Traubeneichenwald umgeben. Vor allem die Stämme der Rotbuchen sind viele Meter hoch mit Moosen bedeckt. Durch einen Kiefernforst
entfernen wir uns etwas vom Wasser, doch bald sehen wir es wieder strömen.
Ein letztes Mal trotzen wir einer kleinen Brücke und bleiben dem westlichen
Uferweg durch dichteres Gesträuch treu. Ein Wiesenabschnitt mit sehr viel
Flatterbinse folgt, etwas weiter gesellt sich ein von der Hochfläche kommender Weg hinzu. Holzbohlen verhelfen uns trockenen Fußes über einen Quell-
sumpf. Durch einen Hainbuchenbestand hindurch, führt der Fußweg unwei-

gerlich über den Nonnenbach hinüber. Auf der anderen Uferseite wenden wir uns nach links und wandern nun mit der Strömung. Interessant ist der Vergleich zwischen unserer Wanderstrecke und der etwa drei Mal so großen Distanz, die das Wasser dabei zurücklegt. Nach einem hohlwegartigen Abschnitt abseits des Fließes entdecken wir die zuletzt ausgelassene Brücke. Hier bedeckt sehr viel Weißmoos den Erdboden und zeigt damit an, daß die Vegetationsverhältnisse diesseits des Baches sehr viel sonniger und wärmer sind als wir es bisher sahen. Dem im Sommer mitunter trockenfallenden Brennengraben dürfen wir nicht nach rechts folgen: Der Bach wird zu beiden Seiten von Fußwegen flankiert, wir gehen beide Male geradeaus. Schließlich überqueren wir das Nonnenfließ und gehen ein Stück auf bereits bekannter Strecke. An der kopfsteingepflasterten Straße versetzen wir den Weg etwas nach links und folgen dann dem Fahrweg nach rechts, der uns diesmal über das Nonnenfließ geleitet. Uns immer am rechten Talrand haltend, können wir oftmals sehr alte Buchen und auch Eichen sehen. Das Gelände der Waldschule lenkt uns vom Bach ab, hinter der Zufahrt können wir ihn ein letztes Mal sehen. Der Fahrweg endet an der B2, deren Fußweg uns rechter Hand wieder nach Spechthausen zurückführt.

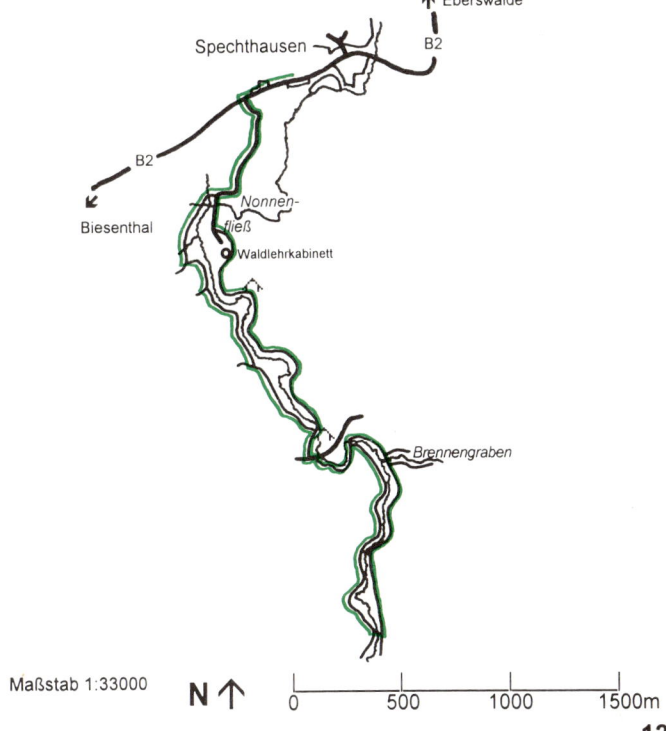

BARNIM

Ausflüge

Perle der Hohenzollern: Oranienburg

Mit dem Einzug der ersten Gemahlin des Großen Kurfürsten, Luise Henriette, geborene Prinzessin von Nassau-Oranien, in das Schloß am Havelufer war der Name Oranienburg geboren. Zuvor hieß der Ort Bötzow und besaß ein vergleichsweise kleines Jagdschloß. Der heutige Prunkbau entstand Mitte des 17. Jahrhunderts, wurde später aber verändert und kürzlich umfassend restauriert. Der Name Bötzow verschwand nicht von der Landkarte, denn er ging auf eine südwestlich gelegene Ortschaft über.

Kleinthüringen auf dem Barnim

Das tief eingeschnittene Tal des Hellmühler Fließes und der stellenweise laut über Geröll plätschernde Bach verhalfen dem Abschnitt zwischen Hellsee und Biesenthal zu dem Spitznamen „Kleinthüringen". Stattliche Rotbuchen bedecken die steilen Hänge, über dem Fließ zischt mitunter sogar der blau schillernde Eisvogel, und Gebirgsstelzen fliegen auf Insektenjagd von Stein zu Stein.

Schönower Heide

Westlich von Bernau befindet sich der inzwischen aufgegebene Schießplatz Schönower Heide. Birken, Heidekraut und anspruchslose Gräser erobern die offenen Sandflächen, dazwischen stehen einige alte Kiefern. Ein an der Landstraße Schönow – Schönwalde beginnender, munitionsberäumter Wanderweg führt sicher über das Gelände, das insbesondere zur Heideblüte im September sehr reizvoll ist.

Kirche ohne Stadt

Die Barnimhochfläche wurde im 12. und 13. Jahrhundert planmäßig erschlossen, und dabei wurde auch die Anlage von Städten angeordnet. Doch nicht überall nahm die geplante Entwicklung einen erfolgreichen Verlauf, wie in Hohenfinow am Nordostrand des Naturparks. Und so steht heute in dem kleinen Dorf eine überdimensionale Feldstein-Basilika, deren Seitenschiffe später sogar wieder abgetragen wurden.

Hussitenstadt Bernau

Obwohl Bernau den Zweiten Weltkrieg glimpflich überstand, sind nur noch wenige mittelalterliche Zeugnisse erhalten. DDR-Plattenbauten sollten hier vorbildlich die Umgestaltung einer Kleinstadt aufzeigen und bilden einen eigenartigen Kontrast zwischen Moderne und Historie.

Zu den verbliebenen, sehenswerten Resten der Altstadt gehört neben der Kirche St. Marien und einigen anderen Gebäuden die vollständig erhaltene Stadtmauer. Dank dieser und der ausdauernden Bernauer überstand die Stadt Anfang des 15. Jahrhunderts die Belagerung durch ein Heer der Hussiten. Zur Erinnerung an dieses Ereignis wird alljährlich das Hussitenfest gefeiert.

Wasseranstieg am Bogensee

Der Bogensee, idyllisch im Laubmischwald östlich von Wandlitz gelegen, wird größer. Grund dafür ist der künstlich erzeugte Wasseranstieg, der die vor Jahrzehnten durchgeführte Senkung des Wasserspiegels wieder rückgängig machen soll. Damit verbunden ist auch eine Vernässung der Umgebung des Bogensees, so daß aufgekommene Rotbuchen und andere Bäume langsam wieder absterben und feuchtigkeitsertragenden Arten wie der Schwarzerle Platz machen. An der Waldschule Bogensee beginnt ein herrlicher, ca. vier Kilometer langer Rundweg um den See.

Förstern ein Begriff: Eberswalde

Anfang des 13. Jahrhunderts wurde Eberswalde an einer Furt über die Finow als Stadt gegründet, doch der Zweite Weltkrieg hat viele architektonische Zeugnisse verschwinden lassen. Manches blieb erhalten, wie die sehenswerte Backsteinkirche. Eberswalde ist vor allem Forstleuten ein Begriff, denn bereits 1830 bezog eine im Lauf der Zeit berühmt gewordene Forstlehrstätte ein reizvolles klassizistisches Gebäude nahe der Altstadt. Im Übergang zu den umliegenden Wäldern liegt der Forstbotanische Garten, der zu jeder Zeit ein Genuß ist. Auch der nahegelegene Zoologische Garten ist einen Besuch wert.

Dorfkirche von Wandlitz.

Am Tegeler Fließ von Berlin nach Brandenburg

Verkehrsmöglichkeiten Mit der S-Bahn Berlin (Blankenfelde – Friedrichstraße – Oranienburg) zum Bahnhof Hermsdorf.
Parkmöglichkeiten Am Bahnhof Hermsdorf.
Streckenlänge 12 Kilometer.
Höhenunterschiede Insgesamt 50 Höhenmeter bergauf und bergab.

BARNIM

Karte Ampel Verlag Berlin: Fahrradkarte 1:60.000. Berliner Umland, Blatt Nordwest.

Bademöglichkeiten Im Strandbad Lübars in der Straße „Am Freibad" in Lübars.

Rastmöglichkeiten In Glienicke an der Alten Schildower Straße.

Einkehrmöglichkeiten In Lübars an der Dorfkirche und in Hermsdorf in der Berliner Straße.

Wissenswertes Das *Tegeler Fließ* war in einem Abschnitt bei Lübars einst Grenze zwischen Berlin und der DDR. Diesem Umstand ist es zu verdanken, daß sich die Natur über viele Jahre ungestört entwickeln konnte. - Das Dorf *Lübars*, eingemeindet zu Berlin, thront auf einem Steilabfall des Barnim zum Tegeler Fließtal. - Am Rand der Barnimhochfläche tritt vielerorts Quellwasser hervor, so auch nördlich von Lübars. Schilf und Erlen, die ungewöhnlicherweise am Hang stehen, deuten auf diese Quellen hin.

Tourenbeschreibung Die Stufen vom Bahnsteig des S-Bahnhofs Hermsdorf herunter, gehen wir nach links durch den langen Tunnel. Wieder im Tageslicht, schwenken wir schräg nach rechts in die Wachsmuthstraße. Sie trifft auf die Berliner Straße, der wir kurz nach rechts folgen. Schon nach wenigen Metern zweigt nach links bergab ein Fußweg ab (Markierung roter Querbalken). Diesem Weg bleiben wir nun längere Zeit treu. Zur Rechten prägen Wiesen, Erlen- und Weidengebüsche, kleinere Waldbestände und Hochstauden das Bild. Einst wurde hier Torf gestochen, die Stiche füllten sich mit Wasser und sind inzwischen großenteils verlandet. An der Veltheimstraße halten wir uns rechts und haben so weiterhin den breiten Fußweg vor uns, der bald nach rechts abknickt. Auf einem Holzbohlensteg überqueren wir das Tal des Tegeler Fließes und halten uns anschließend vor der Kleingartenkolonie links (Markierung roter Querbalken). Erneut helfen uns Holzbohlen über den mitunter morastigen Boden. Dahinter gabelt im Wiesenland ein kleinerer Pfad nach links ab, der uns stellenweise dicht an das Tegeler Fließ heranbringt. Unmittelbar vor einer Brücke können wir nach rechts abbiegen und setzen bergan unsere Schuhe auf Kopfsteinpflaster. Eine herrliche, in dieser Länge seltene Hecke aus Eingriffeligen Weißdornen begleitet uns. Einige Triebe des Strauches sind zu Dornen umgewandelt - ein Schutz gegen Verbiß durch hungrige Tiere. Am Ende der Kopfsteinpflasterstraße geht es links herum (Alt-Lübars), und nach wenigen Schritten öffnet sich der baumbestandene Dorfanger von Lübars. Neben sehenswerten Wohnhäusern entdecken wir die Kirche und dahinter die alte Schule. Mit Blick in die Lindenallee der Blankenfelder Chaussee biegen wir nach links in den Schildower Weg ab (Markierung gelber Punkt). Eine ausgesprochen hügelige Landschaft öffnet sich, links liegt ein kleiner See. Dem ersten abzweigenden Weg folgen wir nach links (Markierung gelber Punkt) und kommen so bergab wieder in das Fließtal hinein. Im Tal wechseln wir nach rechts auf den kreuzenden Wiesenweg. Auf den extensiv genutzten Wiesen sind seltene Pflanzen wie der Wiesenknöterich zu sehen. Über einen kleinen Graben hinüber, steigt der Weg rechts herum wieder an. Im Aufstieg entdecken wir zu beiden Seiten Schilf, Hopfen, junge Erlen und Weiden. Diese Pflanzen zeigen uns aus dem Hang austretendes Quellwasser an. Wir stoßen auf den mit einem roten Querbalken

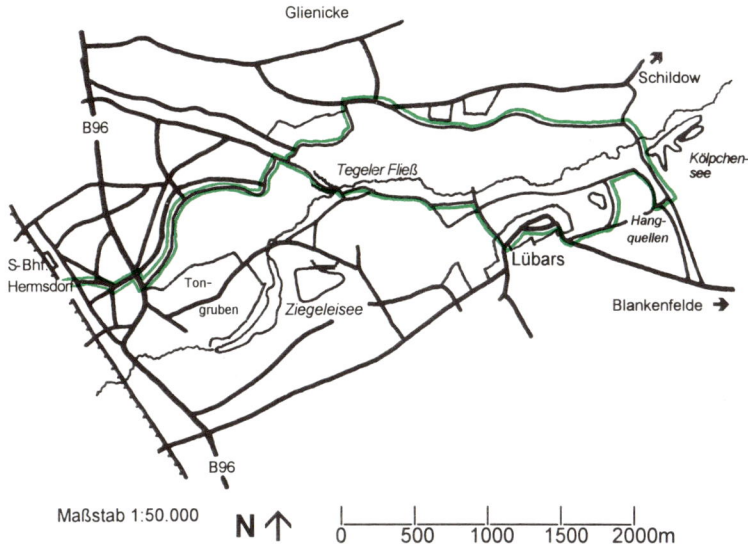

Glienicke

Schildow

B96

Kölpchen-
see

Tegeler Fließ

Hang-
quellen

S-Bhf
Hermsdorf

Ton-

gruben   Ziegeleisee

Lübars

Blankenfelde →

Maßstab 1:50.000   N ↑   0   500   1000   1500   2000m

markierten Wanderweg und schwenken nach links. Der Blick öffnet sich, an der folgenden Gabelung geht es nach links. Über den einstigen DDR-Grenzstreifen hinüber, gehen wir auf dem befestigten Patrouillenweg nach links. Bergab entdecken wir den Kölpchensee und können an das Gewässer herantreten. Dann überschreiten wir erneut das Tegeler Fließ, halten uns an der anschließenden Gabelung links und wandern nun ein längeres Stück auf dem einstigen Patrouillenweg. Nach rechts dehnen sich größere, offene Sandflächen aus, die nur von einigen Kiefern, Schafschwingel, Silbergras und der mitunter „Soldatensegge" genannten Sandsegge bestanden sind. Der Name rührt von den in sehr regelmäßigen Abständen, in gerader Linie ausgebildeten Ausläufern her. Auf Glienicke zu fehlt ein Stück des asphaltierten Weges, doch nach kurzem sandigen Abschnitt können wir auf die neben uns verlaufende Alte Schildower Straße überwechseln. An einer überdachten Rastgelegenheit vorbei, tauchen wir am Beginn der Kopfsteinpflasterung nach links in einen schmalen Pfad ab (Markierung grüner Querbalken). Er führt durch offen gelassene Wiesen, die zunehmend von Erlen, Weiden, Schilf, Kanadischen Goldruten und anderen Gewächsen erobert werden. Wir erreichen die „Eichwerder" genannte Lichtung, dahinter verschwinden wir nochmals im dichten Grün. Die Nähe zum Grundwasser ist der Grund für den üppigen Pflanzenwuchs, der den Weg in kürzester Zeit zuwachsen lassen würde - wären da nicht die Wanderer, die immer einen kleinen Gang freihalten. Wir nähern uns nochmals den Häusern von Glienicke, biegen dann aber nach links ab. So kommen wir unmerklich wieder nach Berlin hinein und stoßen auf den

BARNIM

mit einem roten Querbalken markierten Wanderweg, den wir schon vom Hinweg kennen. Auf bekannter Strecke geht es nun rechts herum zurück. Lange
Zeit haben wir die Wiesen und Gebüsche zur Linken, bis uns der Fußweg an
die Berliner Straße heranführt. Ein kurzes Stück rechts, dann links in die
Wachsmuthstraße, und schon haben wir den S-Bahnhof Hermsdorf erreicht.

Freizeit

Museen und Ausstellungen

Agrarmuseum Wandlitz
Breitscheidstr. 22, 16348 Wandlitz
☎ 033397-21558

Artistenmuseum
Liebenwalder Str. 2, 16348 Klosterfelde
☎ 033396-272

Eisenbahnmuseum
An der Wildbahn, 16352 Basdorf
☎ 033397-72656

Insektenausstellung
Deutsches Entomologisches Institut
Schicklerstr. 5, 16225 Eberswalde
☎ 03334-589833

Forstbotanischer Garten Eberswalde
Schwappachweg, 16225 Eberswalde
☎ 03334-22193

Zoologischer Garten Eberswalde
Am Wasserfall, 16225 Eberswalde
☎ 03334-22733 (Fax -23465)

Waldschulen

Waldschule Bogensee
Platz der Freundschaft, 16348 Bogensee
☎ 033397-64701 (Fax -64742)

Waldschule Bucher Forst
Wiltbergstr. 55, 13125 Berlin
☎ 030-94114733

Waldlehrkabinett Briesethal
☎ 03303-402262

Waldlehrkabinett Eberswalde
☎ 03334-582934

Badestellen

Sehr reizvolle Naturbadestellen gibt es am
Liepnitz-, Wandlitz- und Lehnitzsee.

Feste feiern

Mai: Fest im Agrarmuseum Wandlitz
Juni: Hussitenfest in Bernau
Sommer: Strandbadfest am Wandlitzsee

Natur(park)-Produkte

Ländliche Produkte und Hofläden

Öko-Hof Hiram-Haus
Neudorf 2, 16348 Klosterfelde
☎ 033396-79041 o. -79042

Agrarshop Gerstel
Breitscheidstraße, 16348 Wandlitz
☎ 033397-61475

Melchhof
16230 Melchow
☎ 03337-3900 oder -2192

Hoffnungstaler Werkstätten
16321 Lobetal
☎ 03338-66266

Fischereien und Fischräuchereien

Seenfischerei Prenden
Dorfstraße 12, 16348 Prenden
☎ 033396-828

Fischräucherei Detlef Schulz
Zühlsdorfer Str. 18, 16352 Basdorf
☎ 033397-62497

UCKERMÄRKISCHE SEEN

Naturparkverwaltung
Zehdenicker Str. 1
17279 Lychen
☎ 039888-64530 (Fax -64555)

Naturwacht
Zehdenicker Str. 1   Haus am Weinberg 15a
17279 Lychen   17268 Knehden
☎ 039888-43517   ☎ 03987-409150

HIMMELPFORT - TEMPLIN - LYCHEN - KLOSTER UND MÜHLE BOITZENBURG - ZEHDENICK

Adler über dem Land der Seen

Daß der Fischadler das Logo des Naturparks Uckermärkische Seen ziert, ist kein Zufall: Rund ein Zehntel aller Fischadler Deutschlands brütet hier; in keiner anderen Region Europas ist die Siedlungsdichte der bussardgroßen Vögel höher. Doch damit nicht genug: Bei den beiden anderen Adlerarten, die in den Lüften des Naturparks unterwegs sind, dem See- und Schreiadler, verhält es sich ähnlich. Die in vielen Landstrichen selten gewordenen Vögel sind ein Beleg dafür, daß die Landschaft und die Natur der Uckermark intakt sind.

Sanft wellige, teils schroffe Hügel bis zum Horizont, oftmals von Gebüschen, Baumreihen und einzeln stehenden Bäumen durchsetzt und immer wieder Seen - die Landschaft des Naturparks präsentiert sich in äußerst attraktiver Weise. Seen sind einer der Superlative, denn insgesamt 230 Stillgewässer mit einer Größe von mehr als einem Hektar kennzeichnen die Region. Darunter sind die kurios erscheinenden Seenkreuze von Templin und Lychen, aber auch viele kleine Seen, deren klares, nährstoffarmes Wasser selten gewordenen Algen und höheren Pflanzen ein Plätzchen bietet. Kleine, ökologisch bedeutsame Bäche wie der Strom oder der Küstriner Bach durchbrechen laut plätschernd die bewaldeten Endmoränen der vor etwa 15.000 Jahren von der letzten Eiszeit geformten Landschaft. Am Westrand fließt die im nordwestlich liegenden Müritz-Nationalpark entspringende Havel. Ein sehr naturnaher Abschnitt befindet sich in dem großen, einstigen militärischen Sperrgebiet „Tangersdorfer Heide". Hier tummeln sich Fischotter, Biber und seltene Fischarten wie Steinbeißer, Bitterling und Hasel.

An kulturellen Zeugnissen ist die Region reich wie kaum ein anderes Gebiet Brandenburgs. Zu den vielen Bodendenkmälern gehören sowohl bronzezeitliche Hügelgräber als auch die Ruinen vergangener Klöster. Einzigartig in Brandenburg ist die Klosterruine von Boitzenburg im Nordosten des Gebietes. Das infolge der Säkularisation und der Zerstörung im Dreißigjährigen Krieg aufgegebene Kloster verfiel, doch die backsteinerne Anlage widersetzt sich Wind und Wetter in ausdauernder Weise. Dicke Eichen und Linden wachsen heute dort, wo einst Nonnen beteten und arbeiteten. Ebenso reizvolle Klosterruinen bieten auch Himmelpfort und Zehdenick. Im früheren Konventgebäude

UCKERMÄRKISCHE SEEN

des Zehdenicker Klosters wächst der vermeintlich älteste Efeu Europas - er wurde der Überlieferung nach von der ersten Äbtissin vor über 700 Jahren gepflanzt. Auch das am Nordoststrand gelegene Prenzlau, einst eine der wichtigsten Städte der Uckermark, ist reich an mittelalterlichen Klöstern: Gleich zwei gibt es hier, und beide haben die schreckliche Bombardierung des Zweiten Weltkrieges überstanden. Das Dominikaner-Kloster beherbergt heute das Uckermärkische Volkskundemuseum, und die nahegelegene Kirche St. Marien ist eine der schönsten und reichst gegliederten Backsteinbauten ganz Brandenburgs. Die mittelalterliche Stadtmauer ist in Teilen erhalten, drei Tore ebenfalls. Das ist aber eigentlich gar nichts Außergewöhnliches, denn sowohl Templin, die Stadt im Herzen des Naturparks, als auch Lychen an der Grenze zu Mecklenburg-Vorpommern, warten mit fast vollständigen, mehrere Meter hohen Stadtmauern und gut erhaltenen Resten der historischen Bebauung auf.

Informationen

Fremdenverkehrsverband Uckermark
Schinkelstr. 32, 17268 Templin
☎ 03987-52115

Fürstenberger Seenland
Am Bahnhof, 16798 Fürstenberg/Havel
☎ 033093-32254

Fremdenverkehrsverein Lychen
Fürstenberger Str. 11a, 17279 Lychen
☎ 039888-2255

TourismusService Templin
Obere Mühlenstr. 11, 17268 Templin
☎ 03987-2631 (Fax -53833)

Uckermärkischer Verkehrsverein
Am Marktberg 19, 17291 Prenzlau
☎ 03984-2791

Fremdenverkehrsbüro Zehdenick
Schleusenstr. 15, 16792 Zehdenick
☎ 03307-2877

Fremdenverkehrsverein Fürstenwerder
E.-Thälmann-Str. 33d, 17291 Fürstenwerder
☎ 039859-202

Förderverein
Feldberg-Uckermärkische Seenlandschaft
Markt 12, 17268 Templin
☎ 03987-53733

Wanderung

Klappernde Klostermühle von Boitzenburg

Verkehrsmöglichkeiten Busverbindung nach Templin und Prenzlau. Mit dem Auto auf der B109 Berlin – Prenzlau nach Haßleben und von dort über Wichmannsdorf nach Boitzenburg.
Parkmöglichkeiten Am östlichen Ortseingang im Mühlenweg.
Streckenlänge 6 Kilometer.
Höhenunterschiede Insgesamt 70 Höhenmeter bergauf und bergab.
Karte RV Regio Cart: Südliche Uckermark. 1:50.000. Berlin.
Rastmöglichkeiten Am Verlobungsstein, hinter dem Damm über den Teich und an Mathildchens Blick.
Einkehrmöglichkeiten In Boitzenburg und in der Klostermühle.
Wissenswertes Um 1269 wurde im Herzen der Uckermark das *Zisterzienser-Nonnenkloster Boitzenburg* gegründet. Der damals errichtete Backsteinbau war so robust, daß er bis heute überdauert hat - obwohl Zerstörungen im Dreißigjährigen Krieg die Anlage nutzlos werden ließen. Neben den teilweise

Buschwindröschenblüte im Buchenwald.

bis zur Traufkante erhaltenen Wänden der Klausur und der Klosterkirche sind die Grundmauern weiterer Teile des Klosters freigelegt. Gleich neben der Klosterruine, am Ufer des Stroms, klappert die Klostermühle. Schon zur Zeit der Zisterzienser-Nonnen verrichtete hier eine Wassermühle ihre Arbeit. Später verfiel der Bau, und 1640 wurde eine neue Mühle in Betrieb genommen, die zu Beginn des 18. Jahrhunderts ihr heutiges Gesicht bekam. - In seiner Gesamtheit in Brandenburg einzigartig ist der frühere „Tiergarten" von Boitzenburg. Unzählige knorrige Eichen vermitteln einen Eindruck von einem Wald, wie er schon zu Klosterzeiten zu sehen war. Haustiere, wie Schweine, Rinder und auch Wisente, wurden in den Wald getrieben und suchten sich dort ihre Nahrung selbst. Eine Vorliebe hatten sie für die Früchte von Eichen und Rotbuchen, doch auch junge Pflanzen und Gräser verschmähten sie nicht. So konnten junge Bäume nicht mehr nachwachsen, und die vorhandenen Bäume entwickelten breite Kronen. Heute sind Hudewälder, wie die Weidewälder auch heißen, ein sehr seltenes kulturhistorisches Zeugnis. Die älteste und dickste Eiche ist etwa 500-600 Jahre alt und hat einen Stammumfang von über sieben Metern. - Am Westrand von Boitzenburg befindet sich das Schloß, das zwischen 1528 und 1945 von den von Arnims bewohnt wurde. Ihr Erbbegräbnis liegt im Carolinenhain südlich des Schlosses und ist ab dem Mühlteich ausgeschildert. Peter Joseph Lenné gestaltete 1827 die gesamte Umgebung von Boitzenburg.

Anmerkung In der noch tätigen Klostermühle informiert eine Ausstellung über die Geschichte der Mühle und des Dorfes.

129

UCKERMÄRKISCHE SEEN

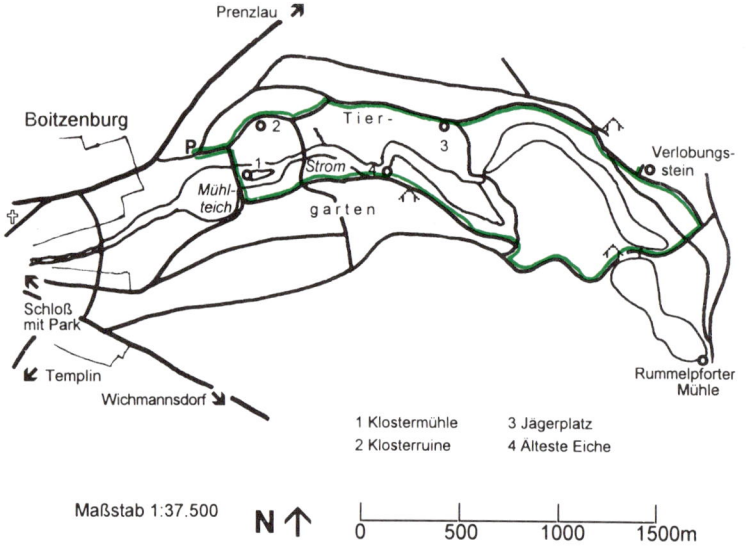

1 Klostermühle   3 Jägerplatz
2 Klosterruine   4 Älteste Eiche

Maßstab 1:37.500   **N ↑**   0   500   1000   1500m

Tourenbeschreibung Vom Parkplatz oberhalb der Klostermühle gehen wir
unter alten Roßkastanien bergab und entdecken einen hölzernen Wisentkopf
mit einer Karte vom NSG „Boitzenburger Tiergarten". Nachdem wir uns hier
einen ersten Überblick verschafft haben, steuern wir geradewegs auf die
backsteinernen Reste des Klosters zu und laufen links an der Wand der früheren Klosterkirche vorbei. Hohe Bäume leiten uns geradezu an einen Erlenbruch heran (Hinweis Jägerplatz). Über Holzbohlen geht es durch das feuchte
Bruch, am Ende haben wir wieder festen Sand unter unseren Füßen. Am
Waldrand steht eine überdimensionale Kiefer, deren fast anderthalb Meter
dicker Stamm sich schon in geringer Höhe verzweigt. Wir schwenken nach
rechts und wandern nun auf einem breiteren Waldweg, der bald in einen
Fichtenbestand eintaucht. Wenn sich das Dunkel des Fichtenforstes wieder
lichtet, sehen wir die ersten Hudeeichen des Tiergartens. Die Stämme der alten Eichen sind über und über mit Moosen bedeckt, was typisch für alte Bäume ist. Hinter dem Jägerplatz kommen wir wieder in dichtere Baumbestände
hinein. Der Weg steigt an, eine Bank bietet die Möglichkeit zu einer Verschnaufpause mit Blick auf den aufgestauten Strom. Etwas weiter gesellt sich
ein schmalerer Weg hinzu, kurz darauf gabelt sich unser Rundweg, und wir
gehen nach links (grüner Schrägbalken). Dann zweigt der Stichweg zum
Verlobungsstein, einem riesigen Findling, ab. Dahinter erreichen wir einen
jungen Rotbuchen-Hainbuchenbestand, der aus Stockausschlägen hervorge-
gangen ist: Nach dem Absägen des Mutterbaumes sind dicht über dem Erdboden neue Triebe hervorgetreten, die nun zu neuen Bäumen heranwachsen. Am
Ende dieses Niederwaldes knickt der Wanderweg nach rechts ab, und wir gehen steil bergab. Vor einer betagten Hainbuche endet der Abstieg. Hier kreuzt

130

der Uferweg, wir gehen geradeaus und können auf einem von Pappeln gesäumten Damm den Teich überqueren. Auf der anderen Seite führt der Wanderweg zunächst ein Stück am Ufer entlang, dann in einem langen Rechtsbogen bergauf. Am Ende des Anstiegs richten wir uns nach den Hinweisen zur „ältesten Eiche Boitzenburgs" und laufen spitzwinklig nach rechts. So kommen wir in das Stromtal zurück, halten uns an der nächsten Gabelung links (grüner Schrägbalken) und wandern durch einen für Brandenburg einmaligen Hudewald. Unter uns öffnet sich ein vom Strom durchflossener Erlenbruch, und nun sind es nur noch wenige Schritte bis zur angekündigten Eiche, die direkt am Hang gedeiht. Schließlich sehen wir rechter Hand das kräftige Rot der backsteinernen Klosterruine durch die Äste der Bäume schimmern. Mit Blick auf die Klostermühle gehen wir am Ufer des Teiches nach rechts, passieren die Mühle und treffen dann linker Hand wieder am Parkplatz ein.

Ausflüge

Von Seen eingerahmt: Lychen

Ist die Anzahl der Seen im Naturpark schon außergewöhnlich, wartet Lychen mit einer weiteren Besonderheit auf: Vier Seen, die kreuzförmig zueinander liegen. Eine Laune der Eiszeit ließ das Lychener Seenkreuz entstehen - bei Templin gibt es diese Erscheinung ebenfalls. Sehenswert ist auch das mittelalterliche Zentrum Lychens samt umgebender Feldstein-Stadtmauer.

Kirchenidyll zwischen uralten Linden

Rund um die zu Beginn des 18. Jahrhunderts errichtete und vor wenigen Jahren liebevoll restaurierte Fachwerkkirche von Alt Placht stehen fünf etwa 500 Jahre alte Winterlinden. Sie verzweigen sich in geringer Höhe, und baumstarke Äste stehen waagerecht ab. Eine alte Allee führt vom ehemaligen Gutsgelände zur Kirche. Alt Placht liegt acht Kilometer nordwestlich von Templin.

Naturpark Feldberger Seenlandschaft

Vor der Reform der Ländergrenzen 1992 bildete der Naturpark Uckermärkische Seen gemeinsam mit dem im angrenzenden Mecklenburg-Vorpommern liegenden Feldberger Seenlandschaft einen großen Naturpark. Heute sind zwei Naturparks daraus geworden. In der Umgebung von Feldberg locken der tief eingeschnittene Schmale Luzin, der Breite Luzin mit schöner Badestelle und ein mehr als 250 Jahre alter, im natürlichen Zusammenbruch befindlicher Buchenwald, das NSG „Heilige Hallen". Der urwaldartige Bestand liegt vier Kilometer westlich von Feldberg.

Zu Besuch beim Weihnachtsmann

Wer dem Weihnachtsmann schreiben möchte, muß Himmelpfort als Adresse angeben. Der Ort liegt östlich von Fürstenberg und wurde nach dem 1299 auf einer Landenge zwischen dem Stolp- und Moderfitzsee gegründeten Zisterzienserkloster benannt, das teils in Ruinen erhalten ist, teils in die Dorfkirche einbezogen wurde. Für die freundliche Beantwortung von Briefen sorgt die Post-AG.

Küstriner Bach

Der sechs Kilometer lange Küstriner Bach zwischen dem Großen Küstrinsee und dem Oberpfuhl bei Lychen ist landschaftlich sehr reizvoll. Laut plätschert das Wasser durch das bis zu 15 Meter tiefe Tal. Ein Wanderweg führt am Bachufer entlang.

Die Feldeiche von Blumenow

Südlich von Blumenow, wenige Meter außerhalb des Ortes, steht eine für brandenburgische Verhältnisse riesige Eiche einzeln auf einer Weide. Der Umfang des schön gewachsenen Baumes beträgt über acht Meter.

Abenteuer auf dem Wasser

Die Seenketten und die vielen Fließe bieten reizvolle Gelegenheiten für Ausflüge auf dem Wasser. Hier sind Naturbeobachtungen möglich, die von Land nur selten gelingen. Besonders eindrucksvoll ist eine Fahrt mit dem Hydrobike genannten, per pedale angetriebenen „Wasser-Fahrrad" oder auf dem hölzernen Floß.

UCKERMÄRKISCHE SEEN

Dorf mit Stadtmauer

Eine Kuriosität birgt das im Norden des Naturparks gelegene Dorf Fürstenwerder: eine Stadtmauer. Sie geht auf das 13. Jahrhundert zurück und ist wie die beiden Tore bis heute erhalten. Landgemeinde wurde Fürstenwerder erst im 19. Jahrhundert - bis dahin besaß der Ort Stadtrechte.

Unterwegs mit der Draisine

Eine sehr reizvolle Art, den Naturpark kennenzulernen, ist eine mit eigener Kraft gestaltete Draisinenfahrt auf der stillgelegten Bahnstrecke von Fürstenberg an der Havel über Himmelpfort und Lychen nach Templin. Zurück geht es mit dem Bus. Drei Erwachsene finden auf dem stählernen Fahrzeug Platz.

Die Wiege Berlins

Beim Bau der Bahn Berlin – Fürstenberg 1888 wurden nördlich von Zehdenick für den Bahnbau ungünstige Tonlager entdeckt. Die Trasse wurde umgelegt, und der Ton in der Folgezeit in zahllosen Gruben abgebaut. Die Schornsteine der neu entstehenden Ringöfen schossen wie Pilze in die Höhe, denn die anwachsende Metropole Berlin benötigte Unmengen an Ziegeln. Heute stellt das 3200 Hektar große Areal mit seinen wassergefüllten Gruben ein Eldorado für Wasservögel, Amphibien und andere Lebewesen dar, und die vielen noch erhaltenen Ziegeleien sind ein einzigartiges Industriedenkmal. Der „Ziegeleipark Mildenberg" lockt zudem mit einer Fahrt auf der Schmalspurbahn und einer Einkehrmöglichkeit.

Radtour

Von Templin mitten durch die Uckermark

Verkehrsmöglichkeiten Mit der Regionalbahn (Frankfurt/Oder – Berlin – Templin oder Eberswalde – Templin) nach Templin-Hauptbahnhof. Mit dem Auto auf der A11 Berlin – Pomellen bis zur Abfahrt Joachimsthal und über Joachimsthal, Friedrichswalde und Milmersdorf nach Templin.
Parkmöglichkeiten Am Hauptbahnhof Templin.
Streckenlänge 23,5 Kilometer.
Höhenunterschiede Insgesamt 100 Höhenmeter bergauf und bergab.
Straßenbeschaffenheit Innerorts teils Kopfsteinpflaster, 6 Kilometer Waldboden, 4,5 Kilometer fester Sand, sonst Asphalt.
Karte Landesvermessungsamt Brandenburg. Topographische Karte 1:100.000. Landkreis Uckermark. Potsdam. 1997.
Einkehrmöglichkeiten In Klosterwalde und Templin.
Bademöglichkeiten Zwei Naturbadestellen und ein Freibad am Templiner See, Naturbadestellen darüber hinaus im Gleuensee am Campingplatz und im Fährsee unweit der Gaststätte Fährkrug am Campingplatz.
Wissenswertes Das Mitte des 13. Jahrhunderts gegründete *Templin* ist fast vollständig von einer rund acht Meter hohen, größtenteils aus Feldsteinen errichteten Stadtmauer umgeben. Mit dem Berliner-, dem Mühlen- und dem Prenzlauer Tor sind noch alle ursprünglichen Stadttore erhalten. In ihrer Geschlossenheit eindrucksvoll sind die zahlreichen Fachwerkbauten, die zumeist mit viel Einsatz restauriert wurden. Sie entstanden ebenso nach dem Stadtbrand von 1735 wie die Pfarrkirche und das Rathaus. - Die 1912 erbaute *Schmalspurbahn* von Templin nach Fürstenwerder und von dort weiter nach Prenzlau wurde im Rahmen von Reparationsleistungen nach dem Zweiten Weltkrieg demontiert.

Anmerkung Im Berliner Tor von Templin kann man sich u.a. die Naturpark-
ausstellung ansehen, und im Prenzlauer Tor befindet sich das Volkskundemuseum.

Tourenbeschreibung Aus dem Templiner Bahnhofsgebäude hinaus, stat-
ten wir zunächst der historischen Altstadt einen Besuch ab. Rechts herum
führt uns der eigene Radweg an der Zehdenicker Straße entlang schließlich
auf das Berliner Tor zu. Durch das sehenswerte Backsteinbauwerk hindurch,
öffnet sich die von herrlichen, zweistöckigen Fachwerkhäusern gesäumte
Straße. Hinter dem Rathaus biegen wir nach links in die Mühlenstraße und
schwenken - das Mühlentor vor Augen - an der Martin-Luther-Straße wieder
nach rechts. Das holprige Kopfsteinpflaster verhindert ein schnelles Voran-
kommen; das macht aber nichts, denn so können wir uns die Kirche und die
ebenso reizvollen Wohnhäuser genauer ansehen. Am Eichwerder Tor, das erst
im letzten Jahrhundert als Zugang zur außerhalb der Stadtmauer erbauten
Schule geschaffen wurde, verlassen wir die Altstadt. Danach geht es ein kurzes Stück bergab, und links herum erreichen wir die Süduferspitze des Templiner Sees, wo wir auf der „Pionierbrücke" auf die andere Uferseite überwechseln. Die Weinbergstraße nimmt uns nach rechts auf und nach etwa 100
Metern rollen wir schräg nach rechts von der Straße hinunter (Hinweis Gleu-
enbrücke). Nun steht uns eine längere Partie am Norduufer des Templiner Sees
bevor. Immer dem grünen Schrägbalken an Bäumen und Hinweisschildern
folgend, passieren wir hinter den letzten Anwesen der Stadt abschnittsweise
naturnahe Hangwälder mit Stiel- und Traubeneichen, Spitz- und Bergahornen
und Flatterulmen. Am Ufer ist größtenteils nur ein schmaler Saum aus
Schwarzerlen und Schilf entwickelt, da der Grund hier steil abfällt. Zum Ende
des Sees wird das Gelände flacher, und an einem Erlenbruch verlassen wir das
Wasser. Wir machen nun erstmals Bekanntschaft mit den uckermärkischen
Hügeln und radeln in einem langen Bogen am Rand der Erhebungen entlang.
Sehenswert rückt nun der Bruchsee ins Blickfeld. Schließlich müssen wir absteigen, uns und das Rad auf den alten Bahndamm hinaufzubekommen.
Keine Sorge: Züge verkehren nicht mehr, und so können wir die Gelegenheit
nutzen, mit vergleichsweise geringen Höhenunterschieden bequem voranzu-
kommen. Linker Hand geht es auf Knehden zu. Kurz hinter einer Gebäudegruppe müssen wir mehrere Lenkmanöver absolvieren, da hier eine Brücke
fehlt. Rechts herum rollen wir vom Bahndamm hinunter, halten uns in einem
kleinen Erlenbestand links, steuern an der Schotterstraße Knehden – Campingplatz nach links und verschwinden dann rechts herum auf einem schmalen Pfad, der wieder auf die Bahntrasse hinaufführt. Wälder, Felder, Hügel
und eingestreut liegende Seen wechseln sich ab. Auf Metzelthin zu verlassen
wir den Bahndamm, indem wir uns links der Trasse halten und erreichen auf
Kopfsteinpflaster den Ort. Wir müssen die Vorfahrt gewähren und sollten
nicht nur der kleinen Feldsteinkirche wegen einen Abstecher nach links machen. Der weitere Weg verläuft ansonsten nach rechts und kreuzt ein letztes
Mal die Bahntrasse. Dahinter kommen wir in eine sehenswerte, langgezogene
Lindenallee, die sich durch die Hügellandschaft nach Klosterwalde schlängelt.
Die vielen Stockausschläge, die immer wieder abgeschnitten wurden, lassen
die Bäume scheinbar auf Inseln stehen. Klosterwalde ist ein typisches Stra-

UCKERMÄRKISCHE SEEN

ßendorf, und gleich hinter der Kirche steuern wir nach rechts (Hinweis Templin). Eine vergleichsweise lückige Allee aus Obstbäumen leitet uns durch Weideland, dann geht es in Kurven in das Tal des Gleuensees hinab. Nun tauchen wir in herrliche Buchenwälder ein, die sich erst kurz vor der Bahnlinie nach Prenzlau lichten. Hinter dem Haltepunkt Fährkrug müssen wir uns für ein Stück unter den Verkehr der Landstraße Templin – Prenzlau mischen (rechts). Am Ufer des Fährsees entlang, unterqueren wir die Bahntrasse und biegen sofort nach rechts auf den südlichen Uferweg des Templiner Sees ab. Stattliche Rotbuchen und Kiefern prägen hier das Waldbild. Zäune verraten dann die ersten Gebäude von Templin, und unser Weg mündet kurz vor dem Freibad auf die Prenzlauer Allee. Ihr folgen wir nach rechts und nähern uns so der Stadtmitte. Wenig später verlassen wir geradewegs die Vorfahrtstraße und erreichen am Prenzlauer Tor den Stadtmauerring. Dem Uhrzeigersinn entsprechend, fahren wir nun an der Innenseite der Stadtmauer entlang bis zum bereits bekannten Berliner Tor. Hier kreuzt der Radweg, der uns links herum zum Hauptbahnhof zurückbringt.

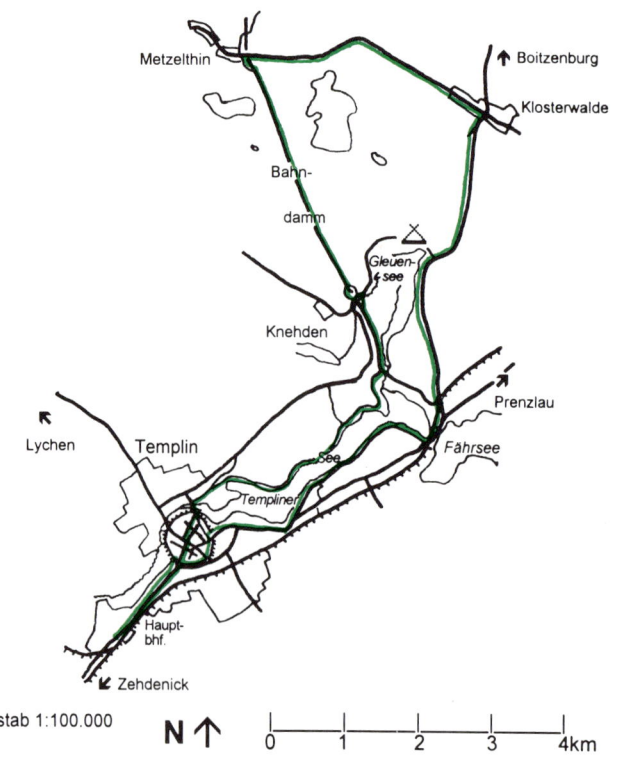

Maßstab 1:100.000 N ↑ 0 1 2 3 4km

Freizeit

Museen und Ausstellungen

LebensRäume (Naturpark-Ausstellung)
Berliner Tor, 17268 Templin
☎ 03987-3275

Uckermärkisches Volkskundemuseum
Prenzlauer Tor, 17268 Templin
☎ 03987-2725

Kulturhistorisches Museum Prenzlau
Dominikanerkloster, 17291 Prenzlau
☎ 03984-865130

Heimatstube Petznick
Gutshaus, 17268 Petznick
☎ 039887-53404

Heimatstube Warthe
Dorfstraße, 17268 Warthe
☎ 039885-2068

Heimatstube Klaushagen
Dorfstr. 13, 17268 Klaushagen
☎ 039889-311 oder -361

Klostermühle Boitzenburg
(mit Naturparkausstellung)
Mühlenweg 5a, 17268 Boitzenburg
☎ 039889-236

Heimatstuben Fürstenwerder
(mit Naturparkausstellung)
E.-Thälmann-Str. 17, 17291 Fürstenwerder
☎ 039859-230

Kirchlein im Grünen (Alt Placht)
mit Pilgerpfad
Führungen über Pfarrer H. Kasner
☎ 03987-54094

Ziegeleipark Mildenberg
Ziegeleiweg 10, 16775 Mildenberg
☎ 03307-310410

Mahn- und Gedenkstätte Ravensbrück
Straße der Nationen, 16798 Fürstenberg
☎ 033093-39241

Flößereimuseum Lychen
Am Stargarder Tor, 17279 Lychen
☎ 039888-2255

Pädagogische Einrichtungen

Ökostation Prenzlau
Am Scharfrichtersee 2a, 17291 Prenzlau
☎ 03984-806000

Draisinenfahrt

TourismusService Templin
☎ 03987-2631

Baden

Natur-Therme Templin
Dargersdorfer Straße, 17268 Templin
☎ 03987-2030134

Darüber hinaus gibt es an den vielen Seen
attraktive Naturbadestellen.

Bootsverleih

In allen an den Seen liegenden größeren
Orten bestehen mehrere Möglichkeiten, ein
Paddelboot auszuleihen. Infos erteilen die
Fremdenverkehrseinrichtungen.

Geführte Bootstouren / Hydrobike

Marcus Thum, Natur- und Landschaftsführer
Schlüßhof 2, 17279 Lychen
☎ 039888-43377

Floßfahrt

Fremdenverkehrsverein Lychen
Fürstenberger Str. 11, 17279 Lychen
☎ 039888-2255 (Fax -4178)

Schiffahrt (Dampfer)

Reederei Klapczynski
Berliner Str. 2, 17268 Templin
☎ 03987-6622 (auch Fax)

Feste feiern

April: Naturparkfest in Alt Placht
Sommersonnenwende: Johannifest Alt Placht
Juni: Templiner Stadtfest
August: Flößerfest in Lychen
September: Templiner Stadtmauerfest

Natur(park)-Produkte

Ziegenkäse

Schleusenhof Regow 1
16775 Bredereiche
☎ 033087-51183

Schäferei

Schäferei Hullerbusch
Hullerbusch Nr. 4, 17258 Feldberg
☎ 039831-20006

Fische

Fischerei /-räucherei Himmelpfort
Stolpseestr. 16, 16798 Himmelpfort
☎ 033089-209

Uckermark Fisch GmbH
Der Uckermark Fisch GmbH gehören Fischer in Boitzenburg, Lychen, Templin, Kü-
strinchen und Fürstenwerder an.
☎ 039889-5115

UCKERMÄRKISCHE SEEN

Ländliche Produkte
Archehof Gut Falkenhain
D. Wunsch, 17268 Hardenbeck
☎ 039889-276
Regenbogenhof
Dorfstr. 15, 17291 Augustfelde
☎ 039853-2495

Gut Boltenhof
Dorfstr. 10, 16775 Boltenhof
☎ 033087-52520
Gut Netzow
17268 Templin
☎ 03987-3029

*Söll mit Sumpfdotterblumen (*Caltha palustris*) in der Uckermark.*

Naturparkverwaltung
Berliner Str. 4
16775 Menz
☎ 033082-70220 (auch Fax)

Naturwacht

Kirchstr. 4	Feldgrieben 2
16775 Menz	16831 Rheinsberg
☎ 033082-50214	☎ 033931-39304

SCHLOSS RHEINSBERG - RUPPINER SCHWEIZ - STECHLIN - NEURUPPIN - KLOSTER LINDOW

Die klarsten Seen Brandenburgs

Der Naturpark Stechlin-Ruppiner Land ist das jüngste aller brandenburgischen Großschutzgebiete. Er umfaßt Teile einer hügeligen und seenreichen, überwiegend von Wäldern geprägten Landschaft im Norden Brandenburgs, unweit der Grenze zu Mecklenburg-Vorpommern. Seine Fortsetzung findet der Naturpark dort im Nationalpark Müritz, wo er ursprünglich miteinbezogen werden sollte. Die Auflösung der früheren DDR-Bezirke zog einen verwaltungspolitischen Strich durch die Mecklenburgische Seenplatte. Für die wald- und seenreiche Erholungslandschaft zwischen dem nun brandenburgischen Fürstenberg und Neuruppin wurde der Naturpark Stechlin-Ruppiner Land auserkoren.

Einer der landschaftlichen Höhepunkte ist der Stechlinsee, auf dessen Grund sich dichte Rasen aus Armleuchteralgen entwickelt haben. Der Name Stechlin leitet sich aus dem Slawischen her und bedeutet Glas. Viele weitere glasklare Seen bereichern den Naturpark - so viele, wie sonst nirgends in Brandenburg. Im Sommer locken sie mit sehr reizvollen Naturbadestellen, wie etwa der Roofen-, der Große Zechliner oder der Grienericksee. Auch sie sind von weitläufigen, intakten Wäldern umgeben, und im Boden befindliche Nährstoffe werden von den Bäumen und anderen Pflanzen aufgenommen, statt in den See gespült zu werden. In den naturnahen Wäldern findet sich reichlich Totholz in Form abgestorbener oder sterbender Baumriesen. So verwundert es nicht, daß alle heimischen Spechtarten im Naturpark vertreten sind. Sie zimmern ihre Bruthöhlen in das morsche Holz, und in die verlassenen Spechthöhlen ziehen Nachmieter ein, wie der kaum elf Zentimeter große Zwergschnäpper oder die Schellente. Sie taucht als eigentlicher Seebewohner nach Insekten, Krebsen und anderen Wassertieren und zieht ihren Nachwuchs in großen Baumhöhlen am Seeufer auf. Wenn die Kleinen gleich nach dem Schlüpfen das Nest verlassen müssen, steht ein mutiger Sprung ins Wasser an.

Über die Grenzen Brandenburgs hinaus bekannt geworden ist Rheinsberg - insbesondere durch das Schloß mit dem angrenzenden Park. Kammerkonzerte im Sommer, herrliche Parkspaziergänge zu jeder Jahreszeit, viel Leben in den kleinen Straßen und der Hafen als Ausgangspunkt für Touren auf dem Wasser locken zahllose Besucher in das Städtchen. Attraktives Ausflugsziel ist auch das östlich von Rheinsberg gelegene Menz. Das Dorf zeigt stadtähnliche Züge und stand einst an der Schwelle zur Stadt. Unweit der Kirche und des Heimatmuseums steht das NaturParkHaus Stechlin, das in vielfältigster Weise Naturphänomene zeigt, die Jung und Alt bei einer Entdeckungsreise mit allen Sinnen erkunden können. Am Nordoststrand des Gebietes und für Bahnfahrer gut erreichbar liegt Fürstenberg an der hier noch kleinen Havel. Das Städtchen, bis 1952 zu Mecklenburg gehörig, hat einen hübschen, im frühen 19. Jahrhundert entstandenen Marktplatz. Sehenswert sind auch die Reste der früheren Burg und das Schloß. Am Südrand des Naturparks liegt im Herzen des Ruppiner Landes die Stadt Neuruppin. Auf dem Weg von Rheinsberg dorthin quert man einen Teil der reizvollen, von Fontane in den höchsten Lobestönen beschriebenen Ruppiner Schweiz. Das überwiegend von naturnahen Buchenmischwäldern geprägte Gebiet ist so schroff wie kaum ein anderer Landstrich im Märkischen, und Seen und Bäche komplettieren den mittelgebirgsähnlichen Charakter. Neuruppin selbst wurde - wie Rheinsberg - im 18. Jahrhundert von einem Stadtbrand schwer in Mitleidenschaft gezogen. Heute steht die alte märkische Stadt mit seinem gitterförmigen Straßennetz als Sinnbild preußischer Ordnung und zieht den Besucher mit seiner einheitlichen Bebauung und einigen erhalten gebliebenen mittelalterlichen Resten in den Bann.

Informationen

Tourismusverband Ruppiner Land
Fischbänkerstr. 8, 16816 Neuruppin
☎ 03391-357890

BürgerBahnhof Rheinsberger Tor
Karl-Marx-Str. 1, 16816 Neuruppin
☎ 03391-45460 (Fax -454666)

Verkehrsverein „Rheinsberger Seenkette"
Touristinformation
Markt - Kavalierhaus, 16831 Rheinsberg
☎ 033931-2059

Tourismusverein „Stadt der drei Seen"
Pavillon am Markt, 16835 Lindow
☎ 033933-70297 oder -70327

Fremdenverkehrsverein Flecken Zechlin
Rheinsberger Str. 15, 16837 Flecken Zechlin
☎ 033923-70412

Tourismusverein „Fürstenberger Seenland"
Am Bahnhof, 16798 Fürstenberg
☎ 033093-32254 (Fax -32307)

Naturschutzstation Zippelsförde
16827 Alt Ruppin
☎ 033933-70816 (auch Fax)

NABU Kreisverband Gransee
Neulüdersdorf 2, 16775 Altlüdersdorf

NABU Kreisverband Neuruppin
Luhmer Str. 13, 16831 Zechlinerhütte

Wanderung

Schon Fontane schwärmte von der Ruppiner Schweiz

Verkehrsmöglichkeiten Mit dem Auto auf der A24 Berlin – Hamburg bis zur Abfahrt Neuruppin, mit dem Hinweis nach Rheinsberg durch das Zentrum von Neuruppin und dann dem Hinweis Flecken Zechlin nach. Etwa sechs Kilometer hinter Neuruppin zweigt im Wald die Straße nach Tornow / Stendenitz ab (rechts). Kurz vor dem Zermützelsee geht es links (Hinweis Rottstiel).
Parkmöglichkeiten Am Forsthaus Rottstiel.
Streckenlänge 9,5 Kilometer.
Höhenunterschiede Insgesamt 70 Höhenmeter bergauf und bergab.

Karte Tourist-Verlag Kümmerly & Frey: Wanderkarte Rheinsberger Landschaft 1:50.000.

Bademöglichkeiten Im Kalksee unweit des Binenbaches und im Tornowsee am Campingplatz Rottstiel.

Rastmöglichkeiten Mehrere nicht überdachte Gelegenheiten.

Einkehrmöglichkeiten In der Boltenmühle.

Wissenswertes Die *Ruppiner Schweiz* zeigt sich in einem für Brandenburg einmalig schroffen Gelände. Seen, Quellen, Bäche, Berge und tief eingeschnittene Täler wechseln sich immer wieder ab und erinnern an eine Mittelgebirgslandschaft. Vollendet wird der Landschaftsgenuß durch die naturnahen Buchenmischwälder, in die häufig Traubeneichen und Waldkiefern eingestreut sind. - Der *Kalksee* trägt seinen Namen nicht zu unrecht, denn er enthält sehr viel Kalk, der aus unter dem Wasserspiegel liegenden Kalklagern austritt. Das Wasser des Sees erscheint daher in jenem typischen Grün, wie es sonst nur von Gebirgsseen bekannt ist. Der Kalk wurde früher in Binenwalde gebrannt und auch als Dünger auf die Äcker gebracht. - Der Kalksee entwässert über den 1,2 Kilometer langen, ökologisch sehr wertvollen *Binenbach* in den Tornowsee. Der Bach besitzt stärker durchströmte und ruhigere Zonen, die insbesondere für Insekten und andere Wirbellose sehr bedeutend sind. Umgestürzte Bäume schaffen einen urwaldartigen Charakter. - Die reizvoll gelegene *Boltenmühle*, 1718 als Schneidemühle errichtet, brannte 1993 aus ungeklärten Gründen ab. Unter Verwendung der erhalten gebliebenen Reste wurde sie wieder aufgebaut und ist heute eine beliebte Ausflugsgaststätte.

Tourenbeschreibung Vom Parkplatz am Forsthaus Rottstiel führt uns der mit einem roten Querbalken markierte Wanderweg (Hinweis Boltenmühle) in den Buchenmischwald hinein. Nach kaum zwanzig Schritten halten wir uns an der Gabelung rechts, und bald scheint der Tornowsee durch das Blattwerk der Bäume hindurch. Etliche der alten Bäume sterben natürlicherweise allmählich ab. Ihre mächtigen Stämme liegen am Boden, einige reichen bis in die Wasserfläche hinein. Riesige Baumstümpfe ragen in die Höhe und werden von Insekten, kleinen Säugetieren und Vögeln durchlöchert. Wir gewinnen zunehmend an Höhe und haben eine herrliche Aussicht auf den buchtenreichen Tornowsee. Bergab nähern wir uns wieder dem Wasserspiegel und entdecken am tiefsten Punkt einen Erlenbruch. Er wird nicht nur vom Seewasser gespeist, sondern auch vom Wasser der Ilsenquelle, die hier entspringt. Wir bleiben immer dem Uferweg treu, der Fontaneweg gesellt sich zu uns, und schließlich öffnet sich der Blick zum Kunstertal hin. Über die von Wiesen, Schilfbeständen und einigen Erlen gesäumte Kunster hinweg, schwenken wir auf der anderen Talseite nach rechts. Die asphaltierte Straße zur Boltenmühle führt uns am Fuß des Weilickenberges entlang, der den Tornowsee um 46 Meter überragt. Der Steilhang wird von einem naturnahen Buchenmischwald eingenommen. Sehr steile Partien sind mit Moosen und stellenweise dem auch im Winter grünen Rippenfarn bewachsen. Nachdem wir ein kleines Bächlein überquert haben, gehen wir im Rechtsknick der Straße schräg nach links auf den stetig ansteigenden Waldweg. Unter uns tut sich bald eine breite Schlucht auf, aus der das eben überquerte Bächlein entspringt. Das Tal gibt uns einen kleinen Vorgeschmack auf den vor uns liegenden Höhepunkt der Wanderung,

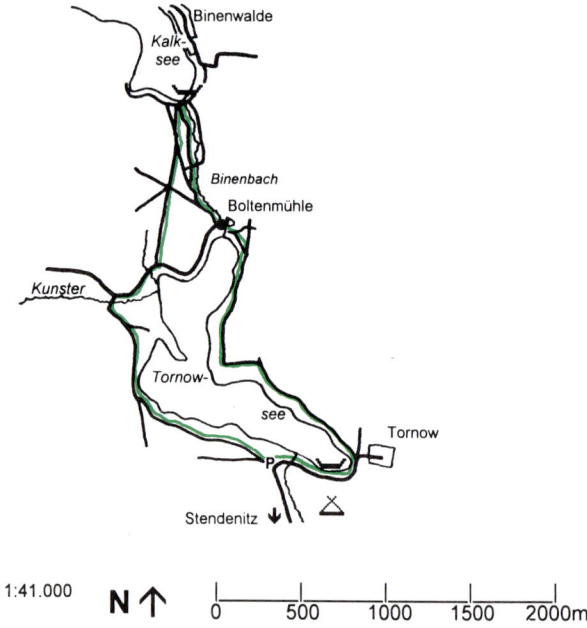

Maßstab 1:41.000   N ↑

0	500	1000	1500	2000m

das Binenbachtal. Bergab kommen wir an eine Kreuzung und gehen geradeaus weiter. Nun ist es nicht mehr weit bis zum Kalksee, wo wir einige Schritte rechts herum am Ufer entlang wandern. Wir erreichen den Binenbach, kurz davor führt der markierte Wanderweg nach rechts in den Wald hinein. Zunächst verdeckt ein Hügel den Blick auf den tief eingeschnittenen Binenbach, doch schon nach wenigen Metern liegt uns das imposante Tal mit dem Fließgewässer zu Füßen. Wir folgen dem Wanderweg rechts des Baches nun bis zur Boltenmühle. Dabei passieren wir eine weitere Quelle, die an den rostroten Eisenablagerungen am Grund zu erkennen ist. Im letzten Abschnitt fließt das Wasser viele Meter tief eingeschnitten unter uns, und umgestürzte Rotbuchen liegen wie Streichhölzer darüber. Zur Boltenmühle hin nimmt uns wieder die asphaltierte Straße auf (links). Wir passieren den Mühlteich und müssen dann dicht an den Nebengebäuden der Mühle entlang gehen (Markierung blauer Querbalken, Ziel Waldmuseum Stendenitz). So entdecken wir den Erlenbruch, der die flache Norduferspitze des Tornowsees einnimmt, und stoßen dann auf den Uferweg, dem wir rechts herum folgen. Auch hier umgibt uns ein von Buchen dominierter Wald mit zahlreichen eingesprengten Traubeneichen. Einmal werden wir etwas vom See abgelenkt, und nachdem wir die Süduferspitze umkurvt haben, laufen wir am Campingplatz (Badestelle) vorbei. Wir überqueren das Rottstielfließ, den einstmals aus Flößgründen ausgebauten Abfluß des Sees und erreichen dahinter wieder das Forsthaus Rottstiel.

Schloß Rheinsberg von der Seeseite.

Ausflüge

Schloß Rheinsberg

Nachdem 1740 ein verheerendes Feuer fast die ganze Stadt Rheinsberg zerstört hatte, bekam der dem preußischen Kronprinzen sehr wohlgesonnene von Knobelsdorff den Auftrag, die Stadt neu aufzubauen. Heraus kam ein schachbrettartiger Straßenverlauf mit in Traufhöhe und Fassade recht einheitlichen Gebäuden. Das am Ufer des Grienericksees stehende Schloß wurde dabei ebenfalls umgestaltet. Gemeinsam mit den Nebengebäuden - darunter die Kammeroper - und dem angrenzenden Park ist es heute eine der größten Attraktionen der Mark.

Alte Maulbeeren bei Zernikow

Zernikow, Nachbarort von Menz, ist reich an Sehenswürdigkeiten. Im Zentrum befinden sich das 1746 für Michael Gabriel Fredersdorff, einst enger Vertrauter Friedrichs II., erbaute Schloß mit mehreren Nebengebäuden sowie die Dorfkirche. Das Gotteshaus geht auf das 13. Jahrhundert zurück, wurde Ende des 18. Jahrhunderts aber umgestaltet. Am Rand des Kirchhofs steht das kürzlich restaurierte Fredersdorff'sche Erbbegräbnis. Zernikow ist außerdem von zahlreichen, alten Alleen umgeben; in Richtung Burow führt u.a. eine überregional einzigartige Maulbeerbaum-Allee.

STECHLIN-RUPPINER LAND

Fontanes Kloster Wutz

Im Südosten des Naturparks liegt das Städtchen Lindow. Am Rand der Stadt und am Ufer des Wutzsees wurde im frühen 13. Jahrhundert ein Zisterzienser-Nonnenkloster gegründet, von dem noch einige Gebäude existieren. Sehr romantisch ist der von hohen Linden bestandene Friedhof mit teils sehr alten Gräbern. Theodor Fontane diente die Klosteranlage, in der er sich gerne aufhielt, als Vorlage für das Kloster Wutz im Roman „Der Stechlin".

Wichmann-Linde in Neuruppin

Die Geburtsstunde des heutigen Stadtkerns von Neuruppin war ein Brand, der 1787 zwei Drittel der Stadt zerstörte. Im Zuge des Neuaufbaus wurden die heute prägenden spätbarocken Häuser geschaffen. Erhalten blieben u.a. sehenswerte Teile der mittelalterlichen Stadtmauer mit vorgelagerten Wällen und Gräben sowie die Kirche des Dominikanerklosters St. Trinitatis. Vor der Kirche steht die Wichmann-Linde, die auf Wunsch des ersten Priors des Klosters, Erzbischof Wichmann, nach seinem Tod 1270 gepflanzt wurde.

Sagenhafter Stechlin

Der Große Stechlinsee ist der größte und mit 68 Metern auch tiefste See des Naturparks. Er ist völlig von Wald umgeben und einer der saubersten Seen Norddeutschlands. Die Sichttiefe beträgt mehrere Meter, und es wird behauptet, daß noch 1960 das Licht in 60 Meter Tiefe zum Zeitunglesen ausgereicht hätte. Sehr reizvoll ist eine Rundwanderung in Uhrzeigerrichtung und vorbei an uralten Buchen und Kiefern um den buchtenreichen See. Eine Einkehr bietet sich in Neuglobsow.

Heimattierpark Kunstersping

Zahlreiche bei uns einst heimische aber inzwischen ausgestorbene oder sehr seltene und zudem scheue Tierarten sind im Heimattierpark Kunstersping zu Hause. Der Park liegt etwa 9 Kilometer nördlich von Neuruppin an der Landstraße nach Flecken Zechlin im Kunstertal. Zu sehen sind in landschaftlich reizvoller Umgebung rund 90 verschiedene Arten, darunter Wisent, Luchs, Wildkatze, Fischotter, Auerhuhn und Störche.

Wanderung

Durch die Menzer Heide zum Roofensee

Verkehrsmöglichkeiten Mit dem Auto auf der B96 Berlin – Neustrelitz bis Gransee und über Großwoltersdorf nach Menz.
Parkmöglichkeiten Am NaturParkHaus unweit der Kirche.
Streckenlänge 15 Kilometer.
Höhenunterschiede Insgesamt 45 Höhenmeter bergauf und bergab.
Karte Landesvermessungsamt Brandenburg. Topographische Karte 1:25.000. Ausgabe mit Wanderwegen. Rheinsberger Seengebiet.
Einkehrmöglichkeiten In Dollgow und Menz mehrere Gelegenheiten.
Rastmöglichkeiten Am Dollgower See und Bänke am Roofensee.
Bademöglichkeiten Am Südufer des Roofensees.
Wissenswertes Obwohl die Gründung der Dörfer viel weiter zurückliegt, sind die beiden Dorfkirchen an der Wegstrecke vergleichsweise jung. Die *Dollgower* Kirche ist ein Putzbau von 1767. Die Glocke hingegen wurde schon im Jahr 1490 gegossen. - Die Kirche von *Menz* wird im Kern auf das Jahr 1595 datiert, wurde aber 1772 um den Turm und 1890/91 um die östlichen Anbauten erweitert. Unweit der Kirche befindet sich das attraktive NaturParkHaus. - In den Wäldern um Menz taucht mitunter der Name *Wüstung* auf, wie Wüstung Zeuthen, Wüstung Pritzkow oder Wüste Mark Roofen. Hier befanden sich einst Dörfer, die bereits von den Slawen gegründet worden waren. Sie wurden im Mittelalter aufgegeben, weil entweder Seuchen - teils so-

gar im Gefolge des Dreißigjährigen Krieges - die Dorfbewohner dahinrafften oder die ertragschwachen Böden die Dorfbewohner nicht dauerhaft ernähren konnten. Die Gebäude verfielen, und im Lauf der Zeit erobert der Wald die wüsten Dörfer wieder. - Der *Roofenbach*, auch Polzowkanal genannt, wurde zwischen 1745 und 1750 zum Holzflößen geschaffen. Er verbindet den Stechlinsee mit dem Nehmitz- und dem Roofensee und mündet hinter dem Wentowsee bei Marienthal in die Havel. - Auf dem *Wallberg* bei Menz befand sich wohl schon in slawischer Zeit eine Burg. Im Mittelalter sicherte dann ein neuerlicher Bau den Übergang über den Roofenbach. Die Burg verfiel später, Grabungen brachten Fundamentreste zutage. Von Menz führt ein phantastischer Heckenweg auf die Wallberg-Halbinsel.

Tourenbeschreibung Vom NaturParkHaus bringt uns die Kirchstraße zur von hohen Linden umgebenen Dorfkirche von Menz. Dort queren wir den breiten Grünstreifen nach links und nähern uns der Straße nach Gransee. Ein Stück nach links, zweigt die Lindower Straße nach rechts ab (Hinweis Dollgow). Am Ortsende beginnt eine herrliche Kopfsteinpflasterstraße, die uns nun für längere Zeit begleitet. Findlinge, mitunter dicht von Moosen eingekleidet, und urige Robinien säumen den Wegrand, in einem Kiefernforst sind die Bäume infolge der höheren Luftfeuchte von Algen, Flechten und Moosen bedeckt. Über den Betonplattenweg nach Zernikow und den Wanderweg nach Großwoltersdorf hinüber, kommen wir mit Schwung in das Tal des Dollgower Sees hinab. Zunächst bekommen wir aber nur Koppeln zu sehen und wenden uns in der Talsohle nach rechts (grüner Querbalken). Erneut setzen wir unsere Schuhe auf kleines Kopfsteinpflaster und können bald zwischen Sträuchern und Bäumen den Dollgower See entdecken. Bergan nähern wir uns der Ortsmitte und biegen an der Dorfstraße nach links ab. An einer breitkronigen Eiche öffnet sich der Anger mit der restaurierten Kirche. Am Ende des Angers schwenken wir schräg nach links und peilen erneut den See an. An der Badestelle können wir eine Rast machen, dann geht es rechter Hand am Seeufer weiter. Auf Äckern, die so groß wie Gemüsebeete sind, wird Landwirtschaft betrieben, stellenweise haben Schilfbestände das Seeufer und die angrenzenden Wiesen erobert. Hinter einem isoliert stehenden Erlenbruch stoßen wir auf die Ortsverbindung Dollgow – Heinrichsdorf und laufen geradewegs in die Stichstraße nach Schulzenhof. Die herrliche Wiesenlandschaft beiderseits des Kleinen Rhins öffnet sich, am Straßenrand wachsen vereinzelt sogar Schwarzerlen, die damit den hohen Grundwasserstand anzeigen. Kurz vor Schulzenhof tauchen wir nach rechts in den Kiefernforst ein, der die wellige Dünenlandschaft kleidet (grüner Querbalken). Daß unter den zahllosen Kiefern auch einmal eine kleine Rotbuche Wurzeln schlagen konnte, sollte uns verwundern. Denn weit und breit sind keine fruchtenden Bäume zu sehen, die Buchecker muß also von einem Tier wie dem Eichelhäher hierhergebracht und später vergessen worden sein. Wir gehen an allen Kreuzungen geradeaus, dann wird es auf Ludwigshorst zu etwas kompliziert. Ein Waldweg, der sich rechts von uns gerade gegabelt hat, kreuzt unseren Weg. Wir biegen hier gleich nach links ab und erreichen kurz darauf den Waldrand. An diesem geht es nun etwa einen Kilometer entlang. Ein herrlicher Feldweg, von Obstbäumen gesäumt und mit großen Findlingen am Rand, die von weitem wie Schafe

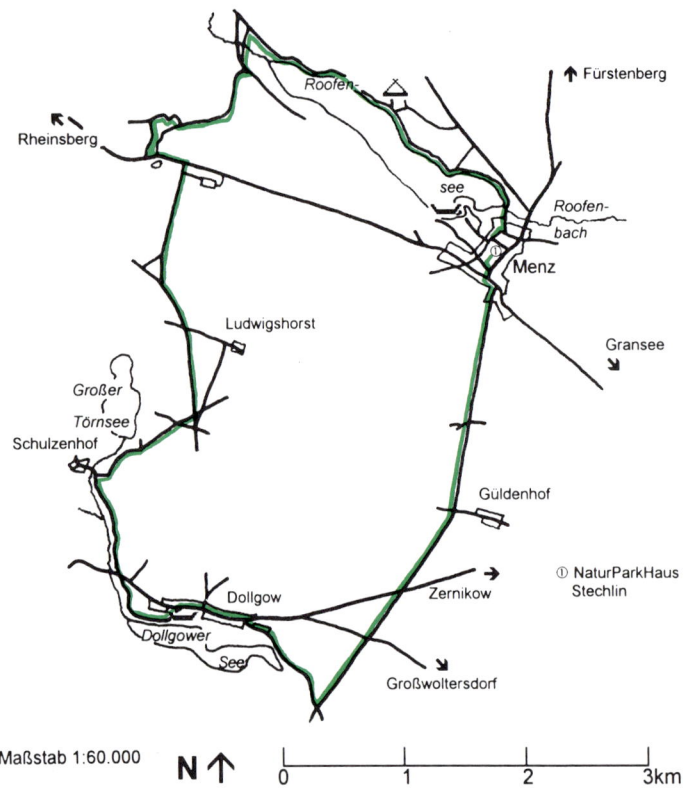

Maßstab 1:60.000   N ↑   0   1   2   3km

aussehen, mündet unterwegs auf unsere Strecke. Schließlich verschwinden wir wieder im Wald und gehen nach wenigen Schritten an der Gabelung nach rechts. Dieser breite Waldweg leitet uns bis zur Landstraße Menz – Rheinsberg, wo wir dem asphaltierten Rad- und Fußweg nach links folgen. 8% Gefälle sind angezeigt, und im Talkessel kommen wir an einer kleinen, eingezäunten Weidefläche vorbei. An deren Ende zweigen zwei Wege nach rechts in den Wald ab, und wir wählen den zweiten, breiteren Forstweg. Im Buchenmischwald herrscht nun eine ganz andere Atmosphäre als in den Kiefernbeständen zuvor. Der kreuzende Wanderweg nach Menz (blauer Querbalken) nimmt uns dann rechter Hand mit, und die scharfen Kurven des Weges machen uns vielleicht sogar etwas schwindlig. Nach einer längeren Passage durch trockene Kiefernbestände mit Heidekraut entdecken wir die Ausläufer des Roofensees unter uns. Der blauen Markierung folgend, wandern wir in einer Spitzkehre bergab und können beim Abwärtsgehen den Fahrweg schräg nach rechts verlassen. Auf schmalem Pfad passieren wir so die völlig verlandete Westuferspitze des Roofensees und queren auf einer winzigen Brücke den Roofenbach. Auf der anderen Seite angekommen, biegen wir nach rechts ab (blauer Querbalken). Bald taucht der Roofensee auf. Teils sehr alte Kiefern, mitunter auch Rotbuchen, säumen den Uferhang. Hin und wieder werden wir ein wenig an einen Friedhof erinnert, wenn wir vereinzelte Wacholder sehen, die als letzte Zeugen der früher stark aufgelichteten Wälder stehen. Für ein kurzes Stück vereinigt sich der teils über Wurzelwerk führende Wanderweg mit der Zufahrt zum Campingplatz, nähert sich dann aber wieder dem Seeufer. Menz verrät sich mit ersten Zäunen, und wir bleiben stets dem Ufer nah. So überqueren wir zum Schluß abermals den Roofenbach, der hier am Wallberg gerade den See wieder verlassen hat. Recht steil geht es nach Menz hinein, wo sich der breite, lindenbestandene Platz öffnet. Rechts herum ist es jetzt nicht mehr weit zum NaturParkHaus.

Freizeit

Museen und Ausstellungen

NaturParkHaus Stechlin
Kirchstr. 4, 16775 Menz
☎ 033082-51210

Heimatstube Menz
Schulplatz 1, 16775 Menz
☎ 033082-50238

Waldmuseum Stendenitz
16827 Stendenitz
☎ 03391-771128

Heimatmuseum Neuruppin
August-Bebel-Str. 14-15, 16816 Neuruppin
☎ 03391-458060

Heimatmuseum Lindow
Mittelstr. 11, 16835 Lindow
☎ 033933-71422

Heimatmuseum Gransee
R.-Breitscheid-Str. 44, 16775 Gransee
☎ 03306-21606

Heimattierpark Kunsterspring
16818 Kunsterspring
☎ 033929-70271

Kanu- und Bootsverleih

in **Rheinsberg**

Seestraße
☎ 033931-38679

Bootsverleih Halbeck, K.-Tucholsky-Straße
☎ 033931-39390

Adventure Tours, Schloßstr. 42
☎ 033931-39247

Berger Tours, Untermühle 2
☎ 033931-2042

in **Kleinzerlang**

Naturbootverleih, I. Herold, Dorfstr. 37a
☎ 033921-50545

Boot & Mehr, Dorfstr. 46
☎ 033921-70560

Adventure Tours
Tiezowhalbinsel, 16831 Zechlinerhütte
☎ 033931-39247

Schiffahrt

Reederei Halbeck
Am Markt 11, 16831 Rheinsberg
☎ 033931-38619 (Fax -39406)

Fahrgastschiffahrt Neuruppin
Seeufer 9, 16816 Neuruppin
☎ 03391-511511 (Fax -511512)

Baden

An vielen Seen locken Naturbadestellen und klares Wasser, so am Roofensee bei Menz, am Großen Prebelowsee bei Kleinzerlang, am Schlabornsee bei Zechlinerhütte, am Großen Zechliner See bei Flecken Zechlin, am Grienericksee bei Rheinsberg, am Kalksee bei Binenwalde und am Tornowsee beim Forsthaus Rottstiel.

Feste feiern

Juni: Rosenfest in Luhme
Juli: Waldfest in Menz
Juli: Wasserfest in Fürstenberg
August: Stechlinseefest in Neuglobsow
September: Kinderwaldfest in Kunsterspring
Oktober: Rheinsberger Töpfermarkt

STECHLIN-RUPPINER LAND

Uferweg durch Kiefernmischwald am Roofensee.

Natur(park)-Produkte

Ländliche Produkte

Biolandranch Zempow
Birkenallee 4-10, 16837 Flecken Zechlin
☎ 033923-76915

W. Eilke, Seestr. 19a, 16831 Rheinsberg
☎ 033931-2625

Keramik

Keramische Werkstatt Monika Prietzel
Siedlung 1 Nr. 8, 16775 Grieben
☎ 033086-70208

Carstens Keramik Rheinsberg
Rhinstraße, 16831 Rheinsberg
☎ 033931-2003

Hofladen

Dorfstraße, Gutshof, 16775 Zernikow
☎ 033082-51288

Fisch

Fischerei Böttcher
16775 Neuglobsow
☎ 033082-70422

Fischerei M. Gehrt
Grävenitzstr. 23, 16837 Flecken Zechlin
☎ 033932-70343

Fischzucht und -handels GmbH
Zippelsförde, 16827 Alt Ruppin
☎ 033933-70820

WESTHAVELLAND

Naturparkverwaltung
Dorfstraße 5
14715 Parey
☎ 033872-74310 (Fax -74312)

Naturwacht
Dorfstr. 5   Rathenower Str. 13
14715 Parey   14715 Böhne
☎ 033872-70025   ☎ 03385-541729

OTTO LILIENTHAL - NEUSTADT AN DER DOSSE - GÄNSE - RITTER KAHLBUTZ - BRANDENBURGER DOM

Die Havel im Land der Ländchen und Luche

Weites, flaches Wiesenland, unterbrochen nur von Gräben, Baumreihen oder einzelnen Bäumen und bewaldete Hügelketten am Horizont - so präsentiert sich der Naturpark Westhavelland, der mit einer Fläche von 1315 Quadratkilometern das größte Großschutzgebiet Brandenburgs ist. Seine Lebensader ist die Havel. Sie entspringt in der mecklenburgischen Seenplatte, berührt bekannte Ort wie Fürstenberg, Berlin und Potsdam und mündet nur 85 Kilometer von der Quelle entfernt nahe Havelberg in die Elbe. Bei Brandenburg, das wegen der Gründung eines Domes noch im 10. Jahrhundert als „Wiege der Mark" bezeichnet wird, tritt die Havel in den Naturpark ein. Sie passiert dann u.a. Pritzerbe, Premnitz und die „Stadt der Optik" Rathenow.

Rings um die großen und kleinen Städte kann der Blick weit über das plane, vom eiszeitlichen Schmelzwasser geformte Land schweifen. Das Wasser der abtauenden Gletscher sammelte sich einst in riesigen Flüssen, den sogenannten Urströmen. Im Westhavelland treffen sich vier solcher Urstromtäler: das Elbe-Urstromtal, das Baruther-, das Berliner- und das Eberswalder Urstromtal. Heute fließen nur noch vergleichsweise kleine Gewässer in den breiten Tälern. Aus ihnen ragen im Volksmund „Ländchen" genannte Inseln heraus, Reste einst miteinander verbundener Grund- und Endmoränen, die von der Kraft des Wassers fortgespült wurden. Übrig blieben etwa das Ländchen Rhinow, das Ländchen Friesack oder das Land Nennhausen. An ihren Rändern siedelten die Menschen schon sehr früh, denn sie lagen zwar dicht an der wasser- und fischreichen Niederung, aber weit genug vom Hochwasser entfernt. Die Niederungen selbst wurden Jahr für Jahr vom Winter bis in das Frühjahr hinein vom Hochwasser eingenommen, bisweilen sogar im Sommer. Daß sich dabei nicht nur Havelwasser, sondern auch solches der Elbe sammelte, ist eine Kuriosität: In Hochwassersituationen der Elbe floß Elbewasser zurück in die Havel und „schwappte" in das flache Land.

Die eigentliche Niederung wurde erst vor etwa 250 Jahren durch Kolonisten besiedelt, die im Einklang mit den natürlichen Bedingungen lebten. Doch im 20. Jahrhundert traten einschneidende Veränderungen der Flußaue ein: Der Wasserhaushalt wurde massiv verändert, um die Landnutzung zu intensivieren. Meliorationsgräben und künstlich angetriebene Schöpfwerke senkten den Grundwasserstand und ließen das Hochwasser schnell verschwinden. Der Landschaft und dem Naturhaushalt wurden große Schäden zugefügt, die in der Zukunft wieder beseitigt werden sollen. Die Naturparkverwaltung und die Landnutzer entwickeln dazu gemeinsam Strategien, und infolge der Extensivierung auftretende Einbußen werden finanziell ausgeglichen. In der „Elbeerklärung" von Umweltverbänden und dem Bundesverkehrsminister wurde beschlossen, die Havel im Bereich zwischen Havelberg und Bahnitz zu renaturieren und einen Teilabschnitt für die Berufsschiffahrt stillzulegen. Von dem behutsamen Umgang mit der Natur profitieren nicht nur im Gebiet brütende Vögel, wie das Wappentier des Naturparks, der Kampfläufer, sondern auch die vielen an das Wasser gebundenen Zugvögel, die im Frühjahr und Herbst den Naturpark bevölkern. In dieser Zeit finden sich u.a. mehr als 100.000 Wildgänse im Gebiet ein, das damit größter Gänserastplatz Brandenburgs ist. Dazu gesellen sich Kraniche und verschiedene Entenarten. Und auch die aus Nordskandinavien und Westsibirien kommenden Zwerg- und Singschwäne, die den ganzen Winter im Naturpark verbringen, rufen Ornithologen aus aller Welt auf den Plan. Schließlich geben sich auch Pferdenarren im Westhavelland ein Stelldichein: Sie treffen sich in Neustadt / Dosse, das inzwischen den Beinamen „Stadt der Pferde" führen darf.

Informationen

FVV Havelland, Infobüro Rathenow
Goethestr. 4a, 14712 Rathenow
☎ 03385-512336

Fremdenverkehrsverein Westhavelland
Kirchplatz 5, 14712 Rathenow
☎ 03385-514991

Fremdenverkehrsverein Ostprignitz
Bahnhofstr. 5, 16866 Kyritz
☎ 033971-52331

FVV Havelländisches Luch
Dorfstraße 13, 14641 Brädikow
☎ 033237-89202

Tourismusverband Havelland
Goethestraße 59-60, 14641 Nauen
☎ 03321-4035119

Brandenburg-Information
Hauptstr. 51, 14776 Brandenburg
☎ 03381-19433

Infopunkt Ländchen Rhinow
Lilienthalstraße 3, 14728 Rhinow
☎ 033875-30200

NABU-Regionalverband „Westhavelland"
Genthiner Str. 7, 14712 Rathenow
☎ 03385-500046 (Fax -511630)

Staatliche Vogelschutzwarte Buckow
Dorfstr. 34, 14715 Buckow
☎ 033878-60257 (auch Fax)

Wanderung

Brandenburgs berühmtestes Gestüt in Neustadt

Verkehrsmöglichkeiten Mit der Bahn (Bad Liebenwerda – Berlin – Wittenberge, Rathenow – Neustadt, Neuruppin – Neustadt oder Pritzwalk – Neustadt) nach Neustadt und aus dem Bahnhofsgebäude heraus, rechts herum auf der Bahnhofstraße bis zur Dosse (ca. 1,5 Kilometer). Mit dem Auto auf der B102 Rathenow – Bückwitz bis Neustadt oder auf der B5 Nauen – Kyritz bis Bückwitz und von dort über Kampehl nach Neustadt.
Parkmöglichkeiten Am Kirchplatz.

Streckenlänge 4 Kilometer.
Rastmöglichkeiten Am Dossewall.
Einkehrmöglichkeiten In Neustadt mehrere Gelegenheiten und im Landgestüt.
Wissenswertes Die Geschichte von *Neustadt / Dosse* ist eng mit dem Namen des Landgrafen Friedrich von Hessen-Homburg verbunden. Nachdem Neustadt 1666 durch einen Brand zerstört worden war, ließ er es wieder aufbauen und dabei auch die Dosse regulieren. Die Kirche wurde auf dem Grundriß eines griechischen Kreuzes erbaut und ist damit der erste Zentralbau der Mark. Den Marktplatz säumen sehenswerte zweistöckige Wohnhäuser aus der Zeit nach 1800. Auch der Beginn der Pferdezucht geht auf den „Prinzen von Homburg" zurück. Die heutige Anlage mit Hauptgestüt und Hengstdepot entstand zwischen 1787 und 1789. Neustadt wurde nun zum Zentrum der märkischen Pferdezucht, von der vor allem die preußische Armee profitierte.
Tourenbeschreibung Auf der Prinz-von-Homburg-Straße verlassen wir den Kirchplatz und passieren mehrere, teils restaurierte Fachwerkbauten aus dem 19. Jahrhundert. Dann bemerken wir die rauschend über ein Wehr stürzende Dosse und wenden uns am Dosseufer nach rechts (Wanderweghinweis Dossewall / Hauptgestüt). An Gemüsebeeten und kleinen Wiesen vorbei, be-

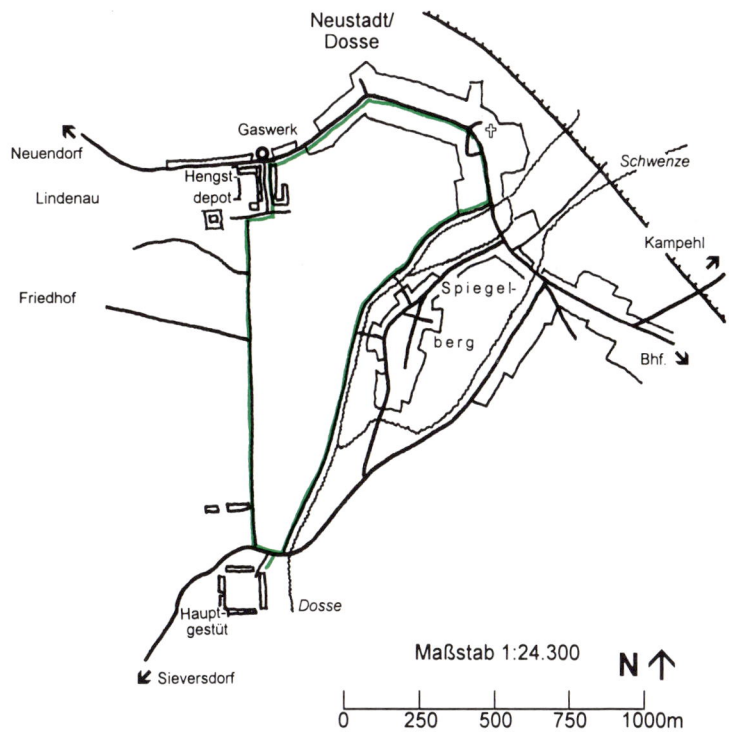

kommen wir bald die ersten Pferde zu sehen. Am anderen Ufer reicht der Ortsteil Spiegelberg mit Resten der alten Manufaktur bis an die Dosse heran. Bald spazieren wir unter den großen Kronen alter Winter- und Sommerlinden, die dem Weg einen idyllischen Charakter verleihen. Sie wurden bei der Begradigung der Dosse im späten 17. Jahrhundert angepflanzt, zwei Bäume haben inzwischen einen Umfang von über fünf Metern. Wir nähern uns langsam dem Landgestüt, stoßen an eine Kopfsteinpflasterstraße und schwenken nach rechts. Auch hier sind alle Wege Alleen. Durch ein Portal können wir an das zweigeschossige Wohnhaus und an die großen, lindenbestandenen Innenhof stehenden Ställe herangehen. Wieder zurück, folgen wir der Kopfsteinpflasterstraße noch für wenige Schritte, dann zweigt nach rechts die herrliche, vierreihige Allee zum heute „Landgestüt" genannten Hengstdepot ab. Die Baumreihen bestehen überwiegend aus Roßkastanien, doch auch hier sind Linden und außerdem Ahorne zu sehen. Nachdem wir den Zugang zum Gestütsfriedhof - natürlich eine Allee - passiert haben, kommen wir geradewegs auf das langgestreckte, in 29 Achsen gegliederte Hengstdepot zu. Vor der Anlage wenden wir uns nach rechts, um dann linker Hand an der Rückseite der Stallungen entlangzugehen. Mit Blick auf das alte, unter Denkmalschutz stehende Gaswerk folgen wir der Havelberger Straße nach rechts und haben nach einem Rechtsknick der Straße (nun Robert-Koch-Straße) die Kirche von Neustadt vor Augen. An sehenswerten zweistöckigen Fachwerk-Wohnhäusern vorbei erreichen wir wieder den Kirchplatz.

Ausflüge

Die Mumie von Ritter Kahlbutz

Auf den Wiesen an der Schwenze soll Ritter Kahlbutz von Kampehl einst einen Schäfer erschlagen haben, schwor jedoch, die Tat nicht begangen zu haben - andernfalls solle seine Leiche niemals verwesen. Offensichtlich hat Ritter Kahlbutz gelogen, denn die Mumie des Ritters kann im Anbau der Dorfkirche von Kampehl, einem Ort nördlich von Neustadt / Dosse, bestaunt werden.

Schloßpark Nennhausen

Das Schloß von Nennhausen, einst ein Dreiflügelbau, der im 19. Jahrhundert verkleinert und gotisierend verändert wurde, wartet momentan auf bessere Tage. Der angrenzende Park ist hingegen in großen Teilen bereits wieder hergestellt. So kann man schon heute auf geschwungenen Wegen spazieren. Alte Bäume bereichern den Anblick, darunter eine nach Friedrich de la Motte Fouqué benannte, im Umfang mehr als acht Meter messende Eiche, die zu den dicksten Bäumen weithin gehört. Der Dichter soll seinen Roman „Undine" in Nennhausen geschrieben haben.

Eine Seite Acker, die andere Kolonistenhäuser

Weite Teile der Niederung wurden auf Geheiß Friedrichs des Großen erst vor rund 250 Jahren planmäßig besiedelt. Die entstandenen Kolonistendörfer warten mit einem eigentümlichen Ortsbild auf, das besonders in Großderschau mit mehreren Ortsteilen auffällt. Lange Alleen schlängeln sich hier durch das Land, auf der einen Seite stehen die Kolonistenhäuser und auf der anderen liegen die dazugehörigen Äcker und Wiesen.

Alles Fachwerk in Plänitz

Das kleine Dorf Plänitz am Nordrand des Naturparks wartet mit mehreren Fachwerkbauten auf, die in ihrer Gesamtheit einen besonderen Eindruck erzeugen. Die annähernd ovale Kirche - natürlich aus Fachwerk - ist von einer Fachwerk-Mauer umgeben. Wenig entfernt steht der alte Dorfkrug, ein Fachwerkhaus mit traufseitiger Vorlaube. Das Gutshaus des Ortes ist im 18. Jahrhundert ebenfalls in der typischen Bauweise errichtet worden. Und kleinere Fachwerk-Wohnhäuser runden das Bild ab.

Wiege der Mark an der Havel

Die Stadt Brandenburg blickt auf eine über 1000-jährige deutsche Geschichte zurück. Im Jahr 948 wurde der Grundstein für den Dom gelegt. Eine Fülle mittelalterlicher Bauten, darunter herausragende Arbeiten der Backsteingotik, sind über die drei Stadtteile Dominsel, Altstadt und Neustadt verteilt. Genannt werden müssen etwa das Altstädtische Rathaus mit dem steinernen Roland, die Katharinen- und die Gotthardt-Kirche. Gut erhaltene Reste der Stadtmauer mit Tortürmen komplettieren das Bild der im Zuge der Restaurierung wiedererstrahlenden Stadt.

Rotes Backsteindorf Strodehne

Nachdem ein Feuer 1902 fast das gesamte Dorf an der Havel in Schutt und Asche legte, wurde Strodehne aus dem damals üblichen Baumaterial, roten Ziegeln, neu aufgebaut. So zeigen sich das Dorf und die Kirche heute als geschlossenes, rotes Backsteindorf.

Feldsteinkirche mit alten Bäumen

Um die feldsteinerne Kirche des Dorfes Stechow, wenige Kilometer nordöstlich von Rathenow gelegen, gedeihen mehrere sehenswerte Bäume. Dazu gehört eine mehr als 400 Jahre alte, knorrige Sommerlinde. Sie ist im Innern teilweise hohl und insbesondere im Frühjahr sehenswert, wenn sich am Fuß des Baumes ein blauer Teppich aus Blüten des Zweiblättrigen Blausternes ausbreitet. Unweit stehen überdies eine Winterlinde und eine schön gewachsene, hohe Roßkastanie.

Die letzten Nadelwehre

Einst waren Nadelwehre weithin typisch, heute sind sie eine Besonderheit. Im Naturpark gibt es noch drei, darunter an der Schleuse Grütz unweit Parey. Der Wasserdurchfluß wird bei Nadelwehren über lange, früher hölzerne und heute stählerne Stäbe reguliert, die nebeneinander mehr oder weniger dicht in den Wasserlauf gestellt werden.

Frühjahrshochwasser in der Jäglitz-Niederung bei Rübehorst.

WESTHAVELLAND

Radtour

Dem Ruf der Gänse nach

Verkehrsmöglichkeiten Mit der Bahn (Rathenow – Neustadt) nach Rhinow. Mit dem Auto auf der B102 Brandenburg – Neustadt nach Rhinow.

Parkmöglichkeiten Am Bahnhof von Rhinow.

Streckenlänge 35 Kilometer.

Höhenunterschiede Insgesamt 60 Höhenmeter bergauf und bergab.

Straßenbeschaffenheit 8,5 Kilometer Betonplatten, sonst Asphalt.

Karte Landesvermessungsamt Brandenburg: Naturpark Westhavelland. Blatt Nord. Topographische Karte 1:50.000.

Bademöglichkeiten In Parey an der Havel und im Hohennauener See bei Hohennauen.

Rastmöglichkeiten Am Beobachtungsturm und an der Windmühle am Gülper See.

Einkehrmöglichkeiten In Rhinow, Stölln, Hohennauen und Gülpe.

Wissenswertes *Rhinow* ist eine seit dem 12. Jahrhundert bestehende Siedlung am Rand des Ländchens Rhinow, einer havellandtypischen Erhebung. Die Gründung der Stadt geht auf das 13. Jahrhundert zurück. Aus dieser Zeit stammt die Stadtkirche, die allerdings später überformt wurde. Typisch für einen Kirchenbau dieser Zeit ist der massige Westturm, der noch die ursprünglichen Granitquader zeigt. - Kaum zwei Kilometer entfernt liegt *Stölln*, das durch die Flugversuche Otto Lilienthals berühmt wurde. - Die Dorfkirche von *Parey* wurde in zwei Etappen erbaut. Das Schiff entstand 1831, der Turm wurde 18 Jahre später angefügt. Dies erklärt, warum die Ziegelsteine des Turms mit Herkunftsstempeln der Ziegelei übersät sind, die Steine des Schiffs jedoch nicht. - Der *Gülper See* wird im Herbst von mehreren tausend nordischen Wildgänsen aufgesucht. Die Tiere übernachten nicht nur auf dem See, sie kommen auch in der Mittagszeit zum Trinken dorthin. Folglich sind die in charakteristischen Formationen fliegenden Tiere hier gut zu beobachten. Ein Beobachtungsturm ermöglicht nicht nur Einblicke in das Leben der Gänse, sondern auch zahlreicher Watvogelarten.

Tourenbeschreibung Wir verlassen den Bahnhof von Rhinow und radeln vor zur Ernst-Thälmann-Straße. Dort geht es links über die Schienen und später auf eigenem Radweg nach Stölln (rechts). Aus dem platten Havelland erheben sich rechts von uns die Rhinower Berge. In Stölln biegen wir in der Ortsmitte schräg nach rechts zum Segelflugplatz ab. Linker Hand blicken wir auf die Iljuschin 62, darüber erhebt sich der Gollenberg. Jetzt steht uns ein landschaftlich äußerst reizvoller Abschnitt durch welliges Ackerland bevor. Bäume und Sträucher rahmen den Weg ein, darunter außergewöhnlich dicke Robinien. Im Wald erreichen wir eine Gabelung, an der wir rechts herum auf Betonplatten überwechseln. Diese führen uns durch unterschiedliche Kiefernbestände und enden an der Straße nach Elslaake (geradeaus). Dort stoßen wir auf die B102, der wir ohne zu treten nach links folgen, und die wir sogleich mit dem Hinweis nach Spaatz rechts herum verlassen. Unmittelbar vor dem Wald lenken wir nach links auf einen Feldweg, der uns nach etlichen Metern nach Hohennauen bringt. Das Zentrum des Ortes mit dem Herrenhaus und der

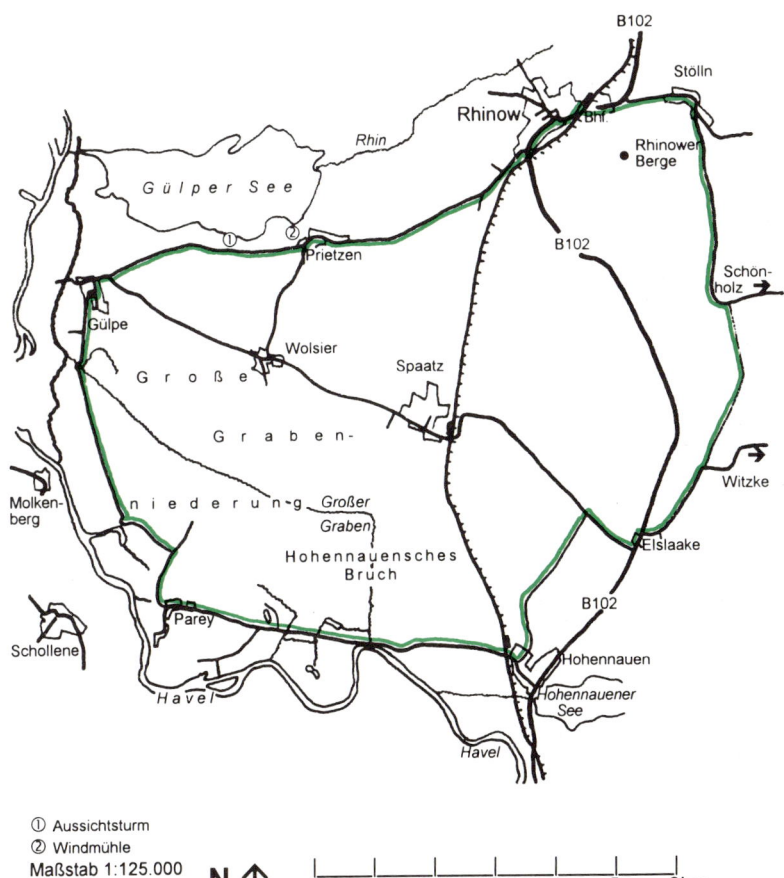

① Aussichtsturm
② Windmühle
Maßstab 1:125.000   N ↑   0 1 2 3 4 5 6km

sehenswerten Kirche lassen wir dann links liegen, denn wir biegen gleich nach rechts in die Pareyer Straße ab. Eine teils dichtere, teils aufgelichtete Allee aus Obstbäumen bringt uns mit Ausblicken auf die Havel Parey näher. Beachten sollten wir unbedingt die hölzernen Stromleitungsmasten. Fast jeder hat eine Spechthöhle, in der nicht nur Buntspechte, sondern auch Stare und andere Vögel brüten. In Parey radeln wir an der Naturparkverwaltung vorbei und steuern auf die erhöht stehende, backsteinerne Dorfkirche zu. Rechts daran vorbei führt die Straße auf einen Deich und taucht dann nach rechts in die Wiesen ab. Junge, kürzlich gepflanzte Bäume säumen den Wegrand und geben der Landschaft einen Rhythmus. Wir biegen bald nach links in einen ebenfalls von Kopfweiden gesäumten Weg ab und nähern uns erneut der Havel. Kurz hinter dem Stichweg zu einem Beobachtungsturm windet sich der Plattenweg auf eine kleine Moräneninsel hinauf, die einen aussichtsreichen Rastpunkt bietet. Lange am Deich entlang, überqueren wir später den Großen Graben, dann geht es nach Gülpe hinein. An der Gartenstraße lenken wir rechts und an der Straße am Neubau links und sind nach wenigen Tritten an der Hauptstraße. Bemerkenswert ist der kleine Eßkastanienhain gegenüber, der ebenso einen Abstecher lohnt, wie die Dorfkirche des Ortes. Ansonsten

Lindenallee von Rhinow nach Strodehne.

geben wir an der Hauptstraße ein Handzeichen nach rechts und verlassen sie noch vor dem Ortsende, indem wir an der Gabelung geradeaus fahren. So nähern wir uns dem Gülper See, den wir bald links von uns aufblitzen sehen können. Bäume und Sträucher bilden ein eindrucksvolles Spalier, mitunter schließt sich das Ast- und Blattwerk zu einem lebendigen, grünen Tunnel. Im Kiefernforst können wir in den Stichweg zum Aussichtsturm hineinrollen, um die zu jeder Jahreszeit interessante Vogelwelt des Sees zu beobachten. Die Straße bringt uns später an der heute von Ornithologen und anderen Naturwissenschaftlern genutzten Bockwindmühle vorbei, wo wir eine Rast machen können. Einige Radumdrehungen weiter müssen wir die Vorfahrt achten und biegen nach links in den Ort Prietzen ab. Auf dem Weg nach Rhinow geht es durch teils naturnahe Kiefern-Eichenwälder, und hin und wieder schimmert das alte Ziegelsteinpflaster unter der modernen Asphaltdecke durch. In Rhinow zwingt uns die B102 zu einem Halt, und wir fahren links herum durch das Ortszentrum zurück zum Bahnhof.

Freizeit

Museen und Ausstellungen

Heimat-Haus Großderschau
Kleinderschauer Str 1, 16845 Großderschau
☎ 033875-30868

Kutschenmuseum im Haupt- und Landgestüt Neustadt / Dosse
Havelberger Straße 20, 16845 Neustadt
☎ 033970-13494 (nach Vereinbarung)

Kampehler Kirche mit Kahlbutzgruft
16845 Kampehl
☎ 033970-13265

Heimatstube Dreetz
Wilhelm-Pieck-Straße, 16845 Dreetz
☎ 033970-86140

Landwirtschaftsmuseum Dreetz
Waldsiedlung, 16845 Dreetz
☎ 033970-13291

Heimatmuseum Friesack
Marktstr. 15, 14662 Friesack
☎ 033235-1537

Heimatmuseum Rathenow
Rhinower Str. 19d, 14712 Rathenow
☎ 03385-512681

Heimatstube Semlin
Dorfstr. 35, 14715 Semlin
☎ 03385-503684

Bienenmuseum
Altbuschower Str. 2, 14715 Möthlow
☎ 033876-40564 (nach Vereinb.)

Deutsch-Historisches Lügenmuseum
Am Anger 1, 16866 Gantikow
☎ 033971-54782

Gedenkstätte
Otto Lilienthal und "Lady Agnes"
Am Gollenberg, 14728 Stölln
☎ 033875-32020

Dommuseum im Domstift
Burghof 11, 14776 Brandenburg
☎ 03381-224390

Museum im Freyhaus
Ritterstr. 96, 14770 Brandenburg
☎ 03381-522048

Museum im Steintorturm
Steinstraße, 14776 Brandenburg
☎ 03381-200265

Industriemuseum Brandenburg
Magdeburger Landstr. 11
14770 Brandenburg
☎ 03381-344475

Schiffahrt

Reederei Bolz
Semliner Str. 6c, 14715 Stechow
☎ 033874-60321

Personenschiffahrt W. Herzog
An der Havel 18, 14669 Ketzin
☎ 033233-80535 oder -82798

Weiße Flotte Brandenburg
Packhofstraße, 14776 Brandenburg
☎ 03381-223959

H. Röding
Neuendorfer Str. 46, 14770 Brandenburg
☎ 03381-522331

WESTHAVELLAND

Baden

Freibäder gibt es in Brandenburg und Neustadt / Dosse, Badestellen am Ferchesarer See bei Ferchesar, am Hohennauener See bei Semlin und Hohennauen und am Kleßener See bei Kleßen.

Reiten

Reiterhöfe gibt es über den gesamten Naturpark verteilt in großer Zahl. Informationen erteilen die Fremdenverkehrseinrichtungen.

Bootsverleih

Gottschald, 14715 Ferchesar
☎ 03385-503417

Bootsverleih Sport-Bölke
Am Körgraben 1h, 14712 Rathenow
☎ 03385 - 516989

Fun-Bootsvermietung, 14715 Hohennauen
☎ 0171-5298827

Angeln (Angelkarten)

Fischereischutzgenossenschaft „Havel"
Margaretenhof 5, 14774 Brandenburg
☎ 03381-403244

Ballonfahrt

Ballonsportclub Havelland
☎ 030-8517663

Feste feiern

Mai: Kirchbergfest in Rathenow
Juli: Hafenfest in Rathenow
Juli: Havelfest in Strodehne
August: Lilienthal-Fest in Stölln
August: Dachsbergfest in Premnitz
September: Pferdemarkt in Havelberg
September: Hengstparade in Neustadt
September: Altstadtfest in Brandenburg

Natur(park)-Produkte

Fische

Fischereibetriebe, zum größten Teil mit Direktvermarktung, gibt es in Brandenburg, Hohennauen, Päwesin, Pritzerbe, im Rhinower Ortsteil Kietz, Strodehne und Witzke.

Sauerkraut

Agrargenossenschaft Großderschau
Otto-Lilienthal-Str. 13a, 16845 Großderschau
☎ 033875-30805

Honig

Henri Kraatz, Bienenmuseum Möthlow
Alt Buschower Str. 2, 14715 Möthlow
☎ 033876-40564

ökologische Fleisch- und Wurstwaren

Agrargenossenschaft Gülpe
Hauptstr. 15, 14715 Gülpe
☎ 033875-306280

Dech GbR (auch Milchprodukte, Gemüse)
Siedlungsweg 2, 14715 Hohennauen
☎ 033872-70205

Landwirtschaftl. Betrieb Helmut Simon
Dorfstr. 1, 16845 Bartschendorf
☎ 033970-86023

GbR Richter
Dorfstr. 20, 14715 Damme
☎ 033878-60046

Brandenburg allgemein

Fischer, W., Großer, K. H., Mansik, K. H. und Wegener, U.: Handbuch der Natur-schutzgebiete der Deutschen Demokratischen Republik. Bd. 2. Bezirke Potsdam, Berlin - Hauptstadt der DDR, Frankfurt/O. und Cottbus. Urania. Jena. 1982.

Fischer, W. und Pötsch, H. J.: Botanische Wanderungen. Bd. 2. Berlin und Branden-burg. Urania. Leipzig. 1994.

Kipke, V.: Naturwanderführer Umgebung von Berlin. Haude & Spener. Berlin. 1995.

Rutschke, Erich (Hrsg.): Die Vogelwelt Brandenburgs. Gustav-Fischer. Jena. 1987.

Müller-Stoll, W.R. (Hrsg.): Die Pflanzenwelt Brandenburgs. Gartenverlag. Klein-machnow. 1955.

Scholz, Eberhard: Naturräumliche Gliederung Brandenburgs. Potsdam. 1962.

Nationalpark Unteres Odertal

Vössing, Ansgar: Der Internationalpark Unteres Odertal. Stapp. Berlin. 1998.

Magazin: Adebar - Zeitung für den Nationalpark Unteres Odertal. (seit 1992)

Biosphärenreservat Schorfheide-Chorin

Kurt-Gilsenbach, Hannelore: Neumanns Landschaftsführer Schorfheide. Neumann. Radebeul. 1993.

Magazin: Adebar - Zeitung für das Biosphärenreservat Schorfheide-Chorin. (seit 1992)

Biosphärenreservat Flußlandschaft Elbe - Brandenburg

Magazin: Adebar - Zeitung für das Biosphärenreservat Flußlandschaft Elbe - Bran-denburg. (seit 1995)

Landesanstalt für Großschutzgebiete: Auenreport - Tagungsband des Naturparks Brandenburgische Elbtalaue. Bd. 1, 1995 bis Bd. 4, 1998.

Landesanstalt für Großschutzgebiete: Auenreport - Tagungsband für das Biosphären-reservat Flußlandschaft Elbe - Brandenburg. Bd. 5, 1999 und Bd. 6, 1999.

Biosphärenreservat Spreewald

Jentsch, Helmut und Klaeber, Wolfgang: Neumanns Landschaftsführer Spreewald. Neumann. Radebeul. 1992.

Krausch, Heinz-Dieter (Ltg.): Burger und Lübbenauer Spreewald. Werte der Deut-schen Heimat. Bd. 55. Hermann Böhlaus Nachfolger. Weimar. 1994.

Rasmus, Carsten und Klaehne, Bettina: Wander- und Naturführer Biosphärenreservat Spreewald. KlaRas. Berlin. 1999.

Magazin: Adebar - Zeitung für das Biosphärenreservat Spreewald. (seit 1993)

Naturpark Hoher Fläming

Rasmus, Carsten: Wander- und Naturführer Hoher Fläming. KlaRas. Berlin. 1998.

Naturpark Nuthe-Nieplitz

Jankowiak, C. u. Jankowiak, J.: Unterwegs an Nuthe und Nieplitz. Stapp. Berlin. 1995.

Rasmus, Carsten: Wander- und Naturführer Naturpark Nuthe-Nieplitz-Auen. KlaRas. Berlin. 1998.

Magazin: Land in Sicht. (seit 1993)

Naturpark Dahme-Heideseen

Klaeber, Wolfgang: Neumanns Landschaftsführer Märkisches Spreeland. Neumann. Radebeul. 1994.

Rasmus, Carsten und Klaehne, Bettina: Wander- und Naturführer Naturpark Dahme-Heideseen. KlaRas. Berlin. 1999.

LITERATUR

Naturpark Märkische Schweiz und Naturpark Barnim

Klaeber, Wolfgang: Neumanns Landschaftsführer Märkisches Spreeland. Neumann. Radebeul. 1994.

Magazin: Adebar - Zeitung für den Naturpark Barnim. 1996.

Naturpark Uckermärkische Seen

Förderverein Feldberg-Uckermärkische Seenlandschaft e.V.: Zwischen Havel und Strom. Die Naturparks Feldberger Seenlandschaft und Uckermärkische Seen. Thomas. Leipzig. 1998.

Magazin: UmSicht. (seit 1997)

Naturpark Stechlin-Ruppiner Land

Mazurek, Barbara und Mazurek, Peter: Neumanns Landschaftsführer Rheinsberger Seenlandschaft. Neumann. Radebeul. 1992.

Naturpark Westhavelland

Landesanstalt für Großschutzgebiete: Havelreport I. Eberswalde. 1996.

Rasmus, Carsten und Klaehne, Bettina: Wander- und Naturführer Naturpark Westhavelland. KlaRas. Berlin. 2000.

Darüberhinaus gibt es - mit Ausnahme der Märkischen Schweiz - für alle Großschutzgebiete ein informatives Faltblatt mit einer guten Übersichtskarte. Zudem erscheint für jedes Gebiet jährlich ein Veranstaltungkalender, in dem die Veranstaltungsangebote der Schutzgebietsverwaltung und der Naturwacht aufgeführt sind.

Der Kiebitz benötigt extensiv genutzte Wiesen.

GEOGRAPHISCHES REGISTER